BIBLIOTHÈQUE D'ÉTUDES SOCIALISTES

IV

ÉDOUARD BERTH

Dialogues socialistes

PARIS

LIBRAIRIE G. JACQUES & Cie

1, RUE CASIMIR-DELAVIGNE, 1

1904

Dialogues

socialistes

Il a été tiré de cet ouvrage sept exemplaires sur papier de Hollande van Gelder.

BIBLIOTHÈQUE D'ÉTUDES SOCIALISTES
IV

ÉDOUARD BERTH

Dialogues socialistes

PARIS
LIBRAIRIE G. JACQUES & Cie
1, RUE CASIMIR-DELAVIGNE, 1
1901

A MA FEMME

INTRODUCTION

Ils formaient, à eux quatre, un petit cercle de jeunes hommes d'esprit curieux, de conscience inquiète, écœurés par la réalité contemporaine, et cherchant avec angoisse un sens à la vie. Ils avaient reçu tous les quatre cette éducation classique, aujourd'hui tant décriée, qui donne surtout le tourment de la beauté et le goût, peut-être immodéré, des idées générales. Ils n'étaient pas toutefois de simples dilettantes, aimant à jouer avec les idées, comme à un jeu plus original et moins vulgaire : non, ils voulaient sincèrement et sérieusement trouver la vérité, qui eût apaisé le trouble de leurs âmes et légitimé la vie à leurs yeux d'idéalistes. Ils ne se réunissaient pas une seule fois sans remuer une de ces grandes questions que se pose la conscience moderne, questions morales ou questions sociales, et, naturellement, ils discutaient souvent entre eux le problème du socialisme. En effet, à moins de légèreté d'esprit, ou d'indifférence systématique, ou d'égoïsme de classe foncier et imperturbable, est-il possible, à l'heure actuelle, de ne pas examiner les théories socialistes? Ne faut-il pas que chacun, à cette question — êtes-vous pour ou contre le mouvement ouvrier? — puisse répondre en connaissance de cause? Ils agitaient donc entre eux très souvent le problème du socialisme; mais, comme il est naturel en une question aussi complexe, ils n'arrivaient pas à se mettre d'accord. L'un d'eux, socialiste convaincu, cherchait vainement à faire partager sa conviction aux trois autres; ceux-ci plus hésitants, encore troublés, ne voyaient décidément pas dans ce socialisme tant vanté, une doctrine qui pût satisfaire les aspirations de leurs âmes. L'un était anxieux du sort qui serait fait à l'art et à la beauté dans cette société qu'un prolétariat encore bien grossier voulait fonder ; pour l'autre, encore mal dégagé de l'influence chrétienne, il n'y avait, au fond du socialisme, que des revendications bassement matérialistes : le troisième enfin, philosophe subtil et scrupuleux, s'inquiétait du déterminisme brutal de la doctrine, demandait qu'on accordât une influence moins directe et moins fatale au milieu économique, pour laisser à l'homme une part plus positive et plus grande d'autonomie morale, de liberté, d'initiative; il lui déplaisait qu'on ne vît dans l'homme qu'une résultante de facteurs sociaux, que le rouage d'un mécanisme énorme et écrasant; et tous trois s'accordaient pour déclarer, avec un ensemble touchant, que le socialisme est une doctrine *matérialiste, anti-esthétique, amorale,* toute perdue en de grossières revendications matérielles, et qu'on n'y saurait voir la bonne nouvelle, qui doit tout régénérer. Le socialiste, cependant, avec la ferveur du croyant, discutait pied à pied, ne lâchait pas prise, et ne désespérait pas d'amener à sa foi ses trois amis.....

C'est le résumé de ces discussions que nous avons voulu donner dans les *Dialogues socialistes.* Nous avons pris quatre points principaux : les rapports du socialisme avec la civilisation en général, ses rapports avec la religion, avec l'art, avec le mouvement féministe. On remarquera sans doute, pour s'en étonner, que souvent les mêmes idées se reproduisent d'un dialogue à l'autre ; mais quand bien même la forme du dialogue n'impliquerait pas ces répétitions, notre excuse serait dans l'unité profonde de toutes ces questions. Et en définitive le problème général que nous avons voulu résoudre et qui faisait le fond de toutes ces discussions, est celui-ci : *Dans quelle mesure le socialisme est-il capable de hausser l'énergie industrielle, esthétique et morale de l'humanité ?* Les aspirations égalitaires, dont il est l'expression la plus vivante et la plus profonde, ne vont-elles pas diminuer au contraire cette energie ? Et le progrès, en devenant homogène et en voulant soulever toute la masse humaine, ne va-t-il pas s'alourdir au point de trébucher ? La civilisation humaine en voulant gagner *en étendue et en quantité*, ne va-t-elle pas perdre en *profondeur et en qualité* ? A cette question, on sait la réponse que Renan donnait et le rêve aristocratique qu'il avait formé : Renan a condamné en définitive la démocratie et le libéralisme et n'a envisagé le triomphe de la Raison comme possible que par l'intermédiaire d'une élite. Mais, selon-nous, c'est là un jugement superficiel : certes, le mouvement libéral et démocratique ébauché par la bourgeoisie, et que doit achever le socialisme, n'a pas encore justifié toutes les espérances qu'il avait soulevées à son aurore : mais c'est que, porté en quelque sorte un moment par le capitalisme, il ne trouve plus en lui maintenant qu'une cause d'arrêt et de corruption. Il nous a paru que le libéralisme bourgeois était un faux libéralisme et que le grand libéralisme ne serait réalisé qu'avec le socialisme ; il nous a paru que la démocratie bourgeoise était une fausse et mensongère démocratie et que la démocratie ne serait *sincère* et *vraie* qu'avec le socialisme ; il nous a paru enfin que l'angoisse morale et religieuse, caractéristique de notre temps, avait pour cause essentielle le capitalisme anarchique et dissolvant ; que l'idéal moderne, si bien défini par Hegel, ne remplacerait l'idéal chrétien et ne fournirait une assiette solide au monde moderne, que lorsque, avec le socialisme, il aurait trouvé sa pleine expression et son intégrale réalisation. Le travail scientifique, industriel, intellectuel et moral qui depuis le XVIe siècle se poursuit dans la civilisation occidentale et en transforme lentement et sourdement l'âme intime comme la physionomie extérieure, nous a semblé en dernière analyse, trouver dans le socialisme tout son effet et toutes ses conséquences. Et le prolétariat moderne, sorti des entrailles de la civilisation occidentale, nous est apparu comme la force révolutionnaire seule capable de régénérer le vieux Monde.

Nous ne savons si notre démonstration paraîtra suffisamment claire et convaincante : que la complexité des problèmes soulevés soit notre excuse! En esquissant cette *philosophie du mouvement socialiste*, nous n'avons ambitionné qu'une chose : apporter notre modeste effort à l'œuvre collective du Prolétariat en marche vers son émancipation !

E. B.

PERSONNAGES DES DIALOGUES :

Louis BROSIER, *philosophe.*
Olivier DORTAL, *poète.*
Henry FERRON, *néo-chrétien*
Édouard DARVILLE, *socialiste.*

I

LE SOCIALISME ET LA CIVILISATION

Ce soir là, on se réunissait chez Darville. Brosier arriva en retard, mais joyeux, la mine rose, décidé :

— Ah, bonsoir, tous trois ! Vous savez, je viens de l'Université populaire. Le bon public ! Comme il vous écoute avec avidité ! J'ai fait une conférence sur la morale laïque; ils m'ont posé, à la fin, cent mille questions. C'est très intéressant.

FERRON

C'est bon, connu, ton entrepôt de Sorbonne ! Les snobs y paradent ; les belles dames dévisagent le conférencier derrière un lorgnon à riche monture. Et c'est le five-o'clock « moral et populaire » qui change de l'autre, devenu monotone !

DORTAL

Oui, et puis, c'est la tour de Babel et la confusion des langues que ces Universités populaires ! Tout y passe, dans ce kaléidoscope de théories et de doctrines. Je veux être pendu, si l'ouvrier peut en retirer un profit quelconque.

BROSIER

Mais non, mais non, vous n'y êtes pas! Au fond, vous n'êtes que des esthètes ! Excellent, au contraire, l'Université populaire ; c'est la vraie manière d'émanciper le peuple ; on le moralise, on l'initie à la vie intellectuelle, et cela vaut mieux que de lui prêcher la lutte des classes.

DARVILLE

Oh, oh, nous y voici ! Vous voulez donc réaliser dans les Universités populaires *l'union des classes, la paix sociale !* C'est bon, je n'y vois pas d'inconvénients ; l'enfer, dit-on, est pavé de bonnes intentions. Conciliez, conciliez, harmonisez ; le chaos capitaliste, lui aussi, est fait de toutes ces *harmonies économiques et morales.* Ce que j'en dis n'est pas, d'ailleurs, pour blâmer absolument l'œuvre des Universités populaires, car je trouve, moi aussi, qu'elles ont du bon. Mais puisque tu y parles, toi, quel idéal y apportes-tu? Quelle conception sociale précise? As-tu pris enfin un parti? Nous avons souvent discuté ensemble socialisme et je vois que tu ne veux pas encore de la *lutte des classes.* Mais enfin, tu reconnais au moins la nécessité de l'action, de l'action sociale, puisque tu agis; tu reconnais donc qu'il est urgent que toutes les bonnes volontés s'attellent au grand œuvre, l'éducation de la démocratie. Tu tombes souvent d'accord avec moi, au surplus, pour constater que la bourgeoisie n'est vraiment plus digne d'être la classe dirigeante, qu'elle a perdu tout idéal, soucieuse seulement de conserver ses privilèges, et prête, pour les garder, à renier sa propre philosophie, le libéralisme, à se serrer, craintive et affolée, contre l'Église, que naguère elle combattait et dénonçait comme la grande ennemie du « progrès » et des « lumières » ! Où sont en effet ses philosophes ? Je vois des demi-philosophes, qui essaient de se rendre maîtres de l'esprit public ; mais que prêchent-ils ? Et y a-t-il rien qui égale la timidité, la faiblesse et l'inconsistance de leur pensée ? Celui-ci prêche le retour pur et simple au bon vieux catholicisme, dont la hiérarchie solide et imposante rétablirait, au sein de nos sociétés modernes aux tendances si déplorablement égalitaires, le sens sacré de l'autorité et le sentiment auguste du respect ; quant à la libre-pensée, qu'en avons-nous besoin ? Elle est la cause de tout le mal, c'est elle qui a déchaîné sur le monde moderne l'individualisme horrible et trois fois maudit ! Ce dont on a besoin, au contraire, c'est, non pas de penser, mais de croire, n'importe quoi, pourvu que l'on croie, d'être unis dans ce « besoin de croire », prosternés dans un même sentiment, comme ces vastes foules du moyen âge qu'abritaient les vastes cathédrales. Soyons simples de cœur, laissons l'orgueil impie de la science : et, comme l'oiseau, cachons-nous la tête pour dormir sous les ailes de la foi. La science ne résoud pas l'énigme ne notre destinée ; non seulement elle ne nous donne pas le viatique moral dont nous avons besoin pour traverser cette vie, mais c'est elle qui est responsable de tous les maux dont le capitalisme et la guerre ont encore surchargé l'existence moderne. Et cet homme terrible, ce néo-catholique, avec une logique dont l'intrépidité égale seule l'étroitesse, voudrait nous courber, soumis et repentants, humbles et résignés, aux genoux de la très sainte Eglise apostolique et romaine. Et celui-ci, que nous dit-il? Il fut naguère un doux et aimable sceptique, il avait des grâces d'esprit incomparables, et la critique, était devenue, avec lui, quelque chose d'aérien ; or, voici que cet homme souple et preste se fait une grosse voix lourde et grave pour nous crier à tous qu'il faut aller aux colonies, que la colonisation est désormais l'unique planche de salut, qu'il faut lui sacrifier tout, même le grec et le latin, même ces bonnes vieilles humanités, dont lui-même fut nourri, mais qu'il déclare aujourd'hui aussi inutiles que funestes. Ainsi, pauvre bourgeoisie française, on veut que tu renies tout ! Tu aimais la science, Voltaire et

Rousseau étaient tes dieux, tu étais férue de libre-pensée, voire de celle de M. Homais ; et voici que cet homme rogue et dur, mais intrépide chirurgien, te prêche violemment le renoncement à la science et au XVIIIe siècle, tes idoles! Tu chérissais les humanités, tu voyais en elles un beau décor; par elles, ta richesse se pouvait légitimer et usurper je ne sais quel lustre de beauté et voici que cet homme autrefois si *gracieux*, ce baladin de lettres aux chatoyantes évolutions, devenu aujourd'hui pratique et colonisateur, te conseille gravement de n'y plus songer, de t'en garder même comme de la peste! Aussi pourquoi sais-tu si mal gouverner le monde de ta production? Tu sembles fatiguée, tu n'as plus beaucoup d'initiative, tu n'as plus guère de force que pour serrer craintivement contre ton sein tes richesses acquises, et comme il y a d'autre part un prolétariat misérable ou sans travail dont la voix grossit et t'inquiète, que pourrais-tu faire sinon de coloniser? C'est un moyen d'élargir ton marché extérieur qui se resserre, et de déblayer le marché intérieur qui s'engorge. Mais tu crains peut-être que, dépouillée de ce beau manteau dont te couvraient les humanités, tu ne fasses plus que maigre figure? Entends donc la voix stridente de cet autre : celui-ci a trouvé un moyen bien simple de résoudre la question sociale, il n'y a qu'à exterminer tous les juifs, et la chose est réglée. N'admires-tu pas la belle doctrine qu'est l'antisémitisme ? Il n'est pas besoin d'un grand effort d'esprit pour la comprendre : elle est d'une clarté et d'une netteté toutes françaises. Mais peut-être as-tu quelques scrupules avant de l'adopter et sens-tu peser sur toi le regard ironique de l'histoire ? Il y a un siècle, tu proclamais à la face du monde, avec un enthousiasme qui dérangea de sa promenade le sage de Kœnigsberg, l'égalité de tous les citoyens devant la loi ; la Déclaration des Droits de l'Homme était ton chef d'œuvre, l'objet de ton légitime orgueil, et voici qu'on te demande de la fouler aux pieds comme une sottise, une erreur stupide, source de tous tes maux : encore un renoncement ! Après la science, après les humanités, c'est ton Credo politique, ta Charte immortelle, ton auguste Formulaire lui-même, que tu dois jeter aux quatre vents du ciel ! Mais ce n'est pas tout encore. Te rappelles-tu ta belle ardeur antimilitariste, que tes poètes chantaient si magnifiquement ? Tu allais établir la paix universelle, la République universelle, les États-Unis d'Europe. Mais quoi, que te demandent donc ceux-ci ? Ne veulent-ils pas que tu te serres farouchement autour de cette armée même dont « l'honneur » veut le supplice d'un innocent ? Ne faut-il pas, selon eux, que ce patriotisme généreux et d'aspirations, j'oserai dire internationales, par lequel autrefois tu chérissais dans la France l'avant-garde de l'humanité sur le chemin de la justice, se restreigne aux limites honteuses d'un nationalisme exclusif, ombrageux et grossier, qui aime la France contre l'humanité et la voudrait mettre hors la civilisation ? Quelle chute, ô bourgeoisie, quelle décadence ! Tout ce que tu fus, on te demande de l'oublier, et c'est tout l'héroïsme de ton histoire, toute ta générosité, toute ta grandeur, qu'il te faut renier comme une hérésie ! Et à côté de ces demi-philosophes dont la grosse voix domine la place publique, que te disent tes vrais philosophes, ceux qui méditent dans le silence de tes Universités ? Que leur pensée est hésitante, balbutiante ! Eux aussi s'inquiètent des exigences de la science ; eux aussi ont peur du déterminisme scientifique, et au lieu de tirer hardiment les conclusions morales que comporte la science moderne, ils cherchent à en limiter le domaine, à séparer nettement la morale de la science, le monde de la liberté du monde du déterminisme, et, interprétant la philosophie de Kant d'une façon étroite et littérale, ils en font une mauvaise contrefaçon de christianisme ! Egalement éloignés des hardiesses métaphysiques et des tendances sociologiques, ils laissent le devoir, cette fleur à la tige mystérieuse, croître on ne sait de quel sol, comme s'ils avaient peur qu'elle ne perdît sa fraîcheur au contact des prosaïques réalités sociales, ou que, sortant de l'ombre des noumènes, elle ne prît un éclat trop « révolutionnaire »! Pensée timide! où sont les folies héroïques de tes Spinoza et de tes Hegel, ô bourgeoisie? Ceux qui, d'une voix chevrotante, ne se contentent pas de dire « croyons au devoir », se raccrochant, dans le désarroi de tout, à cette tige frêle, murmurent d'un ton lassé leur credo pessimiste, l'aspiration au néant, l'inutilité d'être, l'universelle vanité. Et tes grands penseurs enfin, les Renan et les Taine, ne sont-ils pas morts en déclarant funeste toute ton œuvre? Ils ont jeté l'anathème sur la démocratie, sur la médiocrité de ta civilisation industrielle et commerciale, qui leur semblait veuve de noblesse et de beauté ! Tous deux ont condamné ta grande Révolution, et, ne voyant dans l'avenir socialiste que barbarie, détestant le présent bourgeois, ils tournaient leurs regards vers le Passé. En sorte que parvenue au bout de ta course, c'est avec épouvante que tu considères ton œuvre, ne songeant plus qu'à la renier: science, humanités, libéralisme, démocratie, tout ce qui marquera ton passage dans l'histoire, voici que tout cela t'inquiète, te trouble, te tourmente ! Et pourquoi? Parce que devant toi une classe monte et grandit, prête à recueillir tout ce que tu es sur le point d'abandonner, car elle n'a peur de rien, elle; jeune et hardie, elle se sait l'avenir. La science? mais elle sent que de son union avec elle, union vivante et féconde, elle sortira émancipée; les humanités? mais elle en pressent la beauté glorieuse et pure, et, quand le travail sera affranchi, c'est d'elles qu'elle attend l'ornement de la cité; le libéralisme? mais elle seule peut le défendre, sans arrière pensée, sans faiblesse, hardiment, car elle seule peut détruire le militarisme et affranchir enfin la conscience humaine du sophisme éternel de la Raison d'État; et la démocratie enfin, on peut dire que non seulement elle en est dans le présent, l'appui le plus ferme et le plus sûr, mais que seule elle peut en faire une beauté et une vérité. Pourquoi donc hésiter encore? Entre la bourgeoisie qui s'abdique et le jeune prolétariat qui monte à l'avenir, le choix n'est-il pas fait? O mon ami, quels scrupules t'arrêtent encore?

DORTAL, *à Ferron*

Voilà Darville emballé! Cela commence bien! Nous pouvons nous préparer, mon vieux, en profanes que nous sommes, à suivre, de loin, le combat homérique d'un sociologue et d'un philosophe. As-tu goûté, déjà, cette prosopopée à la bourgeoisie? En attendant la suite, allumons toujours une pipe: cela nous aidera à supporter l'avalanche terrible d'abstractions et de neiges métaphysiques qui s'annonce!

BROSIER

Tout cela est bel et bon, et sans doute je reconnais avec toi que la civilisation bourgeoise est loin d'être une civilisation idéale. J'en sais toutes les imperfections, et rien de plus facile que d'en faire la critique. Oh, la dessus, quand il ne s'agit que de critiquer, vous triomphez facilement, o socialistes, et l'on ne peut guère ne pas tomber d'accord avec vous. Tu peux donc croire que je ne tiens pas à la civilisation bourgeoise pour elle-même et que, si je m'en contente, c'est, non par une méconnaissance aveugle et obstinée des maux de la société actuelle, mais bien parce que je ne vois pas trop clairement ce que vous allez mettre à la place. Aussi bien, vos principes mêmes m'inquiètent Il ne suffit pas de dire que vous avez pour vousles nécessités de l'histoire et du développement économique dela société moderne. Je voudrais savoir si vous avez aussi pour vous, en quelque sorte, *la beauté du droit*, la supériorité non seulement *defait* mais *de droit*, la *nécessité idéale*. Le philosophe ne saurait s'incliner devant le fait, quel qu'il soit; il ne se contente pas, comme l'historien, de décrire une société après une autre; il veut encore, d'après un critérium moral, juger de haut les civilisations. Que m'importe que la civilisation prolétarienne doive nécessairement, et de par les fatalités de l'histoire triompher et s'installer sur les ruines de la civilisation bourgeoise! Cette civilisation sera-t-elle *idéalement* supérieure, favorisera-t-elle mieux le développement intellectuel et moral des individus, voilà ce qui me préoccupe, et voilà ce dont le socialisme ne me paraît pas se soucier outre mesure. Tu me parles d'une classe qui monte, d'une classe qui grandit et à qui sûrement l'avenir appartient, mais, en admettant que ce soit là un fait évident, c'est un fait en tous cas dont la *valeur idéale* ne m'est point démontrée. L'avènement, selon vous nécessaire, du socialisme, sera-t-il un bien pour l'humanité et la civilisation humaine, voilà ce qui m'intéresse. On ne vous entend parler que de nécessité historique, vous nous décrivez un processus économique, qui fatalement, selon vous, doit conduire à la société collectiviste : je veux bien que la description soit exacte, je veux bien que, par le jeu même du mécanisme capitaliste, un prolétariat soit créé, qui, grossi chaque jour des alluvions des classes moyennes, finisse par être en état de renverser politiquement la domination de la bourgeoisie : mais quelles garanties ai je que la civilisation instaurée par le prolétariat victorieux sera une civilisation supérieure ? Si je consulte à la fois vos principes eux-mêmes, et le « devenir prolétarien » comme tu dis, je n'ai pas en définitive lieu d'être rassuré. Vous avez beau vous défendre de n'être pas matérialistes au sens moral du mot : l'affaire Dreyfus me semble avoir précisément montré que votre matérialisme historique pouvait parfaitement se transformer (ou l'impliquer, je ne sais pas trop) en un matérialisme moral de la pire espèce. Le dédain qu'en général vous affichez de la métaphysique et de la morale — dédain superficiel et léger — vous joue pratiquement de mauvais tours. La conscience socialiste n'en est-elle pas corrompue jusqu'en son fond? Beaucoup d'entre vous ne voulaient pas prendre la défense de Dreyfus, parce que c'était un *bourgeois*. Voilà, si je ne me trompe, du matérialisme moral le plus pur. Vous prétendez faire une révolution non seulement prolétarienne mais encore humaine : comment ne pas en douter quand on voit une grande partie d'entre vous — et non des moindres — être incapables de s'élever au dessus d'un farouche et mesquin égoïsme de classe ? Je sais que beaucoup de socialistes, à la suite de Jaurès, ont protesté, pratiquement et théoriquement, contre une telle interprétation de votre doctrine de la lutte des classes ; mais comment ne pas observer que cette doctrine en somme repose sur cette théorie psychologique, que seul l'intérêt mène les hommes ? Les premiers socialistes, ceux que vous appelez les utopistes, s'adressaient indistinctement à tous les hommes, croyant que tous ceux dont l'âme était capable de vouloir la justice, quelle que soit la classe à laquelle ils appartinssent, pouvaient venir à eux. Ils pêchaient peut-être par excès d'optimisme et de générosité mais vous, c'est par excès de pessimisme et de froide raison. Vous établissez entre les classes des divisions si absolues, le monde prolétarien vous semble si différent du monde bourgeois, que vous finissez par méconnaître que l'humanité est un genre dont bourgeois et prolétaires ne sont après tout que des espèces, pouvant avoir par conséquent des sentiments communs et des aspirations communes. L'antagonisme des intérêts, dites-vous, est la loi de la société actuelle; je veux bien l'admettre, mais enfin cet antagonisme n'est pas absolu au point de supprimer entre les classes toutes notions communes, et, j'avais toujours pensé que la justice ne regardait ni au sexe, ni à la race, ni à la nationalité, ni à la classe. Dans un homme, vous ne voulez plus voir que *l'homme de classe*, non *l'homme pur et simple*. Et ne croyant pas au désintéressement, vous ne le pratiquez pas vous-mêmes. Vous en arrivez ainsi à surveiller tous les mouvements de votre cœur, pour ne pas céder à des illusions sentimentales, comme vous dites. Quand on vous parle de principes, de justice, de liberté, vous souriez finement, en sceptiques, qui ne vous laissez plus prendre aux mots ni piper par des phrases; vous appelez tout cela « les déesses de la bourgeoisie » et vous vous faites un plaisir d'afficher un doux scepticisme, reprenant les éternels arguments de la variabilité temporelle et spatiale, à travers l'histoire, des idées morales. J'avoue que ce scepticisme à l'égard des principes ne me dit rien qui vaille : et quand on nie toute *morale éternelle* pour ne voir que la *morale de classe* on est conduit tout droit à prendre dans une question comme l'affaire Dreyfus, où précisément la morale éternelle est en jeu, l'attitude que certains socialistes ont prise, et qui, somme toute, est peut-être plus conséquente avec vos principes que celle de Jaurès. En général, vous négligez par trop le côté psychologique et moral de ce qu'on appelle la question sociale. Si la question sociale n'est pas uniquement une question morale, comme certains l'affirment, vous, vous vous figurez trop, par contre, que la question morale n'est qu'une question sociale. Changez le milieu et vous changerez l'homme, vous ne sortez pas de là. Le milieu capitaliste ne produit que maux et vices; le milieu socialiste s'épanouira en biens et vertus. Forts de votre nécessité historique, vous vous déchargez sur l'Histoire du soin de nous rendre soudain parfaits. La chose ne me paraît pas aussi simple, et je voudrais vous voir plus soucieux non seulement d'embrigader le prolétariat en des groupes politiques, mais aussi de le former au triple point de vue intellectuel, esthétique et moral. Car enfin, si le prolétariat a l'ambition de reprendre des mains de la bourgeoisie défaillante le flambeau de la civilisation, encore faut-il qu'il sache un peu ce que c'est que la civilisation! L'histoire vous apparaît vraiment trop comme un tourbillon de systèmes mécaniques, où l'individu humain est emporté, telle une feuille morte: mais la force qui assure le triomphe n'est pas seulement matérielle, elle est surtout intellectuelle et morale. Non : la théorie et la pratique, chez vous, me semblent, quoi que vous disiez, empreintes d'un fâcheux matérialisme, et tant que vous ne m'aurez pas démontré que votre nécessité historique est aussi une nécessité idéale, je refuse d'être des vôtres.

DARVILLE

Je vois, mon cher philosophe, que ce qui te *chiffonne* surtout dans notre doctrine, c'est le matérialisme historique sur lequel elle repose. Tu prétends que ce matérialisme implique nécessairement le matérialisme moral : est-ce le mot décidément qui induit en de fâcheuses associations d'idées? Pour ma part, et à seule fin d'éviter toute équivoque, j'aurais préféré qu'on appelât le matérialisme historique de noms à mon avis plus exacts, comme réalisme ou déterminisme historique. Quoi qu'il en soit, on ne saurait sans injustice assimiler le matérialisme historique à un matérialisme moral. Car en quoi consiste le matérialisme historique? A replacer sur ce que nous appelons l'infrastructure économique toutes les manifestations juridiques, politiques, morales, philosophiques et religieuses de l'histoire humaine. L'homme, disons-nous, ne fait qu'*une* histoire, et pour la comprendre, il faut en saisir tous les aspects dans leur relation réciproque. Réciproque, insistons-nous, car nous ne prétendons nullement que les phénomènes économiques soient les seuls vraiment actifs, ne subissant jamais la réaction des autres phénomènes juridiques, politiques ou moraux : Engels, dans une lettre à cet égard très intéressante, affirme qu'il n'a jamais été dans la pensée de Marx ni de la sienne de nier l'influence réciproque des phénomènes sociaux ; seuls, des disciples aventureux, s'autorisant de quelques phrases que la nécessité d'opposer leur doctrine à celle des autres laisse toujours échapper à des novateurs, ont pu accorder une prépondérance absolue au moment économique. C'est seulement *en dernière analyse*, en *dernière instance*, qu'agit, selon leur conception exacte, la révolution technique. Mais replacer les phénomènes idéologiques sur leur base économique, cela signifie-t-il que les phénomènes idéologiques n'ont aucune importance, qu'ils sont négligeables, simples *épiphénomènes* qui seraient moins réels que la structure économique sur laquelle ils s'élèvent ? Cela signifie-t-il, pratiquement et en conséquence moralement parlant, que la question sociale se résoud en une question d'estomac ? Certains marxistes ont pu, je ne le nie pas, ne voir dans les phénomènes idéologiques que des épiphénomènes, tout comme certains naturalistes ne voyaient dans la conscience qu'un épiphénomène, parce que l'on ne trouve jamais de pensée sans un cerveau ou de conscience sans un système nerveux. Mais ce sont là des exagérations dont la doctrine n'est pas responsable. Le jugement moral est un jugement de qualification, et dire qu'un fait dans l'ordre génétique en présuppose un autre, ce n'est nullement affirmer dans l'ordre moral la supériorité de l'un ou de l'autre. L'ordre génétique et l'ordre moral sont choses distinctes. Et il est bien entendu, n'est-ce pas, que faire voir la dépendance où se trouvent les phénomènes moraux par rapport à l'économie, ce n'est pas du tout subordonner la morale à l'économie, ni la tenir pour une quantité négligeable. Oh, je sais bien qu'il a été assez longtemps de mode parmi les marxistes de se gausser des préoccupations morales : on était tout entier aux phénomènes économiques ! Et l'on trouve dans Marx et Engels eux-mêmes des railleries un peu grosses sur la morale. Mais ce n'était point là l'effet d'une prétendue amoralité de la doctrine : c'était simplement que la doctrine était nouvelle et qu'on prend toujours plaisir, pour la mieux mettre en relief, à exagérer une doctrine nouvelle ; c'était aussi par une réaction toute naturelle contre les amplifications morales, sentimentales et vides, dont le « vrai socialisme » (1), avait inondé jusqu'à écœurement l'Allemagne. De même qu'en littérature le romantisme produisit la réaction réaliste, le « romantisme socialiste » amena en sociologie,

(1) Voir K. Marx et Fr. Engels. *Le Manifeste des Communistes*.

le réalisme de Marx. Il y a dans le génie de Marx une sorte d'humour à la Méphistophélès ou à la Henri Heine où gouaille l'esprit de négation, mais l'ironie de Marx ne provient pas d'un scepticisme absolu de pessimiste, elle est en quelque sorte la revanche de l'homme, qui possédant un idéal sublime en lui, à qui il donnerait sa vie, simplement et sans ostentation, ne peut souffrir à côté de lui, sans le cribler de sarcasmes, le fanfaron de vertu déclamatoire : et quand il raillait la Justice et la Liberté, déesses de la bourgeoisie, ce n'était pas qu'il n'en voulût tenir compte, mais par dégoût devant l'effronterie avec laquelle la bourgeoisie se servait de ces deux grands noms pour couvrir son exploitation du prolétariat et le piper. Son ironie ne s'adressait pas aux principes mêmes, mais à l'escamotage si j'ose dire que la bourgeoisie pratiquait en leur nom. Lui qui dans *le 18 Brumaire* oppose la révolution sociale à la révolution bourgeoise, en montrant que dans celle-ci la phrase dépassa le fond tandis que dans celle-là le fond dépassera la phrase, rien ne lui était plus insupportable que la phraséologie vide des démocrates bourgeois. Mais qu'il y ait chez lui un humanisme profond, comment en douter, si on se rappelle comment, dans l'*Adresse inaugurale*, il exhorte le prolétariat à défendre en toutes occasions la Justice et la Morale. Tu abuses vraiment, mon cher ami, contre nous de l'attitude d'une partie des socialistes dans l'affaire Dreyfus : sans doute ces socialistes sont précisément ceux qui se réclament plus particulièrement de Marx, mais sont-ils vraiment les seuls interprètes autorisés du marxisme? doit-on, en tout cas, rendre une doctrine solidaire des erreurs d'interprétation passagères de ses adeptes? Encore faut-il comprendre cette attitude : le prolétariat est l'objet *quotidien* et *permanent* de l'injustice *générale*, et si une injustice *particulière* vient à se produire dans les sphères supérieures de la société, lui qui est tout en bas, en quelque sorte, je conçois que sa sensibilité soit comme émoussée et engourdie et qu'il garde vis-à-vis de la société bourgeoise en général, qui est pour lui comme un des cercles de l'enfer de Dante, une attitude sceptique et profondément indifférente : il a mis son espérance ardente de justice et de liberté, la seule espérance qui lui restât, dans la doctrine collectiviste, et réfugié pour ainsi dire dans cette espérance comme dans un beau rêve où son âme retrouve un peu de chaleur et de joie, il laisse passer, comme un mauvais tourbillon, l'orage du capitalisme. Nous qui ne souffrons que théoriquement, si j'ose dire, des maux de la société capitaliste, il nous est facile de nous émouvoir au sujet d'une injustice particulière, qui revêt des caractères aussi dramatiques que l'injustice subie par Dreyfus : mais l'âme ouvrière est comme blasée sur l'injustice, elle vit dans l'injustice, elle la respire! Il faut donc, au lieu d'accuser purement et simplement, comprendre aussi l'attitude de ceux qui, parmi les socialistes, sont dans un contact plus direct avec le prolétariat de la grande industrie et se rendent par conséquent un compte plus exact de son état d'âme. Quoi qu'il en soit, il n'y a rien, je crois, de décisif à conclure de l'affaire Dreyfus contre le socialisme: il y a joué en somme, malgré des hésitations après tout assez légitimes, un rôle assez glorieux, et si la classe ouvrière n'avait pas suivi les intellectuels, on peut se demander ce qu'il serait advenu de leurs protestations.

Mais quittons ce terrain : et pour revenir au matérialisme historique, ce qui t'inquiète avant tout, je crois, et ce qui, en dernière analyse, te semble entraîner le caractère amoral du marxisme, c'est la nécessité historique, l'inflexible déterminisme économique sur lesquels il s'appuie. C'est très bien, me dis-tu, vous nous décrivez, vous socialistes, un processus économique, d'après lequel, avec l'infaillibilité des lois naturelles, le collectivisme doit sortir du capitalisme, je vois donc ou je prévois un système de production qui mécaniquement succède à un système de production et je veux bien croire avec vous qu'il sera supérieur : mais en quoi cela intéresse-t-il ma volonté, et qu'ai-je à faire que de regarder, sympathiquement ou non, et de haut, ce déclanchement de systèmes économiques? Et qui m'assure que ce collectivisme sera moralement supérieur au capitalisme? Qui me garantit qu'il sera un bien pour la civilisation humaine en général ? Prouvez-moi donc, d'une part, que ma volonté peut efficacement s'ajouter à cette nécessité historique et d'autre part que cette nécessité historique est aussi une nécessité idéale ! Voilà, n'est-ce pas, condensée, le sens de ton objection fondamentale. Mon Dieu, pour ce qui est de la nécessité avec laquelle le socialisme doit sortir du capitalisme, je t'accorde qu'on peut supposer d'après les propres expressions de nos théoriciens et de nos propagandistes qu'elle est absolue et en quelque sorte automatique. Mais sans aborder tout de suite la question de fond qui n'est autre que celle des rapports du déterminisme et de la liberté, je veux, si tu le permets, t'en donner une explication préliminaire toute psychologique. Il n'est pas rare en effet de voir les hommes d'action se réclamer de doctrines déterministes et même fatalistes. L'homme a besoin, pour agir fortement, de croire qu'avec lui collaborent de vastes puissances naturelles et sociales, qu'avec lui travaillent les énergies profondes de l'histoire elle-même, et qu'avec son effort conspire tout l'Univers. C'est une erreur de penser que les doctrines de libre arbitre favorisent et stimulent l'action humaine : l'homme, détaché de tout, ayant sans cesse à créer tout, par un labeur sans cesse renouvelé et toujours intégral, et que ne soutient ni ne multiplie l'effort universel, se sent impuissant d'avance, et s'abandonne ; au contraire, le chrétien qui sent en quelque sorte Dieu travailler avec lui, le janséniste qui s'abîme en pensée dans le déterminisme providentiel, sont des hommes d'une énergie indomptable, tout comme le socialiste qui croit au déterminisme historique. Il y a comme une sorte de vertige divin qui nous enveloppe et nous pousse à l'action, au moment même où il semblerait que nous dussions rester inertes. Lancé dans le tourbillon divin ou dans le mouvement historique, l'homme, loin de sentir diminuer son énergie, n'en croit que davantage à l'efficacité de son effort : loin de s'arrêter et de regarder, les bras croisés, il ne fait qu'accélérer son allure et que précipiter sa marche. C'est que l'homme, quand il agit, a moins souci de savoir si son action est bien son action propre, personnelle, autonome, que de savoir si elle *réussira* et la pensée qu'on travaille dans le sens même de l'histoire, que sûrement notre action ne sera pas perdue, puisque nécessairement l'objet de notre effort doit se réaliser, double notre énergie. On se projette dans l'avenir et l'on participe à l'avance aux triomphes que l'on croit certains. Le prolétariat convaincu que l'avenir est à lui, loin de s'endormir sur cette pensée, n'a qu'une ardeur plus grande à réaliser cet avenir. Qu'on réfléchisse d'ailleurs aux nécessités d'une propagande comme la propagande socialiste : est-ce par des affirmations prudentes, sagement mesurées, et affectées d'un point d'interrogation, que nous pourrions entraîner le prolétariat ? Au *présent*, qui s'impose aux cerveaux, peu habitués à concevoir autre chose que ce qui est, comme un fait brutal et éternel, si l'on n'opposait pas l'*avenir* comme aussi nécessaire et comme produit nécessairement par le présent lui-même, comment arriverait-on à soulever les masses populaires ? Les foules ont un fatalisme simpliste qui les fait tomber à l'inertie ou se ruer à l'action, selon qu'elles croient les forces divines ou sociales pour ou contre elles. Et en définitive foules et individus, n'agissent fortement que si les résultats de l'action apparaissent comme nécessaires : il s'ajoute alors à l'effort comme un coefficient d'éternité et d'infinité qui ne fait que le stimuler et le fouetter davantage. Il ne faut donc pas attacher trop d'importance aux expressions mêmes dont les marxistes se servent : il y a là comme une exagération verbale nécessaire.

Mais abordons la question de fond : la nécessité du socialisme est-elle seulement économique ou est-elle aussi morale ? Tel est, je crois, le problème. Dans le chapitre de l'accumulation, (1), Marx écrit ceci : « Cette expropriation s'accomplit par le jeu des lois immanentes de la production capi-

(1) K. Marx. *Le Capital*, t. I, chap. 32, p. 342, trad. de J. Roy.

taliste, par la centralisation des capitaux... Avec le nombre sans cesse décroissant des magnats capitalistes, croît la misère, l'oppression, l'esclavage, la dégradation mais aussi la résistance de la classe ouvrière sans cesse grossissante et *de plus en plus disciplinée, unie et organisée* par le mécanisme même de la production capitaliste. » Cette phrase unit par une connexion étroite la nécessité économique et la nécessité morale. Le succès du socialisme dépend de deux choses : il faut d'une part que la grande industrie se soit développée et par son développement même qu'elle ait créé un prolétariat, et il faut d'autre part que ce prolétariat s'organise et se discipline.

Sans doute, la phrase de Marx semble encore indiquer que cette organisation et cette discipline sont l'œuvre du mécanisme même de la production capitaliste : non, ce qui est donné par ce mécanisme: ce sont les conditions matérielles pour l'organisation prolétarienne, mais il reste une action proprement humaine, qui doit collaborer avec ces conditions matérielles et s'y ajouter. Organiser la classe ouvrière au point de vue économique, politique et moral, voilà, je crois, une tâche assez belle et assez grandiose ! Tu demandes, mon cher ami, quelle part ta volonté peut prendre au devenir historique : cette part, la voilà ! L'histoire donne la matière : à nous de travailler cette matière pour lui imprimer une forme. C'est ainsi que le déterminisme sert la liberté. On ne peut vouloir créer son action de toutes pièces : la liberté plonge dans la nécessité. Mais on confond toujours déterminisme et fatalisme par une sorte d'illusion psychologique invincible. La science étudie ce qui est déjà réalisé, la cristallisation en quelque sorte de l'histoire : il semble alors que l'histoire se fasse par dessus la tête des hommes et qu'elle soit, comme tu dis, un déclanchement de formes économiques : mais les rapports économiques, comme les rapports moraux, ont pour sujets les hommes, les actions humaines vivantes. Le *devenir* une fois *devenu* apparaît toujours comme *une chose*, mais il a été un *progrès vivant*. Le marxisme, au fond, qu'on accuse toujours d'impliquer le fatalisme, est une doctrine d'action vivante et libre. Seulement, Marx entend la liberté au sens hegélien. Il accorde dans le devenir historique une importance décisive à la technique ; l'histoire humaine, selon Marx, c'est l'histoire du travail humain, et il définissait l'homme, selon une expression de M. Sorel, un *travailleur social*. Or, qu'est-ce que le travail ? C'est le rapport intime de l'homme et de la nature, c'est la transformation de la nature par l'homme, qui l'adapte à ses besoins. Par le travail, l'homme s'enveloppe d'un milieu artificiel, et achève de se distinguer de la nature : et les perfectionnements du milieu artificiel mesurent les degrés par lesquels l'homme s'élève d'une existence *animale* à une existence *humaine*. Par là, le devenir humain n'est pas en quelque sorte noyé dans le devenir cosmologique ou dans le devenir providentiel : mais l'homme apparaît comme le propre créateur de son histoire. Et sans doute l'action humaine, comme l'entend Marx, n'est pas le libre arbitre tout puissant qui fait des coups d'État : mais cette action, pour n'être pas capricieuse ou arbitraire, en est-elle moins réelle ou moins profonde ? Nous autres Français, nous ne sommes pas habitués à concevoir ainsi la liberté : nous la concevons toujours d'une façon formelle et abstraite, et notre vanité, avide de jouer un grand rôle, s'accommode mal d'une action modeste, s'insérant dans un vaste et lent mouvement historique. Politiques, nous croyons à l'efficacité magique d'un décret ; révolutionnaires, au miracle du « coup de main » ! Mais nous avons beau vouloir être libres et le proclamer en toutes circonstances : nos discours ne persuadent que nous-mêmes, non la réalité. La liberté réelle, l'affranchissement de l'homme vis à-vis de la nature, ne peut être que l'œuvre d'un effort collectif et social. Transformer le milieu artificiel, c'est-à-dire le milieu social, cela vaut mieux pour la liberté que tous les sermons évangéliques. Ce qui fait l'originalité profonde de la conception marxiste, c'est qu'elle est dégagée de toute illusion, comment dirai-je, *universaliste*. Il ne s'agit pas pour Marx de transformer l'*homme* en général, la *nature humaine* en général, mais de transformer les hommes réels, lesquels dans la réalité sociale sont répartis dans des classes. Et chaque classe a sa psychologie et sa morale déterminées, lesquelles sont dans une relation étroite avec sa situation économique, et l'on pourrait comparer les *catégories économiques* à des organismes, dont la pensée de chaque classe est dépendante comme est dépendante la pensée individuelle de l'organisme individuel auquel elle est liée : nous ne pouvons pas plus nous évader de l'*ossature économique* à laquelle nous sommes attachés, en tant que faisant partie d'une classe déterminée, que nous ne pouvons nous évader de notre propre corps. Et cette division en classes tient à l'organisation économique, que détermine en dernière analyse l'état de la technique. Par conséquent, pour changer les hommes, pour transformer efficacement la « nature humaine », pour la réaliser, il faut transformer cet organisme économique ; créer l'unité humaine, n'est possible qu'en détruisant la division de la société humaine en classes, et pour que les classes disparaissent, il faut que l'économie soit unifiée et qu'il n'y ait plus qu'une catégorie économique, le travail, au lieu de trois, rente, profit, salaire. Mais cette révolution économique n'est possible elle-même que par une révolution technique : car la répartition est intimement liée, comme l'effet à sa cause, à la production. Or, cette révolution technique est accomplie : le machinisme moderne a rendu possible l'égalité humaine. Les « intellectuels », qui par leur mode de vie et leurs occupations toutes *extra-économiques* sont pour ainsi dire au dessus de l'antagonisme des classes, s'imaginent trop facilement qu'il suffit de *moraliser* le peuple, pour réaliser l'unité humaine. Mais ils oublient qu'entre eux et le « peuple » il y a les catégories économiques. Le « peuple », c'est une fiction : ce n'est pas une masse homogène, mais une masse composée au contraire des groupements les plus divers : prolétaires, petits bourgeois, paysans, petits employés, petits fonctionnaires, etc., qui sont loin d'avoir des intérêts identiques et par conséquent une psychologie identique. Entre toutes ces catégories sociales, à laquelle s'adresser de préférence ? Les premiers socialistes, ceux qu'on a appelés utopistes, s'adressaient indistinctement à tous les hommes, voire aux privilégiés de l'ordre social à détruire. C'est qu'ils se faisaient une idée fausse des conditions du devenir moderne ; ils partaient *de l'hypothèse intellectualiste*, d'après laquelle l'Idée n'a qu'à paraître pour illuminer soudain tous les esprits et transformer le monde. La chose n'est pas aussi simple, et le mérite de Marx, c'est d'avoir précisément donné une base matérielle solide au socialisme moderne, c'est de lui avoir donné en quelque sorte un *sujet* précis, à savoir le prolétariat moderne, issu de la grande industrie, et révolutionnaire par les conditions mêmes de sa vie. Eh bien, dès lors, quel sera le but de l'activité de tous ceux qui seront arrivés à l'intelligence théorique des conditions du devenir moderne ? Tout simplement de s'allier avec ce prolétariat, afin que, par l'union féconde de la science et de la vie, un parti solidement organisé, riche en forces intellectuelles, morales et matérielles, puisse enfin transformer tout l'ordre social actuel. Voilà, mon cher ami, comment je comprends les conditions de notre activité personnelle pratique : la part de volonté qui peut s'ajouter à la nécessité historique, n'est-elle pas assez belle ?

BROSIER

D'accord : mais ce que je ne vois pas encore très bien, c'est le but vers lequel ce prolétariat organisé doit se diriger. Je vois bien le prolétariat s'organiser sur la base matérielle de la grande industrie, et je conviens que cette organisation doit être autant morale qu'économique. Mais quelle est la mission de ce prolétariat moderne ? Je vous entends sans cesse parler de la mission historique du prolétariat moderne. Quelle est-elle ? Comment se détermine-t-elle ? Dans quels rapports se trouvent le devenir prolétarien et le devenir humain, considéré dans sa généralité ? Comme philosophe, je ne puis m'in-

2.

téresser qu'à un monde où règnerait la Raison : le règne de la raison, telle est la finalité métaphysique de l'Univers. Or, que me proposes-tu en définitive pour réaliser cette finalité ? Un mécanisme social, qui crée une classe appelée prolétariat et qui doit, selon vous, servir d'instrument de réalisation de la justice et de la raison. Mais vraiment je ne vois pas le rapport entre le but et le moyen : je vois une disproportion énorme. Qu'ont de si original les conditions de vie prolétarienne pour faire du prolétariat une sorte de Messie moderne ? Une cohésion plus grande, un sentiment plus vif de la solidarité, né de cette cohésion, et puis ? Et même, cette prétendue *unité indivisible* du prolétariat est-elle si réelle ? l'Angleterre n'a-t-elle pas offert l'exemple d'une sorte d'aristocratie prolétarienne, se séparant de la masse et allant même jusqu'à l'exploiter ? Qui m'assure que votre « dictature du prolétariat » ne sera pas la dictature d'un groupe prolétarien plus habile, et reconstituant l'État que vous prétendez détruire ? Non, je ne vois pas ce qui fait du prolétariat une classe aussi privilégiée et aussi extraordinaire : si, je me rappelle avoir lu quelque part cette phrase qui m'a paru bizarre : le prolétariat moderne est l'héritier de la philosophie classique allemande ! mais j'avoue n'avoir pas compris quel sens cette affirmation pouvait avoir.

DARVILLE

Vous voilà bien, o philosophes de la raison pure! Quel rapport évidemment peut-il y avoir, pour un métaphysicien, entre le prolétariat et la finalité métaphysique de l'Univers ! Mais, si tu le veux bien, descendons dans le courant du devenir, quittons les hauteurs de l'Etre pur et immuable. Tu me demandes dans quelle relation se trouve le devenir prolétarien et le devenir humain: mais je te répondrai tout simplement qu'il y a coïncidence entre ces deux devenirs! C'est vite dit, réponds-tu, mais la preuve? La preuve? Mais elle est dans notre doctrine même. L'histoire, disons-nous en effet, est une lutte et un devenir de classes, et à un moment donné, il y a toujours une classe qui incarne l'avenir de la civilisation. Et pourquoi? Parce que cette classe représente la forme économique la plus avancée, tandis que les autres classes, économiquement arriérées, sont par celà même réactionnaires. Et comme c'est sur la base de l'économie que s'élève tout le reste, la classe qui représente la forme économique la plus avancée, représente aussi une civilisation supérieure : un système de production supérieur est pour l'humanité comme un organisme plus riche, plus souple, qui augmente à la fois *son pouvoir pratique* et *son pouvoir intellectuel.* N'y a-t-il pas, si mes souvenirs sont exacts, une proposition de l'Ethique de ton cher Spinoza, qui établit justement ce parallélisme entre la souplesse de l'organisme et la richesse de la pensée ? La bourgeoisie en 1789 fut cette classe révolutionnaire ; c'est maintenant le tour du prolétariat. De même que la bourgeoisie au XVIIIe siècle s'est trouvée au *sommet théorique du moment*, ayant pour elle toutes les forces intellectuelles, le prolétariat, aujourd'hui, acquiert de plus en plus la même prépondérance : nombreux sont déjà les intellectuels qui viennent à lui, et plus nombreux ils seront à mesure que mûrira le devenir prolétarien. Ne te montrai-je pas, au début de cet entretien, précisément, combien la bourgeoisie devenait réactionnaire, abandonnant tout ce qu'elle avait défendu dans sa période héroïque, brûlant ce qu'elle avait adoré ? Ne te montrai-je pas, par contre, le prolétariat devenu le seul ou à peu près seul soutien efficace de l'idéal scientifique, libéral et démocratique de la conscience moderne ? Et n'est-ce pas là la meilleure preuve que la coïncidence du devenir prolétarien et du devenir humain s'est faite ? Tu me dis : mais je ne vois rien de si spécifique et de si original dans les conditions d'existence du prolétariat moderne, pour l'envisager comme une sorte de nouveau Messie. C'est que tu considères la vie prolétarienne *du dehors*, tu n'envisages que sa cohésion mécanique et extérieure. Mais à l'examiner *du dedans*, dans ses caractères essentiels et profonds, elle apparaît au contraire dans un singulier relief et manifeste une opposition radicale avec tout l'ordre bourgeois actuel. Et je la caractériserais ainsi : elle est, comme dit M. Sorel, une *révolte perpétuelle contre la hiérarchie et la propriété*, elle est *la solidarité même*. On peut dire, par suite, que le socialisme est son idéologie en quelque sorte spontanée et naturelle. Les autres classes, paysans et petits bourgeois, peuvent souffrir aussi de la société actuelle : mais ils ne sont pas en antagonisme foncier avec elle ; propriétaires, ils n'entrent pas en opposition ouverte avec la propriété; et d'autre part, les conditions de concurrence et d'isolement où ils vivent empêchent le développement de toute solidarité profonde. Le prolétariat est donc la seule classe vraiment révolutionnaire. Or si, même en dehors du socialisme, la puissance de l'argent, qui repose sur le système de propriété privée, apparaît à un nombre croissant d'esprits comme désormais insupportable et funeste à la civilisation humaine, — et l'antisémitisme, cette doctrine absurde et odieuse, mais qui a un fondement réel comme protestation contre cette puissance de l'argent, en est un témoignage — si, pour n'envisager que la société française, les maux dont elle est particulièrement affligée — alcoolisme, dépopulation, corruption de la presse, bureaucratie, militarisme et cléricalisme — excitent chaque jour de plus vives inquiétudes, comment ne pas voir que le socialisme est le seul remède efficace à toutes ces plaies et comment dès lors ne pas se rallier au prolétariat, seul capable de réaliser le socialisme ! Et si d'autre part un besoin chaque jour plus vif d'une solidarité sociale plus réelle et plus sincère se fait sentir, à quelle autre classe demander la satisfaction de ce besoin qu'au prolétariat, qui, je le répète, est une solidarité vivante? Diras-tu que je raisonne par trop hyperboliquement et que c'est notre « marotte », à nous socialistes, de voir dans le socialisme le remède à tout ? Mais je veux bien passer en revue tous les maux de la société française que je viens d'énumérer : la cause en sera dans le capitalisme et le remède par conséquent dans le socialisme. L'antisémitisme? Je le répète, il constitue un mouvement qui peut être odieux, mais qui a sa profonde raison d'être: il est la protestation de la petite bourgeoisie contre le grand capital. Et dès lors ce n'est pas du point de vue abstrait du libéralisme qu'on peut combattre efficacement l'antisémitisme, mais du point de vue socialiste. L'alcoolisme? mais qui peut nier que les conditions du travail faites aux ouvriers ne les conduisent presque fatalement à s'alcooliser, et que d'autre part une lutte contre l'alcoolisme, par le monopole de l'Etat, par exemple, se heurtera toujours à de puissants intérêts privés! Et je veux bien qu'on fasse une ardente campagne antialcoolique : Mais comment s'illusionner sur son efficacité ! La dépopulation ? Mais si la France est particulièrement atteinte par ce « fléau » n'est-ce pas qu'elle est un pays de petite bourgeoisie et de paysannerie ? Les provinces les moins prolifiques sont précisément celles, comme la Normandie, où la propriété est le plus morcelée. La corruption de la presse ? mais quelle autre cause en chercher que la dépendance où elle est vis-à-vis du capital ? En Allemagne, au contraire, où la presse socialiste est entre les mains du Parti, combien est plus élevé son niveau moral ! Le cléricalisme ? Mais ce qui fait sa force à l'heure actuelle, c'est la puissance économique des congrégations et qui osera nationaliser les biens de main-morte ? Est-ce la bourgeoisie ou le prolétariat révolutionnaire ? Je ne parle pas du militarisme, la chose est trop claire, mais la bureaucratie ? La bureaucratie est une conséquence directe du capitalisme. Car en créant pour tous ceux que « déclasse » le mouvement économique et qui tomberaient dans le prolétariat, ces refuges que sont les « sinécures publiques » c'est autant de recrues que l'Etat bourgeois enlève à la Révolution et concilie avec l'ordre social actuel, et d'autre part, dans l'instabilité de la vie présente comment les fonctions publiques, ces îlôts de sécurité paisible, ne seraient-elles pas recherchées?

Non: quelque problème qu'on envisage aujourd'hui, il apparaît que le socialisme seul pourrait en apporter la solution. N'ai-je pas raison en conséquence d'affirmer que la coïncidence est faite de l'*intérêt humain* et de *l'intérêt prolétarien* ? Mais, dis-tu encore, qui me garantit la solidité de l'unité prolétarienne ? Qui m'assure que la dictature du prolétariat ne sera pas l'exploitation politique de la masse par un groupe plus habile ? A ces questions, je fais une réponse bien simple : *leur solution est dans le mouvement prolétarien lui-même.* Car tu me demandes en définitive si le prolétariat sera à la hauteur de sa mission : or à cela personne ne peut répondre. Il se peut à mon sens qu'il n'y soit pas : cela dépendra du degré non seulement de sa culture économique et politique, mais aussi de sa culture morale. Mais je le répète, la solution est dans le mouvement socialiste lui-même. Et comment ne pas admirer ce merveilleux exemple de *pédagogie sociale* qu'est le mouvement prolétarien ? Qu'est-ce en effet que le devenir prolétarien, sinon l'éducation du prolétariat par lui-même ? *Education économique*, dans les syndicats et coopératives, *éducation politique*, dans les conseils municipaux, généraux et au Parlement, *éducation générale et philosophique*, puisque par la pensée socialiste il s'élève à la compréhension des lois générales du devenir moderne : et de tous ces efforts se forme et s'élabore une conscience nouvelle, des hommes nouveaux, un monde social nouveau ! L'ouvrier lève la tête au dessus de son métier, le paysan de son champ, ils ne sont plus enfermés dans un égoïsme farouche, mais ce qu'ils voient en eux désormais, c'est le Prolétaire, partie d'un vaste organisme, le Prolétariat, et leur conscience, désormais ainsi socialisée, peut créer le monde socialiste ! Le mouvement socialiste, c'est donc l'éducation du prolétariat par lui-même, c'est le prolétariat prenant de plus en plus conscience de lui-même et de la mission historique qui lui incombe, c'est le prolétariat se pénétrant de plus en plus profondément de la pensée socialiste. Et, comme cette pensée est la résultante de la philosophie classique allemande, on comprend cette phrase d'Engels que tu déclares inintelligible: le prolétariat est l'héritier direct de la philosophie classique allemande. C'est d'ailleurs ce que Marx avait dit aussi sous une autre forme dans sa *Critique de la philosophie du droit de Hegel* : « L'émancipation de l'Allemand est l'émancipation de l'homme. *La tête* de cette émancipation, c'est la philosophie ; *son cœur*, le prolétariat. » Ces affirmations semblent au premier abord plutôt étranges, et l'espèce d'harmonie préétablie qu'elles établissent entre la philosophie et le prolétariat paraît bien mystérieuse. Mais Marx s'explique fort bien : il montre qu'en Allemagne c'est seulement la théorie, la philosophie qui fut révolutionnaire, alors que la réalité politique allemande restait au dessous du niveau des autres peuples, tels que la France et l'Angleterre ; il montre que, la bourgeoisie allemande n'ayant pas accompli sa révolution politique, l'Allemagne se trouve être au point de vue politique un mélange bizarre d'absolutisme et de libéralisme, de Moyen Age et de civilisation moderne et qu'il fallait, par suite, pour réaliser l'émancipation humaine rêvée par les Schiller, les Gœthe, les Kant, les Fichte, la formation d'une classe qui ne se réclamât plus de *titres historiques*, mais de son *titre humain* et qui fût la *négation radicale* de l'ordre social existant. Or cette classe, c'est le prolétariat moderne, issu de la grande industrie.

Et ce que Marx disait pour le prolétariat allemand est maintenant vrai pour le prolétariat international: car, si en France la bourgeoisie fut un moment révolutionnaire, incarnant par exemple le mouvement libéral et humanitaire, elle se fait aujourd'hui chaque jour plus réactionnaire, en sorte que le prolétariat français, comme le prolétariat allemand, se trouve seul à la *hauteur humaine* de l'histoire. N'est-ce pas d'ailleurs en quelque sorte sous l'égide de la pensée de Marx que s'accomplit l'unification du mouvement socialiste international? Et, en face de la bourgeoisie internationale chaque jour plus réactionnaire, le prolétariat international socialiste apparaîtra de plus en plus comme la seule force capable de sauvegarder et d'accroître tout ensemble le patrimoine humain : il sera seul ainsi comme dit Marx, à fournir à la philosophie ses *armes matérielles*, tandis qu'il reçoit d'elle ses *armes intellectuelles*. Comprends-tu maintenant, mon cher ami, le sens de la phrase de Engels ? Et n'ai-je pas le droit de dire que la nécessité historique du socialisme est aussi une nécessité idéale ? Tu me disais : un fait par lui-même ne prouve rien ; tu as beau me montrer dans le prolétariat la classe à qui nécessairement l'avenir appartient, il faut aussi me prouver que le socialisme n'a pas seulement pour lui la nécessité historique, mais encore la nécessité morale. Eh bien, ne viens-je pas de te l'établir ? Oui, sans doute, on peut refuser son adhésion à un fait, oui, sans doute la force matérielle seule ne saurait se légitimer. Mais n'est-il pas clair pour toi maintenant que le socialisme a pour lui tout ensemble la rigueur du fait et la beauté idéale du droit, et que le prolétariat est non seulement une immense force matérielle, mais aussi une grande force morale, la seule qui soit capable aujourd'hui de promouvoir la civilisation humaine ? Quelle étrange position d'ailleurs, serait la tienne, si tu voyais dans le socialisme une nécessité de fait, qu'on ne peut éviter, mais qui serait funeste et déplorable ! Ne serait-ce pas comme la condamnation désespérée du devenir humain ? Mais non : l'homme ne fait *qu'une histoire*, et à une civilisation économique supérieure correspond aussi une civilisation idéologique supérieure : et c'est pourquoi le prolétariat, qui est le représentant de la forme économique la plus avancée, est aussi, et par cela même, le porteur d'une civilisation générale supérieure. Il n'y a pas divorce absolu entre le fait et le droit, et comme disait Hegel, tout ce qui est réel est rationnel : si le socialisme triomphe, c'est que l'Esprit a délaissé la bourgeoisie et qu'il souffle maintenant sur le prolétariat !

DORTAL

Peste, l'ami, la chute en est jolie, toutes mes félicitations ! Tu as un art d'animer et de vivifier cette maussade sociologie, que je ne saurais assez louer. Tu seras le Fontenelle du socialisme, tu arriveras à en faire un article qui pourra passer dans les cercles littéraires !

FERRON

Allons, tais-toi, infernal bavard ! Et laisse donc Brosier répondre à tout ce faux néo-hegelianisme, qui pour ma part ne me dit rien qui vaille.

BROSIER

En effet, notre ami Darville abuse vraiment de la dialectique, et sans vouloir médire de ce grand philosophe qui s'appelle Hegel, c'est une méthode de démonstration qui n'est pas toujours très pertinente, ni très convaincante. Avec un peu de souplesse, on peut arriver à tout plaider.

Aussi présenterai-je encore quelques objections. Je n'ai pas ta foi, mon cher socialiste, et tu as beau me garantir que la civilisation prolétarienne sera infiniment supérieure à la civilisation bourgeoise, cela ne m'apparaît pas encore avec la clarté aveuglante de l'évidence. Tu me montres en somme que dès aujourd'hui le prolétariat est déjà la seule force capable de sauvegarder la science, le libéralisme, la démocratie, les humanités, que sais-je encore, alors que la bourgeoisie les renie honteusement. Les événements récents, assurément, semblent te donner raison, mais il ne faudrait tout de même pas trop abuser de « l'affaire ». Je me demande si la civilisation socialiste, considérée en elle-même, serait aussi favorable que tu le prétends à la science par exemple et au libéralisme. D'après vos propres principes, le progrès scientifique est stimulé par l'économie, et vous-mêmes qualifiez l'économie bourgeoise *d'économie révolutionnaire*, parce qu'elle révolutionne sans cesse ses modes de production. Si durs que vous soyez pour la civilisation bourgeoise vous lui reconnaissez donc au moins ce mérite d'avoir promu d'une façon prodigieuse le progrès technique et par suite le progrès scientifique. Or l'économie socialiste ne sera-t-elle pas plutôt une *économie statique?* Est-il sûr que les progrès techniques seront aussi rapides en socialisme qu'en capitalisme ? Ne peut-on pas craindre un ralentissement de la production scientifique, et comme dit Faguet, une immense langueur sociale? Vous criez beaucoup contre la concurrence, vous en dépeignez avec des couleurs sombres tous les maux : mais n'a-t-elle pas au moins ce mérite de promouvoir, avec une énergie incroyable, l'activité technique et par suite scientifique, le progrès technique et par suite scientifique? Une organisation unitaire de la production ne serait-elle pas une organisation routinière ? Les économistes n'ont-ils pas démontré à satiété l'inaptitude économique de l'État? Voilà des questions auxquelles vous ne donnez pas, que je sache, une réponse pleinement satisfaisante. Quant au « libéralisme » de la civilisation socialiste, j'avoue que je conçois à son sujet des doutes plus sérieux encore. La liberté individuelle est-elle pleinement conciliable avec une organisation socialiste? En définitive, le socialisme serait comme une vaste machine administrative, les services privés étant transformés en services publics : cet universel fonctionnariat est-il une condition réelle d'indépendance et de liberté ? Ne serait-ce pas la servilité universelle, au contraire? Voilà sans doute de vieilles objections : mais si on vous les adresse encore, c'est peut-être que les réponses que vous y faites ne sont pas jugées concluantes. Je me permets donc de te les présenter à nouveau.

DARVILLE

Oui, en effet, ce sont là de vieilles objections : mais nous sommes toujours prêts à y répondre, sans nous lasser. Nous savons bien qu'il faut une certaine adaptation intellectuelle pour comprendre pleinement le socialisme, et il y a tant de malentendus entre nos adversaires et nous ! Ainsi, voilà qui est jugé : la société socialiste sera une société endormie, engourdie, plongée dans je ne sais quelle langueur de bien-être et de lourde béatitude ; tout va s'arrêter, s'immobiliser, se pétrifier ! Mais cela est bientôt dit, et il faudrait établir, pour le démontrer, qu'il ne peut y avoir à l'activité technique et scientifique d'autre stimulant que l'amour du profit, le brutal mobile de l'intérêt personnel et que par conséquent l'économie socialiste sera nécessairement une économie statique. Oh, c'est un lieu commun bien rebattu contre nous : oui, nous sommes des rêveurs, des utopistes, des songe-creux ; nos idées sont fort belles, théoriquement on ne peut pas ne pas être socialiste, et se passer de la concurrence, ce serait assurément l'idéal ! Mais il n'y a à cela qu'un petit malheur, c'est que nos idées ne sont pas adaptées à la nature humaine, telle qu'elle est; elles supposent, elles impliquent une nature humaine *idéalisée*, qui, hélas, n'a jamais existé et n'existera jamais. Il peut bien se trouver quelques âmes d'élite par-ci par-là, capables de dévouement social, de pur altruisme ; mais peut-on raisonnablement faire reposer une société sur une base aussi étroite, aussi précaire? La masse des hommes est essentiellement paresseuse, elle ne demande qu'à travailler le moins possible : le système bourgeois a réussi à obtenir, grâce à la concurrence, un effort inouï de cette nature humaine si indolente; mais votre système socialiste encouragera au contraire la paresse, il laissera retomber cette énergie humaine que le capitalisme avait un instant redressée et fouettée. La cause est donc entendue. Oh, cette nature humaine, elle n'a plus de secrets pour nos distingués économistes, ils en ont sondé les replis les plus cachés, les plus obscurs ; ils savent, de science certaine, pour avoir scruté les reins et les cœurs, que l'homme n'a jamais travaillé et ne travaillera jamais que pour le noble amour du lucre. Nous craignons toutefois que cette « nature prétendue humaine » ne soit tout juste que la « nature bourgeoise ». Tous les économistes n'arrivent en somme qu'à hypostasier cette bonne nature bourgeoise. Et pour eux, naturellement, les lois de l'économie bourgeoise sont des lois éternelles, et les mœurs bourgeoises, des mœurs éternelles, dont l'humanité ne s'est jamais écartée et ne s'écartera jamais. L'histoire, le devenir universel s'arrêtent à la bourgeoisie ; l'humanité s'est découvert un miroir, dans lequel elle ne peut plus que continuer à contempler un visage immortellement bourgeois. Nous, nous avons l'audace de dépasser l'horizon borné de la civilisation bourgeoise, nous avons le front de croire qu'il y a dans l'homme des puissances d'altruisme qui n'ont besoin pour se développer que d'être placées dans un milieu économique plus favorable ; nous pensons que chaque époque est caractérisée par un ensemble de mœurs, de coutumes, d'institutions, dont l'origine doit être rapportée aux lois profondes de l'économie. Aux vertus chevaleresques, au sentiment de l'honneur, au dédain du travail, mobiles de la vie féodale, la bourgeoisie a substitué la probité bourgeoise, l'amour du lucre ; avec sa domination, vertu, devoir, honneur, science, art, tout est devenu *vénal*, *valeur marchande*, tout, comme dit Marx, « s'est noyé dans les eaux glacées du calcul égoïste ». Mais une classe se forme et se lève ; sa vertu-mère est *la solidarité* ; et la société qu'elle fondera reposera sur ce sentiment comme sur son axe intime. L'économie socialiste développera une autre psychologie que l'économie bourgeoise : avec un système qui repose sur la concurrence acharnée, sur l'antagonisme profond des intérêts, il ne peut naître que des sentiments d'envie, de jalousie, le chacun pour soi, tous les sentiments de la lutte et de la guerre. Aujourd'hui les efforts sont antagonistes, ils se détruisent l'un l'autre, et le travail même du savant, le noble et saint travail de la science, se tourne contre une partie de la société! Mais demain, avec la socialisation de l'économie, les intérêts et les efforts seront harmoniques, et se multiplieront les uns les autres, et la découverte du savant se traduira non plus seulement pour une minorité privilégiée, mais pour tous les hommes, par un accroissement de bien-être, de loisir et de liberté! Et quels sentiments pourront dès lors se développer sinon des sentiments de noble émulation, de fraternité profonde et de vivante solidarité? Examinons d'ailleurs de près le fonctionnement de cette société capitaliste dont la vertu-mère est, dit-on, le travail. Ne voyons-nous pas au contraire que le capitalisme se constitue et se caractérise précisément par le divorce entre la propriété et le travail? La production, en fait, ne s'accomplit-elle pas en dehors des capitalistes ? Ne forment-ils pas une classe parasite qui prélève sur le travail d'autrui de larges profits sans participer le moins du monde au travail effectif, ni manuel, ni intellectuel, de la production ? Les économistes expliquent toujours le profit capitaliste par la part légitime qui doit revenir au travail de direction : selon eux, nous sommes de grossiers matérialistes, parce que dans la production nous ne voyons que le travail manuel, sans tenir compte du travail supérieur, de la volonté intelligente qui dirige, du jugement, de l'invention, de l'esprit d'entreprise, toutes choses bien plus importantes que le travail facile et grossier de l'ouvrier. Et voilà encore qui est entendu : nous méconnaissons le génie du capitaliste, sa puissance de travail et d'invention ! Qu'on se rappelle *le Repas du Lion*, cette pièce d'ailleurs intéressante de ce curieux dramatiste qu'est M. de Curel : comme l'industriel Georges écrase de son égoïsme superbe, énergique et plein d'initiative, le sentimental Jean qui ne sait que discourir ! Mais il n'y a à tout cela qu'un léger inconvénient : c'est qu'on nous présente une phase du procès industriel aujourd'hui en général dépassée, où le capitaliste participe encore d'une manière directe à la production. La grande industrie nous présente au contraire la séparation définitive du capital et du travail : le travail de direction est accompli par un salarié, un ingénieur. L'évolution économique a opéré la scission profonde du travail et de la propriété : le capital est resté propriété individuelle. alors qu'il est engendré par le travail collectif, car d'une part le travail manuel s'accomplit collectivement, et d'autre part il y a application de plus en plus large de la science, œuvre également collective, à l'industrie, en sorte que le capitaliste monopolise le profit de la coopération sur grande échelle, avec les résultats du progrès technique, fruit de la science, œuvre sociale, je le répète! Et de quel droit usurpe-t-il ainsi la plus-value qui résulte du progrès de la civilisation générale, alors qu'il ne participe pas plus au travail scientifique qu'au travail manuel? Ce qui est profit collectif ne doit-il pas revenir à la collectivité? La forme socialiste ne fera qu'éliminer le capitaliste devenu superflu pour réaliser la coopération libre des travailleurs associés : en quoi cette forme de la production nuira-t-elle au progrès technique? Est-ce le capitaliste qui est aujourd'hui le promoteur de ce progrès? N'en est-il pas dans bien des cas au contraire l'obstacle, quand, par crainte de compromettre le profit moyen, il s'oppose aux expériences de l'ingénieur? Car le caractère essentiel de la production capitaliste c'est d'être une *production marchande*: le capitaliste se moque du progrès technique en lui-même, il n'y voit qu'un moyen de réaliser parfois des profits extraordinaires par l'avance qu'il prend sur ses concurrents et l'espèce de monopole qu'il usurpe provisoirement. Dans la forme socialiste de l'économie au contraire, le progrès technique prendra toute sa valeur, toute son importance, il acquerra une sorte *d'autonomie*; il sera dégagé des soucis paralysants de la vente ; accroître la productivité du travail, diminuer le temps de station à l'atelier de manière à donner à tous plus de bien-être et de loisir, ne sera-ce pas en effet le but de l'économie socialiste et n'y a-t-il pas là de quoi stimuler le progrès technique? Ajoute à cela que l'éducation socialiste sera une éducation à base professionnelle, donnée au sein même de l'industrie, et réalisant l'union concrète de la science et de l'action, de la théorie et de la pratique, de manière à former des esprits pénétrés à un haut degré des méthodes progressives.

En définitive, ne faut-il pas attendre plus de zèle et d'activité de la part *d'associés* que de la part de *salariés*? Y eût-il d'ailleurs, comme on le prétend, moindre intensité de travail, moindre zèle, moindre application, on oublie que tout cela serait largement compensé par une application plus savante de la division du travail et une extension croissante du machinisme. Ne pouvait-on pas faire les même objections, pour le passage de la petite entreprise à la grande, que pour le passage de la forme actuelle de la production à la forme socialiste? Là aussi, la division du travail substituait au petit patron, faisant office à la fois de fabricant, de marchand, de comptable, etc., et intéressé directement à la bonne marche de l'entreprise, des employés, des salariés, n'ayant plus le même intérêt direct. Fallait-il pour cela renoncer aux immenses avantages de la grande entreprise? Le socialisme, lui, substitue au travail salarié le *travail associé* : il supprime le patronat, ce n'est plus un seul individu qui est intéressé à la bonne marche de l'entreprise mais *tous les associés*. En ce sens, il corrige le vice de la grande production capitaliste, que les entrepreneurs aujourd'hui ne combattent que par des palliatifs, comme la participation aux bénéfices : en substituant au rapport de patron à salariés, le rapport de coopération, *n'universalise-t-il pas l'intérêt au travail*? Dans le domaine de l'agriculture, on oppose aussi à la grande entreprise, le zèle, l'activité, le soin du petit paysan, qui constitueraient, selon quelques auteurs, la supériorité de la petite culture : mais il n'est pas difficile de montrer combien une culture savante, rationnelle, avec large application des machines et des engrais et une division scientifique du travail, constitue d'avantages à la grande entreprise agricole et combien il est de travaux que la machine exécute plus soigneusement et plus vite que ne peut le faire tout le zèle obstiné du petit cultivateur. On porte aux nues la prodigieuse puissance de travail du paysan ; mais on oublie de dire que ce travail est routinier et qu'en fin de compte il nourrit à peine son homme! Une activité plus mesurée, moins abrutissante et plus rationnelle, favoriserait bien mieux les progrès de la culture tout en assurant au paysan une vie plus large et moins animale. Mais c'est là l'idéal de nos bons économistes : ils veulent conserver les modes surannés et réactionnaires de production, ceux dans lesquels l'homme tout entier est sacrifié à sa fonction économique, au métier, transformé en manœuvre ou en bête de somme. Nous, socialistes, au contraire, nous défendons les modes de production les plus avancés et les plus révolutionnaires, ceux dans lesquels l'homme, loin d'être asservi à sa fonction et, par là, à la nature, se l'asservit au contraire, et, par une division savante du travail et une application scientifique de son activité, se rend possible, par delà la vie économique, une vie supérieure et vraiment humaine. De quel droit donc supposer que l'économie socialiste sera une économie statique ? Y a-t-il une raison quelconque pour augurer un ralentissement dans l'activité scientifique de l'humanité en régime socialiste ? Déjà aujourd'hui, le labeur scientifique est un labeur désintéressé, auquel on ne saurait attribuer pour unique mobile l'intérêt personnel : que sera-ce dans une société où les mobiles moraux acquerront une bien plus large autonomie, où les sentiments altruistes ne seront plus étouffés par la concurrence âpre et acharnée, où le progrès technique, enfin, prendra aux yeux de tous, je le répète, une importance énorme ; car enfin aujourd'hui, encore une fois, qui a intérêt au progrès technique ? Une classe assez restreinte ; et les ouvriers, qu'il jette sur le pavé, peuvent-ils le désirer avec ardeur ? ne le craignent-ils pas plutôt ? En régime socialiste, au contraire, non seulement l'intérêt individuel au travail scientifique, mais encore l'intérêt social général au progrès technique, ne pourront que se développer dans toute leur plénitude, dégagés de toute contrainte extérieure et, en quelque sorte, de toute arrière-pensée. Non : on ne peut opposer la civilisation socialiste future à la civilisation bourgeoise comme une civilisation de paresse et de langueur à une civilisation d'activité et de progrès. Où prend-on en définitive que la société bourgeoise favorise à ce point le travail et l'activité ? Le nombre des parasites n'y est-il pas énorme, et ne sont-ce pas précisement les plus riches, ceux qui ne travaillent d'aucune façon ? Le travail n'y apparaît pas comme *l'affirmation normale de la vie* mais comme *une corvée*, dont chaque homme désire être affranchi le plus tôt possible, et ainsi, le travail étant plutôt accompagné de misère, l'oisiveté de richesse, ce n'est pas l'activité qui est le ressort de la civilisation bourgeoise mais l'aspiration au repos, et le dégoût secret du travail ; et quelle corruption profonde du sens de la vie cette violente opposition entre l'oisiveté riche et honorée et l'activité misérable et quasi méprisée ne produit-elle pas nécessairement ! Et si l'on considère les classes de la société actuelle qui travaillent réellement, les conditions du travail ne sont-elles pas de telle nature qu'il ne saurait qu'être haï ? Quels excès de travail ici, sans proportion avec les résultats obtenus, sans profit social réel souvent, sans beauté ! Ouvriers, petits commerçants, petits paysans, à l'usine, aux champs, derrière le comptoir, le travail apparaît monstrueux, inhumain, dévorant à l'aveugle des milliers et des milliers d'existences humaines, à qui il ne laisse jamais le temps de respirer un peu, de penser un peu, d'être un peu autre chose que la répétition fatigante et monotone des mêmes gestes mécaniques. Oisiveté en haut, activité fiévreuse et inquiète au milieu, travail machinal et abrutissant en bas, voilà cette civilisation bourgeoise active ! Et nous, parce que nous voulons substituer à la concurrence qui gaspille les efforts, à l'anarchie économique, qui gâche le travail, l'association qui coordonne les énergies et les multiplie, l'organisation qui féconde et économise tout ensemble le travail, nous allons fonder, paraît-il, une civilisation de langueur et d'inertie. Le travail socialisé, organisé, sera plus productif ; il absorbera moins en aveugle les vies humaines : plus mesuré, il accaparera moins la vie entière, et laissera à l'homme le temps du rêve, le temps de la pensée, par où il pourra s'évader du dur royaume de la nécessité qu'est la production pour errer un peu à l'aise dans le royaume de la liberté qu'est l'art, la science et la poésie ! Et ainsi, au lieu de manœuvres ou de bêtes de somme, vivant d'une vie plus animale qu'humaine, on verra enfin des hommes libres, qui pourront un peu *respirer Dieu*, pour reprendre la belle expression de Renan ; toute vie sera assise sur le travail, aucune vie n'en sera dispensée, mais ce travail sera l'expression normale de la vie, l'axe de santé et d'harmonie autour duquel elle gravitera, sans fièvre comme sans torpeur, s'élevant, d'un rythme paisible et puissant, vers la vérité et la beauté.

La civilisation socialiste sera donc une civilisation de progrès, de travail et d'activité : non plus à la vérité d'activité fièvreuse, inquiète et désordonnée, mais d'activité organisée, mesurée, harmonieuse ! Et c'est ici, je le sais, que tu nous attends : organiser les activités, fort bien, dis-tu, mais dans quelle mesure est-ce possible sans compromettre la liberté ? quelle dose de libéralisme le socialisme comporte-t-il ? Et voilà en effet l'éternelle objection : le socialisme est l'ennemi de la liberté, entre le socialisme et l'individualisme, il y a opposition irréductible, et le socialisme va à l'encontre du devenir historique, dont la fin est précisément l'affirmation de plus en plus nette de la liberté individuelle. Soit, mais voyons cependant la chose d'un peu près. Il y a une formule qui est souvent répétée, mais dont on ne voit peut-être pas tout le sens et toute la portée : le socialisme veut substituer au gouvernement des hommes l'administration des choses. Qu'est-ce à dire ? Il y a, on peut dire, deux fortes tendances dans la conscience moderne : d'une part une aspiration énergique vers l'égalisation des conditions, d'autre part une affirmation non moins catégorique des droits imprescriptibles de la liberté individuelle. Y a-t-il opposition entre ces deux tendances et le socialisme ne correspond-il qu'à la première, au détriment de la seconde ? Nous croyons que, loin d'y avoir opposition entre elles, les deux tendances s'impliquent l'une l'autre, et que le socialisme n'a pas moins à cœur la seconde que la première. Il veut en effet socialiser l'économie, afin d'établir précisément une administration des choses à la fois plus productive et plus savante qui réalise l'égalité des conditions ; mais en même temps il affirme que cette socialisation de l'économie, ce transfert du souci économique de l'individu à la société affranchira spirituellement l'individu. On l'accuse toujours de ne s'occuper que de l'économie : il laisse dire, il a conscience d'être la bonne ménagère de l'humanité, la Marthe qui permet à Marie d'adorer Jésus. Mais qu'on discerne bien le sens du devenir moderne : le XVIIIe siècle a fait la *critique de la Religion*, la bourgeoisie en 1789 a renversé le système féodal, affranchi l'homme politiquement, instauré une société laïque, où l'Etat se dégage de l'Eglise, la Société civile de la société religieuse, la pensée du dogme. Mais ce fut là une révolution superficielle : l'égalité politique, superposée à l'inégalité économique, qu'est-ce, sinon une égalité mensongère et vaine ? et si la pensée ne dépend plus du dogme elle apparaît encore limitée et corrompue par quelque chose de plus dur encore et de plus positif : le capital, l'économie. Le XIXe siècle avec le socialisme, fait *la critique de l'économie* : il s'attaque à ce résidu dernier de l'évolution humaine, par qui la liberté de l'esprit est encore limitée. Le dogme, immuable et éternel, barrait l'horizon humain ; la bourgeoisie voltairienne le renverse. Le capital, déclaré, lui aussi, immuable et éternel, se redresse devant la pensée humaine, barrant de nouveau l'horizon, mais avec le prestige de l'idéal et du mystère en moins : voici le Prolétariat, armé de la critique socialiste, qui se lève pour renverser la nouvelle Idole ; et que restera-t-il ensuite pour barrer l'horizon? Rien, la raison humaine sera enfin entièrement libre, et l'horizon entièrement dégagé, éclairci. La révolution socialiste est donc l'achèvement, le couronnement de l'immense révolution qui travaille l'Europe depuis le XVIe siècle, et dont la Réforme et la Révolution de 89 ont été les moments religieux et politiques. Mais elle est la plus radicale : car elle s'attaque à la racine même d'un ordre social dont la religion et le droit bourgeois ne sont que des efflorescences. *L'Ancien régime*, dit Marx, dans sa *Critique de la philosophie du droit de Hégel, est le défaut caché de l'Etat moderne.* Dans une société qui repose en effet sur la hiérarchie des classes et l'inégalité économique, comme la société bourgeoise, la religion et l'Etat sont nécessairement des moyens de compression sociale ; et l'Etat a beau être laïque : il reste la chose d'un classe, son instrument de domination politique, et comme cette classe a besoin, pour maintenir sa suprématie sociale, de la résignation populaire, la religion est nécessairement aussi pour elle un appui précieux. Et c'est ce qui explique que cent ans après la Révolution de 1789, il ait fallu de nouveau combattre pour des libertés que l'on croyait fermement assises et refaire une « Déclaration des droits de l'Homme ». La révolution politique est une révolution superficielle : elle n'a pas détruit l'Ancien régime, parce qu'elle n'a fait que substituer une hiérarchie à une autre hiérarchie, la suprématie du capital industriel à celle de la propriété foncière, et que l'une et l'autre hiérarchie, l'une et l'autre suprématie ne peuvent se maintenir que par la force de l'Etat, force matérielle, et la force de la religion, force spirituelle. Au contraire la révolution sociale, en supprimant la hiérarchie des classes, sera la rupture radicale et définitive avec *le monde du passé*, avec l'*Ancien régime* ; elle réalisera donc l'affranchissement humain dans sa plénitude et son intégrité. Et le socialisme se trouve ainsi répondre aux deux aspirations profondes de la conscience moderne : en créant l'égalité, il fonde la liberté. L'humanité sera administrée, c'est-à-dire que par une organisation collective et savante elle accomplira le gros œuvre de sa vie, d'une manière économique, rapide et féconde, en sorte que pour chaque individu la vie matérielle, n'accaparant plus toutes les forces de son esprit et toutes les heures de son temps, tombera au dessous du seuil de la conscience : l'organisme social remplira pour chaque individu ce que remplit pour les fonctions nutritives et vitales l'organisme individuel, et la vie économique sera inconsciente comme l'est la vie physiologique. L'homme ainsi sera rendu entièrement libre pour le travail spirituel. Et l'humanité ne sera plus gouvernée, c'est-à-dire qu'aucune puissance extérieure, Eglise ou Etat, ne viendra comprimer en quoi que ce soit l'essor de la pensée libre, de la raison libre, de la conscience libre. Plus de dogmes religieux, plus de philosophies officielles : l'esprit est complètement affranchi de toute tutelle extérieure, de toute autorité sociale.

BROSIER

Mais, comment concevoir précisément le mode d'organisation de cette vaste administration publique ? C'est donc une vaste bureaucratie, un vaste fonctionnariat que vous voulez établir : on se plaint déjà aujourd'hui du nombre excessif des budgétivores, et si c'est à une extension de leur nombre que le socialisme tend encore, où est le progrès? Où est cette liberté complète dont tu me parles en termes sybillins? Nous allons donc tous, je le répète, être pris dans l'engrenage administratif? rouages d'une énorme machine, lourde et écrasante? Mais c'est la routine, la stérilité. la servitude universelles à brève échéance, et, d'ailleurs, comment une si énorme machine pourrait-elle fonctionner ? Comment l'État acquerra-t-il soudain des aptitudes économiques qu'il n'a jamais jusqu'ici manifestées?

Et puis, à supposer que l'État soit à la hauteur de sa tâche et puisse assurer une large aisance économique à tous les membres de votre cité socialiste, je ne suis pas sans éprouver une crainte très vive et des inquiétudes très ferventes au sujet de la liberté. Car là où est la responsabilité, là est aussi le pouvoir et l'autorité, et si l'État a la charge des intérêts économiques de chaque citoyen, il n'est pas possible que cette responsabilité formidable, par lui encourue, n'entraîne pas, comme son corollaire indispensable, des pouvoirs également considérables. Tu pars de cette supposition que la vie économique étant socialisée, c'est pour chaque individu la possibilité même de la vie spirituelle libre et autonome : mais je crains, moi, au contraire, que si la vie économique n'est plus libre, la vie spirituelle ne tombe sous un esclavage inouï. C'est sur l'indépendance économique que se fonde la liberté spirituelle, c'est sur le roc de la propriété privée que repose et s'appuie l'autonomie morale individuelle, et l'individu, délogé de cette forteresse solide, n'est plus qu'un fétu de paille en proie aux forces déchaînées des grands tourbillons sociaux. Tu m'affirmes, il est vrai, que l'indépendance économique sera au contraire assurée pour chaque membre de la cité : plus personne ne dépendra de personne, l'ouvrier ne dépendra plus d'un patron, aucun homme n'aura pouvoir sur un autre homme, tout le monde sera libre ! Oui, je veux bien, mais pour ne dépendre de personne individuellement, la vie de chacun ne va-t-elle pas être suspendue au bon vouloir de l'État ? Et l'on pourrait se poser cette question : vaut-il mieux pour la liberté dépendre d'un pouvoir prochain, visible en quelque sorte, sur qui une action directe est rapidement possible, ou d'un pouvoir lointain, anonyme, formidable, et comme invisible, sur qui un contrôle efficace, une action directe est quasi impossible ? Et puis, c'est très joli de vouloir décharger les individus de toute responsabilité et de toute inquiétude économique pour reporter sur l'État toute la charge et tout le souci : mais tout d'abord, au point de vue de la moralité, je ne vois pas ce que pourrait produire cette complète irresponsabilité individuelle, car, quelle que soit l'opinion métaphysique que l'on ait sur le libre arbitre humain, pratiquement, c'est sur la responsabilité individuelle que repose la morale, et sans responsabilité, il n'y a plus, en fait, de morale ; en outre, bien que tu prétendes que le socialisme soit dans le vrai sens du devenir historique moderne, cette administration publique, cet *État scientifique*, assurant le bien-être de tous, me semblent continuer la tradition étatiste du « despotisme éclairé ». Despotisme d'un roi ou despotisme d'une administration, c'est toujours la même conception « ancien régime », aristocratique, au fond, d'après laquelle le peuple a besoin d'une tutelle qui lui donne la sécurité au prix de la liberté. Oui, le socialisme serait bien, en dernière analyse, l'expression de cette superstition nouvelle : le *sciencisme*, la religion de la science ; confier à une administration *scientifique* la direction de la société, administration en qui s'incarnerait tout le savoir social et toute la sagesse sociale et qui, du haut de son infaillibilité scientifique, verserait la manne sacrée du bonheur sur la tête de tous les hommes, telle est bien la chimère moderne. Mais je sais trop combien tout dogmatisme, scientifique ou religieux, est contraire à la liberté pour ne pas frémir à la pensée de voir la liberté individuelle livrée en pâture à une telle puissance ! Et si l'on réfléchit qu'à l'organisation économique sont liées très intimement des questions d'une exceptionnelle gravité, comme celles qui ont trait au mariage et à la population, et que, de proche en proche, au nom des intérêts économiques généraux, dont cette administration scientifique aurait la charge, la liberté de la pensée et de la conscience pourrait subir de fâcheuses limitations, on n'a pas du tout lieu d'être rassuré. On peut beaucoup réglementer au nom de l'hygiène sociale : L'État pourrait s'immiscer dans les questions de l'ordre le plus intime, livrer à l'arbitraire scientifique d'une commission quelconque de « savants » les affections les plus sacrées et les désirs les plus légitimes. Et je pense à la République de Platon, ou à ce rêve d'oligarchie intellectuelle que la fantaisie de Renan s'était plue à ébaucher, et je vois, avec quelque terreur, jusqu'où l'on peut aller lorsqu'une fois on est entré dans cette voie du « dogmatisme scientifique ». Rappelle-toi aussi la pièce de François de Curel *la Nouvelle Idole* : Curel a bien fait voir que la science comme la religion, n'avaient aucun souci de la vie individuelle, qu'elles ignoraient, l'une comme l'autre ce respect profond de la vie humaine devenu si vivace dans la conscience moderne, et que toutes deux sont animées au fond du même fanatisme, de cette même intrépidité logique, qui a conduit l'une aux buchers de l'Inquisition et l'autre aux boucheries des cliniques contemporaines. Eh bien, franchement, là, mon cher ami, tout cela ne me fait pas envisager avec sérénité ni enthousiasme ton « administration des choses » qui, dis-tu, remplacerait le « gouvernement des hommes » ! Et j'aime encore mieux, à ce compte, être *mal* gouverné que *bien* administré.

DARVILLE

Mon cher ami, je vois que tu confonds deux choses essentiellement distinctes : *étatisme ou socialisme d'Etat* et *socialisme prolétarien et révolutionnaire* proprement dit. L'organisation socialiste ne sera nullement une vaste bureaucratie, comme tu le penses : la bureaucratie est un legs de l'Ancien régime, et la centralisation administrative, un corps inerte que la démocratie moderne porte en elle et qu'elle devra éliminer, si elle ne veut pas en mourir. Le contrôle actuel de la démocratie sur l'administration publique est fictif et dérisoire ; il aboutit à l'instabilité ministérielle et à l'omnipotence des bureaux, seuls maîtres réels sous des ministres éphémères. La vérité, c'est que l'administration et la démocratie sont en opposition directe l'une avec l'autre, puisque la bureaucratie est une *survivance monarchique* au sein de la démocratie républicaine. Or cette bureaucratie, dont la bourgeoisie opportuniste par l'organe de ses économistes, fait semblant de désirer la suppression, mais qui, en réalité, est pour elle un instrument à la fois de sauvegarde et de domination, ainsi que je te le disais tout à l'heure, seul le prolétariat est en état de la faire disparaître : car socialiser l'économie, qu'est-ce à dire, sinon étendre au domaine économique le principe républicain ? Dans l'atelier, au *régime autocratique* du patronat, c'est substituer *l'association libre* des travailleurs égaux, élisant leurs chefs de travail, et faisant eux-mêmes le réglement; dans les administrations publiques c'est introduire une large décentralisation. Les *services publics autonomes*, de l'économie socialiste qui assumeront la charge de la production pour chaque branche de l'activité économique, *organisés démocratiquement*, et dont les « fonctionnaires » par conséquent n'ont de commun avec les fonctionnaires actuels que le nom, puisque ce seront des travailleurs associés, élisant librement leurs chefs de travail et se répartissant les produits selon la formule socialiste, ne seront-ils pas de « grandes entreprises publiques » supérieures aux grandes entreprises, gérées en mode capitaliste, d'aujourd'hui? Il me semble que les garanties de liberté seraient infiniment plus sérieuses pour chaque individu dans celles-là, que dans celles-ci. En définitive, que faut-il comprendre exactement par ce mot de liberté? Dire que la liberté a pour condition la propriété, n'est vrai qu'*in abstracto*. : car que faut-il entendre par la propriété? Est-ce la propriété d'un revenu quelconque, voire d'un salaire, ou la propriété du sol et des instruments de production? Si c'est la propriété foncière ou capitaliste qu'on veut dire, en ce cas il est juste d'affirmer que le socialisme

(1) Soit qu'on en fasse des services administratifs, soit qu'on en abandonne la gestion aux syndicats ouvriers.

supprime la liberté qui s'appuie sur ce genre de propriété; mais ce n'est là qu'une grossière tautologie, puisque le socialisme c'est, par essence, la suppression du capitalisme. Oui, en ce sens, le socialisme, et il ne le dissimule pas, est la négation de « l'individu bourgeois », de la « liberté bourgeoise » ; mais y a-t-il coïncidence parfaite entre liberté bourgeoise et liberté humaine? La liberté bourgeoise implique la servitude ouvrière : est-ce une véritable liberté que celle qui ne s'exerce que grâce à l'esclavage d'autrui? On a raison de dire que la liberté n'est réelle que si elle s'appuie sur la propriété : car celui-là est vraiment libre qui est indépendant au point de vue économique. Mais alors la propriété bourgeoise, qui suppose la dépendance économique du prolétariat, enlève à celui-ci la liberté. Est-il donc nécessaire que les uns soient libres, et les autres esclaves ? L'indépendance économique de tous est-elle impossible? Elle n'est possible que de deux manières : ou *en appropriant tout le monde*, c'est-à-dire en généralisant la petite propriété agricole ou industrielle, mais au point de vue économique c'est faire machine en arrière, c'est nous ramener à des modes de production surannés et dépassés : ou *en socialisant la propriété*, c'est-à-dire en achevant le procès économique commencé par la grande industrie capitaliste, mais c'est la solution collectiviste. Or en régime socialiste, de quoi dépendra économiquement chaque individu? De personne, puisque c'est un régime de *démocratie industrielle*. Et de même que dans le domaine politique le rapport de *roi à sujet* est tombé pour faire place à l'harmonie supérieure de la forme républicaine, où tout citoyen est à la fois roi et sujet, de même le rapport de *patron à ouvrier*, de *maître à serviteur*, avec le régime collectiviste, tombera pour faire place à l'harmonie supérieure du *travail associé*, où tous les hommes seront libres et égaux. N'y a-t-il pas un théorème de Hegel, dans sa philosophie de l'Esprit, où il montre que le rapport de maître à serviteur, ne produit pas seulement la servitude du serviteur mais aussi la moindre liberté du maître ? « Le maître, dit-il, (§ 436, corollaire) qui se posait en face du serviteur n'était pas réellement libre, car il ne se voyait pas encore complètement lui-même dans son contraire. Ce n'est que par la délivrance du serviteur que le maître est devenu lui-même complètement libre ». La suppression du rapport de maître à serviteur constitue donc l'affranchissement universel. Cette suppression s'est faite d'abord dans le domaine politique, mais le rapport subsistant dans le domaine économique, elle est restée plus *formelle* que *réelle* : que ce rapport disparaisse du domaine de l'économie, et la liberté sera enfin réellement conquise pour tous : or, c'est précisément la tâche du socialisme, dont la mission historique est de mettre fin aux antagonismes de classes. Le socialisme est donc *une doctrine de liberté* : non seulement il assure à chaque homme l'indépendance économique, ce qui n'est que *le côté négatif* de la liberté, mais il lui assure *la liberté positive et concrète*, par le bien-être et le loisir. Car, comme je te l'ai déjà dit, socialiser la vie économique, c'est la rendre moins absorbante tout ensemble et plus rémunératrice pour chaque individu, c'est par conséquent assurer la possibilité pour tous les hommes d'un libre développement moral, esthétique et intellectuel. Aujourd'hui, dans cette société bourgeoise qu'on prétend libre, on cherche en vain, en somme, des hommes vraiment libres : est-ce l'ouvrier qui est libre, lui qui non seulement dépend d'un patron mais travaille des journées si longues et si pénibles, que toute vie, par delà la vie économique, lui est presque matériellement impossible ? Est-ce le petit paysan, dont les journées de travail ne sont pas moins longues ni moins dures, et qui ne jouit que d'un semblant d'indépendance économique, grevé qu'il est par l'hypothèque, et tremblant devant le gros propriétaire foncier? Est-ce le petit commerçant, dont la vie est aujourd'hui si précaire, si difficile, parmi la concurrence fièvreuse et désordonnée, esclave d'une clientèle péniblement conquise et malaisément gardée ? Est-ce le fonctionnaire en général, qui, au service d'un Etat de classe, n'oserait compromettre un traitement déjà modique par une attitude trop franche ? Non : quelle que soit la classe envisagée, à part la classe des parasites qui monopolisent la richesse et le pouvoir, nous ne trouvons nulle part d'existence libre et vraiment humaine.

Mais élargissons, si tu le veux bien, le débat. Il y a si peu, à mon avis, d'opposition véritable entre le libéralisme et le socialisme qu'on peut considérer celui-ci comme le continuateur et l'héritier de celui-là. M. Bernstein, dans le livre qui a fait tant de bruit, a défini le socialisme un *libéralisme organisateur* et il affirme qu'il n'y a pas une seule grande idée libérale qui ne fasse partie intégrante du socialisme. Quelle est en effet l'idée maîtresse du libéralisme économique? C'est l'idée de la libre concurrence, assurant à chacun des avantages en raison du mérite individuel, et faisant de l'initiative et du sentiment de responsabilité individuelle le ressort énergique et progressiste de l'activité économique. Et que reproche-t-on, d'autre part, au socialisme? D'énerver précisément ce sens de l'initiative et de la responsabilité personnelles, en transférant de l'individu à l'Etat le souci économique, et de compromettre ainsi la production à sa source même. Le libéralisme et le socialisme paraissent ainsi s'opposer de la manière la plus absolue. Mais la libre concurrence ne suppose-t-elle pas, pour être vraiment une libre concurrence, qu'il n'y a pas entre les concurrents d'autres différences que des différences intrinsèquement individuelles, et si le régime social assure à certaines catégories d'individus des supériorités factices, des avantages extrinsèques,qui les font *a priori* vainqueurs dans la lutte et les mettent en quelque sorte hors de la concurrence, comme c'est manifestement le cas pour le régime capitaliste, on ne peut pas dire que la libre concurrence soit réalisée : et la corrélation n'est pas adéquate entre le *mérite individuel* et les *avantages sociaux*, ce qui enlève toute sa valeur morale à la concurrence. En fait le système bourgeois est loin d'être fidèle au libéralisme économique, et de même que l'ancien régime, suivant le mot de Marx, est le défaut caché de l'Etat moderne, de la démocratie bourgeoise, on pourrait dire que le « féodalisme », entendu comme régime des privilèges et des monopoles, est le défaut caché du libéralisme bourgeois. Et cela est si vrai qu'à l'heure actuelle il n'y a pas, dans la civilisation occidentale, un seul pays où la bougeoisie professe encore le libre-échangisme, l'anti-militarisme, et toutes les grandes théories libérales : la bourgeoisie anglaise, comme la bourgeoisie américaine, dans ces deux grands pays « libéraux », donnent maintenant dans l'impérialisme et le protectionnisme. Au contraire le prolétariat socialiste international se montre partout, à l'heure actuelle, le plus énergique défenseur du libre-échangisme, de l'antimilitarisme, et on peut dire qu'il reprend des mains de la bourgeoisie défaillante le flambeau du libéralisme. Est-ce là un simple accident historique? Nullement. Cette libre concurrence, que le système bourgeois est loin de réaliser, on pourrait soutenir que seul le socialisme la fera passer dans les faits. La société socialiste sera en quelque sorte un *sol social aplani et uni*, où pourront se déployer dans leur vivante et féconde diversité les énergies individuelles, s'appuyant désormais uniquement sur elles-mêmes et ne bénéficiant *a priori* d'aucun privilège social et l'Etat ne sera que *le cadre juridique* réalisant l'égalité des conditions de développement pour toutes les activités individuelles et assurant l'exacte proportionnalité de la rémunération et de l'effort. Quant on dit que le socialisme c'est le transfert du souci économique de l'individu à l'Etat, on se trompe : ce qu'il faut dire, c'est que le socialisme socialise, si j'ose ainsi m'exprimer, le souci économique, et c'est tout différent. Encore une fois, il ne faut pas confondre *socialisation* avec *étatisation*. L'Etat est une puissance extérieure et transcendante à la société et qui jusqu'ici, comme le dit Marx dans la *Commune de Paris*, s'est nourri de la substance de la société : si le socialisme était le transfert du souci économique de l'individu à l'Etat, il tomberait en effet sous le coup des critiques libérales, car ce serait l'Etat transformé en Providence nourricière dispensant les individus de tout effort personnel. Mais le socialisme est la résorption, au contraire, de l'Etat dans la société, c'est la société se gouvernant et s'administrant elle-même d'une manière autonome. Comme on l'a très bien fait voir (1), le socialisme c'est la conséquence extrême de la démocratie, et les objections faites à la démocratie économique sont les mêmes que les objections faites à la démocratie politique. Mais de même que la démocratie politique n'est pas nécessairement à forme centralisatrice, de même la démocratie économique ne revêtira pas nécessairement une forme étatiste ou bureaucratique. Si la démocratie jusqu'ici a revêtu cette forme centralisée à l'excès, c'est qu'elle est adultérée de capitalisme : l'antagonisme des classes donne nécessairement à l'Etat un caractère de coercition incompatible avec le fédéralisme décentralisateur. La démocratie bourgeoise n'est au fond qu'un semblant de démocratie. La démocratie ne ne sera réalisée dans sa sincérité qu'avec le socialisme. Et elle sera décentralisatrice et fédéraliste, multipliant les centres de responsabilité et rapprochant administrateurs et administrés, de manière à rendre le contrôle réel et la responsabilité effective. Il y a dans l'histoire un exemple de gouvernement prolétarien, c'est la Commune de Paris en 1871. Eh bien, la Commune manifesta clairement des tendances décentralisatrices et fédéralistes, en opposition avec la traditionnelle

(1) Le principe démocratique et le socialisme, par J. Sarraute, *Revue Socialiste* de Février 1900.

conception de l'Etat : « La classe ouvrière, dit Engels, reconnut aussitôt qu'elle ne pouvait pas se servir de l'Etat comme tel et que, sous peine de retomber sous le joug de nouveaux maîtres, elle devait le transformer entièrement (1). » Il en sera de même au point de vue économique. La démocratie industrielle reposera sur une fédération d'associations ouvrières coopératives, ainsi que la commune en avait fait le plan. Il y aura ainsi des centres nombreux de responsabilité économique et non une seule responsabilité collective, énorme et nulle par cela même. L'organisation unitaire de la production n'implique nullement la centralisation administrative à outrance : elle exige seulement un cadre juridique commun tel que l'émulation entre associations ouvrières relativement autonomes ne puisse pas dégénérer en concurrence capitaliste. C'est d'ailleurs en fait sur cette base que s'organise le prolétariat : nous avons déjà aujourd'hui des fédérations de syndicats et des fédérations de coopératives. La vie économique est ainsi socialisée mais non étatisée : l'individu est, en un sens, débarassé du « souci économique », le lendemain étant assuré et la production harmonieusement réglée, mais il fait partie d'un organisme économique assez défini et qui l'enveloppe d'assez près

(1) Introduction à *La Commune de Paris*, de Karl Marx (G. Jacques et Cie, 1, rue Casimir-Delavigne, Paris).

pour que sa responsabilité soit encore réelle et effective.

En somme, la différence essentielle entre le régime économique bourgeois et le régime économique socialiste sera celle-ci : aujourd'hui, chaque individu, étant donné l'anarchie de la production, n'est nullement sûr des résultats de son travail, il peut dépenser beaucoup d'énergie et d'activité pour n'arriver à rien, et sur lui pèse tout le « souci économique », toute la « responsabilité économique ». Mais rien n'émoussant davantage le sentiment de la responsabilité comme la disproportion constante entre l'effort et la rémunération, on peut dire que si le régime actuel avive et fouette l'initiative individuelle, il peut aussi l'énerver et la tuer. Demain, au contraire, en régime socialiste, la production est organisée, et chaque individu est assuré du lendemain, du moment qu'il travaille : la rémunération ne dépend plus des hasards de la concurrence, mais correspond exactement aux efforts personnels. Et de cette manière, tout en étant affranchi du « souci économique » par l'organisation sociale, l'individu garde néanmoins une responsabilité économique pleine et entière. Le principe fondamental du libéralisme n'est pas nié, il est au contraire dégagé de tout ce qui, dans le régime bourgeois, le limitait et le diminuait. Et le transfert du « souci économique » de l'individu à la société que réalise le socialisme n'est pas la chute de la

5

responsabilité individuelle dans l'énorme gouffre de la responsabilité collective, mais c'est le travail individuel libéré des hasards de la production marchande, cet océan aveugle où l'homme n'est qu'un frêle radeau en proie à d'obscures forces naturelles, et placé dans un monde social harmonieux où, comme sur une mer sereine, toutes les barques humaines sont accueillies et portées heureusement jusqu'au port.

Et il ne s'agit nullement, comme tu le crains, de livrer la liberté individuelle au « dogmatisme scientifique » d'une administration publique irresponsable. Le socialisme est si loin de continuer la tradition étatiste du « despotisme éclairé » qu'il est au contraire en opposition radicale avec ce que les hommes de la *Patrie française*. par exemple, appellent les *traditions nationales*. Les socialistes ne sont pas des « scientistes », des « dogmatiques », ils n'ont point de dogmes tout faits et arrêtés, mais ils sont prêts à étudier avec un esprit toujours nouveau une réalité sociale toujours nouvelle. Le véritable esprit du marxisme est un esprit réaliste, également éloigné de tout *intellectualisme dogmatique et statique* et de tout *empirisme désordonné et chaotique*, c'est-à-dire également éloigné de toute abstraction, car *l'idée pure* aussi bien que *la sensation brute* ne sont que des abstractions : ce qui est réel, c'est un *complexus d'idées et de sensations*, sans cesse en mouvement, jamais figé. Animé d'un tel esprit, comment le socialisme rêverait-il d'établir une sorte *d'Etat scientifique*, pour reprendre ton expression? Non, le socialisme est à base démocratique, et faire décider par le libre suffrage des hommes, la *vérité sociale*, c'est reconnaître à cette vérité un caractère transitoire, relatif, incompatible par conséquent avec tout dogmatisme, qu'il soit scientifique ou religieux. La démocratie, par essence, est opposée à tout dogmatisme, car elle est *mouvement et devenir*, adaptation vivante à des réalités toujours nouvelles, tandis que le dogmatisme, *abstraction réalisée*, sortie un moment de la vie mouvante et voulant éternellement la régenter, correspond au contraire à l'immobilité statique d'une aristocratie qui plane au dessus du devenir social, et vit *une vie abstraite.*

Non, le socialisme est un libéralisme organisateur, comme le définit Bernstein. Il semble qu'il soit contradictoire « d'organiser les libertés ». Mais à moins d'avoir une *conception anarchiste* de la liberté, on peut dire au contraire que les libertés ne sont réelles qu'autant qu'elles sont organisées. La bourgeoisie, une fois au pouvoir, une fois nantie, a voulu établir une antinomie entre la liberté et l'égalité : mais ses grands penseurs du XVIIIe siècle ne séparaient point les deux termes et ne croyaient la liberté possible que dans l'égalité. L'opposition qu'on a toujours voulu voir entre l'égalitarisme et l'individualisme est fausse. M. Bouglé, dans une thèse récente, a parfaitement montré que l'égalitarisme impliquait au contraire l'individualisme. Mais dans le régime de l'inégalité économique, *l'individualisme bourgeois* est la négation de *l'individualisme prolétarien*, et le prolétariat, se dressant au nom de l'égalité, la bourgeoisie voudrait faire croire que l'égalité, ce serait la tyrannie, quand au contraire l'égalité sociale est la condition pour le développement harmonieux de toutes les libertés, de tous les « individualismes ». Mais la bourgeoisie se fait de la liberté, à l'heure actuelle, une conception étriquée et fausse où il est difficile de reconnaître le grand libéralisme du XVIIIe siècle. Que l'on prenne toutes les questions aujourd'hui pendantes, et l'on verra que lorsque la bourgeoisie parle liberté, il faut entendre en réalité tout autre chose. S'agit-il par exemple de lois scolaires? On entend des bourgeois libéraux protester au nom de la liberté du père de famille sans s'apercevoir qu'ils invoquent des arguments *autoritaristes* et que la liberté de l'enfant est aussi une liberté dont il faut tenir compte. S'agit-il du droit de grève? Nos mêmes bourgeois soutiendront que le droit d'un seul à travailler est égal au droit de tous, sans se douter que c'est là, au fond, du pur *anarchisme* et que la loi des majorités est la loi nécessaire et organique de toute démocratie. C'est ainsi que la bourgeoisie, dans sa conception, oscille de l'autoritarisme à l'anarchie, ces deux extrêmes opposés du libéralisme. Le socialisme au contraire se trouve dans la saine tradition libérale : quand il réclame l'éducation publique, laïque et obligatoire, c'est pour sauvegarder le droit de l'enfant vis-à-vis tout ensemble de la famille, de l'Eglise et de l'Etat (1), puissances toujours envahissantes et oppressives. De même, en voulant organiser le droit de grève, il reste fidèle au véritable esprit de la démocratie libérale : car il est aussi antilibéral de tolérer qu'une minorité impose la grève que de laisser une minorité la compromettre. Il pourrait sembler qu'ici on viole la liberté individuelle : mais la bourgeoisie ne voit-elle pas aussi dans la législation ouvrière et la réglementation industrielle des attentats à la « liberté du travail ? » Or, la législation ouvrière n'a qu'un but : empêcher de la part de l'ouvrier l'aliénation trop prolongée de sa liberté, et il a toujours été, je pense, conforme au véritable libéralisme de considérer l'aliénation d'une liberté comme impossible en droit. Aliéner librement sa liberté a toujours paru une contradiction *in adjecto*.

Il n'y a donc, tu le vois, aucune opposition réelle entre le libéralisme et le socialisme, et quand j'affirme que le prolétariat socialiste est à l'heure actuelle le seul soutien du libéralisme

(1) L'État étant censé garder une parfaite neutralité religieuse, métaphysique et sociale, ce qui à la vérité ne se produira qu'en régime socialiste.

démocratique, je crois que mon affirmation est assez justifiée. On ne pourrait aujourd'hui rejeter le socialisme qu'en rejetant le libéralisme démocratique lui-même, et ce serait toute l'évolution démocratique de ce siècle qu'il faudrait condamner. Mais comment, toi, que je sais si attaché aux idées libérales et démocratiques, pourrais-tu le faire ? Et pourquoi dès lors ne viendrais-tu pas au socialisme ? Mais peut-être as-tu encore quelques objections à m'adresser ?

BROSIER

Mon Dieu, mon cher Darville, tes réponses sont si copieuses, elles se déroulent si largement, tels de grands fleuves débordés, que j'ai presque scrupule ou presque peur à provoquer encore de ta part de nouvelles explications. Je m'y risquerai cependant. Tu sais avec quelles délices je lis Platon et les philosophes antiques en général. Eh bien, tu n'ignores pas à quelles conclusions était arrivée la pensée antique au point de vue social. Et dernièrement, dans le *Devenir social*, je lisais une étude de M. G. Platon sur *Le Socialisme en Grèce* où ces conclusions sont justement fort bien dégagées. Le sentiment bien net de Platon, d'Aristote, de toute l'antiquité, c'est qu'il n'y a de salut pour une société et de pratique possible de la justice sociale que dans un retour à la vie agricole. Une grande modération dans les désirs ; la simplicité de vie, le dédain du confort, l'industrie et le commerce réduits à leur minimum, dans une large mesure l'isolement économique et l'obligation pour l'État de se suffire économiquement le plus possible, une économie stable, immobile, basée sur la satisfaction normale de besoins toujours les mêmes, voilà pour Platon la vérité économique. C'est la condamnation rigoureuse de l'industrialisme dont la philosophie antique prononce l'incompatibilité avec la pratique de la justice sociale et le règne du bonheur et de la raison. Et il y a là une affirmation trop grave de la pensée antique pour qu'on la passe sous silence, affirmation qui dans les temps modernes a d'ailleurs été reprise par Rousseau, au siècle dernier, et de nos jours par Ruskin et Tolstoï. Jusqu'ici les objections que je t'ai faites partaient d'une acceptation tacite des principes généraux de notre civilisation occidentale, et quand notamment je te demandais dans quelle mesure l'économie socialiste serait une économie progressiste, je me plaçais au point de vue de la civilisation moderne. Mais élevons-nous au dessus d'elle pour la juger de haut, et confrontons la avec l'affirmation de la pensée antique. Je te poserai alors cette question : le monde moderne n'est-il pas engagé, plus encore que le monde antique, dans la voie d'un individualisme cynique et violent, au bout de laquelle, selon Platon, il ne peut y avoir ni bonheur ni justice pour la société ? Tous les peuples cèdent, à l'heure actuelle, à la fatalité qui les pousse à transformer le plus clair de leur population en producteurs industriels produisant pour produire et toujours en quête de débouchés nouveaux. Ç'a été d'abord la Hollande, puis l'Angleterre, puis la France, puis l'Allemagne, et voilà qu'à leur tour la grande Russie et les moindres petits États d'Europe, et l'Asie elle-même, l'immobile Asie, le Japon, la Chine, l'Inde Anglaise entrent en lice. Tous sont hantés du même rêve de gros profits, de monstrueux trafics d'argent, tous sont travaillés de la même fièvre de production sans frein, de découvertes incessantes, de convoitises sans fin de l'or. Le monde moderne est donc engagé ouvertement et profondément dans la voie mercantiliste, et il suffit de jeter les yeux sur la situation internationale des peuples pour voir quelles catastrophes terribles sont suspendues sur la tête de l'humanité tout entière. La politique extérieure est aujourd'hui presque plus importante que la politique intérieure pour chaque pays : la colonisation, que toutes les nations pratiquent, pose des problèmes d'une gravité exceptionnelle, auprès desquels les problèmes sociaux semblent des jeux d'enfants. Et quelle source de conflits formidables ne recèle-t-elle pas ? De quels points noirs, de quels gros nuages orageux n'a-t-elle pas chargé l'horizon de l'humanité ? Le choc du monde asiatique et du monde européen n'amènera-t-il pas des cataclysmes sociaux où pourra périr la civilisation occidentale comme a péri la civilisation antique sous l'assaut des Barbares ? Le prolétariat international aura-t-il assez de force pour sauver la civilisation occidentale, sera-t-il prêt à temps pour cette œuvre de salut ? Et, en admettant qu'il ait la force et qu'il soit prêt, le socialisme est-il assez dégagé de l'esprit industrialiste pour réaliser la justice intercontinentale comme il se targue de réaliser la justice internationale européenne ? Il se réclame de Marx : mais les théories économiques de Marx, disciple de Smith et de Ricardo, ne sont-elles pas corrompues à la source même par l'admission dangereuse du facteur naturaliste de la Force ? Or les habitudes de l'âme sont indivisibles et l'on ne peut pas pratiquer l'injustice au dehors, à l'égard des peuples arriérés, sans risquer d'adultérer chez soi le sens de la justice intérieure. Hélas, le monde est encore livré aux jeux terribles du Hasard et de la Force ; la Raison, la Justice, n'ont encore dans l'Univers que de fragiles appuis. Et le prolétariat, en qui l'on pourrait mettre son espérance de paix, d'harmonie et d'équité universelles, quand bien même il arriverait à triompher, n'aurait peut-être pas l'esprit assez haut et un sens assez raffiné de la justice et de la bonté pour apporter au vieux monde la lumière sereine, harmonieuse et douce de la raison et de l'amour !

DARVILLE

Allons, allons, ne soyons pas si pessimiste ! et examinons, sans rien exagérer, les problèmes que tu viens de soulever. Certes, on n'en peut nier l'extrême gravité : mais peut-être en présentes-tu la solution comme trop difficile et trop aléatoire, parce que tu n'estimes pas à leur valeur exacte les facteurs dont cette solution dépend. La bourgeoisie est plus près de sa fin et le Prolétariat plus près de sa victoire que tu ne le crois. Le monde moderne, dis-tu, est trop engagé dans la voie de l'industrialisme mercantile et il tombe trop sous la condamnation de la philosophie antique pour que l'on conserve encore beaucoup d'espoir de le voir échapper à la dissolution finale où s'abima, elle aussi, la cité antique. Mais peut-être l'idéal social platonicien est-il trop étroit : rêver un retour à la vie agricole est évidemment plus chimérique encore pour nos sociétés modernes que pour les cités antiques. Il reste néanmoins que rendre la vie industrielle moins fiévreuse, moins laide, plus morale, est assurément désirable : sans tomber dans l'idéal statique de la sagesse contemplative antique, on peut concevoir une activité plus harmonieuse et qui, sans être moins inquiète de progrès, serait plus saine et plus sereine. Mais c'est précisément ce que se propose de faire le socialisme moderne. Il rejettera de l'industrialisme le côté mercantile, spéculateur et agioteur, le fond de fraude, de violence et de guerre, que lui donne le capitalisme, pour en garder le côté purement productif, technique, le caractère progressiste, si moralisateur, et le subordonner, simple moyen et non plus « fin en soi », à l'aménagement et à l'embellissement de la cité humaine. Le monde moderne, comme le dit si heureusement M. Sorel, est devenu *un monde de producteurs*, et l'idéal moderne ne peut plus être l'idéal purement intellectualiste de Platon et du XVIIe siècle : il ne s'agit plus de former des « hommes généraux » capables de bien discourir dans les Jardins d'Académus, ou dans les salons de l'Hôtel de Rambouillet, mais il s'agit de former des hommes qui, dans la division moderne du travail, sachent remplir leur rôle et devenir dans leur partie des *hommes complets*, idéal qui n'implique ni la *spécialisation à outrance*, où l'homme est *mécanisé* et transformé en *appendice du métier* ni *la vague culture classique* où, en sachant un peu de tout, l'homme est incapable de rendre dans un organisme social défini des services donnés : « Oui, dit Marx, la grande industrie oblige la société sous peine de mort, à remplacer *l'individu morcelé*, porte-douleur d'une fonction productive de détail, *par l'individu intégral* qui sache tenir tête aux exigences les plus diversifiées du travail et ne donne dans des fonctions alternées qu'un libre essor à la diversité de ses capacités naturelles ou acquises. (1) » L'idéal moderne, tel qu'il est conditionné par l'économie moderne, est, tu le vois, profondément différent de l'idéal antique, comme il est différent, et non moins, de l'idéal chrétien : ce n'est plus *le sage* content de peu, « philosophant » avec ses passions, et tout à la contemplation immobile des idées, qui constitue l'*homme idéal* ; ce n'est plus *le saint*, tout entier à la préoccupation de son salut et tendant sa volonté, étrangère dès ici-bas à ce monde, vers un monde transcendant : l'intellectualisme antique, comme le mysticisme chrétien, sont d'essence aristocatique et ne conviennent qu'à une élite ; ils supposent d'ailleurs l'esclavage antique ou le servage féodal. Et c'est là *un idéal statique* conforme à des civilisations d'où l'idée de progrès est encore absente. Mais l'homme idéal, selon la conception socialiste, c'est le *travailleur social* dont la vie est un harmonieux équilibre d'action et de pensée : chez lui l'intelligence ne fonctionne plus à vide et pour elle-même, mais elle est subordonnée à la construction positive et concrète d'un milieu social chaque jour mieux aménagé, meilleur et plus beau ; elle ne peut par conséquent dévoyer ni *dans l'intellectualisme pur* à la manière antique ni dans *le mysticisme chrétien*. En un mot, à *l'intellectualisme aristocratique* de l'antiquité, au

(1) *Capital*. Chap. XV, p. 211.

sentimentalisme mystique du Moyen Age, a succédé un idéal *d'activité pratique et de moralité démocratique* dont l'altruisme social est le mobile et la science le moyen : idéal conforme à une société dont la notion du progrès est devenue le ressort et qui marque la substitution, dans la direction de l'histoire humaine, de la *classe productive* — classe immanente à la société et participant à son devenir réel et profond, — aux *classes aristocratiques, étrangères au monde de la production* et transcendantes au devenir social, au dessus duquel elles planent dans l'immobilité des dieux d'Epicure.

L'affirmation de la pensée antique, qu'il n'y a de bonheur et de pratique possible de la justice sociale que dans un retour à la vie agricole, renferme donc, à côté d'une part certaine de vérité, une part plus grande encore d'erreur. Car la vie industrielle (1) peut revêtir, elle aussi, une forme harmonieuse, et quand le socialisme en aura éliminé le caractère marchand, elle pourra être saine et moralisatrice autant que la vie agricole. Mais de là à rêver une économie toute statique, toute immobile, il y a loin. Le monde moderne est trop avide de progrès, l'homme a mis sur la Nature, par la science et l'industrie, une main

(1) Voir une note du *Capital*, ch. xv, p. 212, col. 1. « Le travail de fabrique peut être pur et bienfaisant comme « l'était jadis le travail domestique et même à un plus haut « degré ».

trop puissante et trop victorieuse pour écouter les conseils d'une morale abstraite lui ordonnant de modérer ses désirs. La vie agricole elle-même, quand le socialisme aura fait disparaître l'antagonisme de la ville et de la campagne, participera au mouvement général du progrès, et si la vie industrielle, moins fiévreuse, prendra de la vie agricole sa santé et son équilibre, la vie agricole, par contre, moins immobile, prendra de la vie industrielle un peu de sa fièvre de progrès. Ce qui a rendu jusqu'ici l'industrialisme si laid, si corrupteur, si démoralisant, c'est que la production capitaliste est avant tout une production marchande et qu'elle sacrifie tout, santé physique et morale des producteurs aussi bien que des consommateurs, à des *intérêts privés*; le *souci marchand* y étouffe les préoccupations hygiéniques et morales. Qu'importe au fabricant d'alcool s'il empoisonne le public et compromet la santé physique et morale d'un peuple, pourvu qu'il s'enrichisse et que pour lui « un million joyeux sorte de Waterloo » ? L'État lui-même, sous un tel régime, sacrifie à des intérêts fiscaux la santé et la moralité publiques, et c'est un esprit général de lucre, de mercantilisme effronté qui souffle sur toute la Société. Mais avec la victoire du Prolétariat, au contraire, les préoccupations hygiéniques, esthétiques et morales prendront la première place, car ce seront les producteurs eux-mêmes qui, librement associés, règleront la production et la subordonneront, non plus à des intérêts privés, mais au large intérêt collectif. Et le Travail gouvernant le monde, c'est la suppression définitive de tout esclavage, de toute exploitation de l'homme par l'homme, c'est la fin de cette *économie idéaliste* que sacrifiait la masse à l'entretien d'une élite oisive, faisait élever les Pyramides, ou un château de Versailles ou de Marly au prix de milliers et de milliers de vies humaines, condamnait tout un prolétariat à une vie d'enfer pour la fabrication de produits destinés à corrompre au loin les peuples arriérés, — et c'est le triomphe de l'Humanité et de la Morale, prenant le pas définitivement sur les intérêts économiques d'une aristocratie ou d'une classe !

Mais dis-tu, le monde semble encore bien livré aux jeux du hasard et de la force, et il se peut que le monde moderne sombre dans une catastrophe provoquée par les conflits intercontinentaux, avant que le prolétariat international ait eu le temps de s'organiser et de s'emparer du pouvoir. Et, ajoutes-tu, en admettant que le prolétariat ait le temps de devenir le maître, l'esprit sera-t-il en lui assez haut, assez généreux, assez pénétré de raison et de justice pour régler les questions de politique coloniale dans un large esprit d'équité ? Mon Dieu, mon cher ami, il serait tout au moins présomptueux d'affirmer que le prolétariat socialiste international pourra parer à temps au cataclysme final où sombrerait la civilisation occidentale. L'esprit chauvin, militariste, protectionniste qui souffle aujourd'hui sur toutes les bourgeoisies peut évidemment déchaîner des conflits d'une gravité formidable. Mais j'en tirerai une simple conclusion : c'est que, pour tous les esprits vraiment soucieux de l'avenir de notre civilisation moderne, hâter le triomphe du prolétariat s'impose comme la tâche urgente, comme la tâche nécessaire : il faut que la classe ouvrière devienne à bref délai assez forte, assez puissamment organisée pour qu'elle puisse dans chaque pays peser sur la bourgeoisie gouvernante et empêcher les conflits désastreux ; il faut que tous les hommes de progrès, vraiment attachés aux idées libérales, se joignent à elle pour accelérer son évolution et précipiter sa victoire. Ah, quelle force pour nous, justement, si au moment où la bourgeoisie internationale, par un esprit de rapacité et d'égoïsme féroce, risquant de déchaîner sur le monde toute la brutalité de la Guerre, sacrifie à ses intérêts étroits le salut de la cité moderne ; quelle force si le prolétariat international, au contraire, épanouissant sur l'Univers son visage de paix et d'harmonie, apparaît comme la seule puissance capable d'apporter à l'humanité jusqu'ici désordonnée et brutale le règne de la Justice et de la Raison ! Cette puissance, la cité antique ne l'a pas eue et c'est pourquoi, malgré l'élargissement et l'humanisation du droit romain primitif sous l'influence de la philosophie ancienne, malgré des règnes comme ceux des Antonins, malgré le règne d'un Marc-Aurèle, ce chef-d'œuvre vivant de la sagesse antique, elle a fini par succomber sous le choc des barbares. Le prolétariat romain, comme l'a dit Sismondi, vivait aux dépens de la société ; le prolétariat moderne, au contraire, *entretient* la société moderne. La cité antique a bien pu connaître des convulsions du monde du travail avec Spartacus, convulsions spasmodiques, violentes et inutiles, mais elle n'a pas connu ce développement méthodique, conscient et organisé, de la classe des producteurs montant par degrés au sommet lumineux de la société. Le prolétariat moderne, en outre, accomplit son devenir au sein d'une civilisation pénétrée depuis plus d'un siècle de l'idéal libéral et démocratique, et, sous l'influence à la fois du christianisme, accordant à chaque personne humaine une *valeur infinie*, des progrès de la science et de la technique, permettant d'envisager comme possible l'égalité des conditions, le vieil idéal aristocratique, hiérarchique et militaire, qui caractérisait la cité antique, a fléchi devant un idéal humanitaire qui, non seulement donne de la force à la classe ouvrière pour monter à l'assaut du pouvoir, mais affaiblit la résistance même de la bourgeoisie, moins sûre que l'aristocratie de la légitimité de sa domination et allant par le suffrage universel et la législation sociale jusqu'à fournir elle-même des armes au prolétаriat et jusqu'à laisser ainsi miner sa propre hégémonie. Deux choses, selon Marx, déterminent la répartition dans une société, c'est-à-dire le quantum de justice sociale qui peut être réalisé : l'organisme producteur de cette société et le degré de développement historique des travailleurs. Or dans la cité antique, qui reposait sur l'esclavage, l'organisme producteur était rudimentaire et impliquait une répartition aristocratique ; et, d'autre part, les esclaves étaient en dehors de la cité, ils n'avaient aucun droit politique et par conséquent le degré de leur développement historique était au plus bas. Toute autre est la situation du prolétariat moderne : l'organisme producteur, d'une part, permet une répartition égalitaire et démocratique, et, d'autre part, les travailleurs ont atteint un degré de développement historique très avancé puisqu'ils ont des droits politiques et qu'ils font partie vivante, agissante et délibérante de la cité. La démocratie antique reposait tout entière sur l'esclavage : le « peuple souverain d'Athènes » avait du loisir et pouvait passer tout son temps sur l'Agora, parce que les esclaves et les tributaires travaillaient pour lui ; et s'il y eut, à Athènes comme à Rome, un développement politique, reflet d'un développement économique par lequel à l'aristocratie de naissance, reposant sur la propriété foncière, succéda l'aristocratie de fortune, reposant sur la propriété mobilière industrielle et commerciale, s'il y eut des révolutions politiques analogues à celles des temps modernes, la démocratie antique, tomba toujours dans la démagogie, (Cléon à Athènes, Catilina à Rome) parce que d'une part le prolétariat des gueux y avait pris un développement énorme, (or ce prolétariat ne peut former un parti politique sérieux,) et que, d'autre part, le prolétariat réel, les producteurs, étaient des esclaves exclus de la cité. La démocratie moderne, au contraire, repose bien sur le salariat, mais les salariés ont droit de vote, ils font partie du « pays légal » et cela constitue une différence énorme. Car si *l'armée de réserve industrielle,* créée par le capitalisme moderne, constitue un prolétariat de gueux considérable et si la petite bourgeoisie industrielle et commerciale très développée dans nos sociétés modernes, constitue une masse électorale amorphe, sans consistance intellectuelle et politique, proie toute prête pour les Cléon modernes, par contre, le prolétariat véritable, le prolétariat de la grande industrie, représentant la forme économique la plus avancée, est une *force originale :* il n'est plus comme les esclaves de l'antiquité au dessous du niveau social, mais, grâce aux droits politiques conquis par lui, grâce aux organismes économiques de profonde signification sociale, qu'il a créés, grâce à la conscience de classe enfin dont il est animé, il est au contraire, on pourrait dire, à *la tête du mouvement social* et au *sommet théorique du moment.* Et c'est cette force originale qui sauvera le monde moderne ou qui, du moins, constitue pour la cité moderne, par rapport à la cité antique, une *chance particulière de salut.*

Mais, insistes-tu encore, en admettant même que le prolétariat soit prêt et parvienne à s'emparer du pouvoir avant le cataclysme final, est-il sûr qu'il soit animé d'un esprit assez haut et assez généreux pour pratiquer au dehors la justice qu'il établirait au dedans? — Ce sont là, je l'avoue, des doutes que je ne puis comprendre. S'il y a en effet un parti qui condamne formellement la politique coloniale, telle du moins que la pratique la bourgeoisie, c'est bien, je pense, le parti socialiste. Logiquement d'ailleurs, la colonisation est un effet direct de l'organisation capitaliste, et quand le prolétariat organisera socialement la production, on peut dire qu'il n'y aura plus lieu à une « politique coloniale » proprement dite. Les habitudes de l'âme, dis-tu, sont indivisibles; on ne peut pas être à la fois juste et injuste, juste au dedans de son pays, injuste avec l'étranger. Ce n'est pas tout à fait exact : car il y a certainement des morales de groupe, de caste, de classe, de nation, de race même, et les atrocités commises par les « blancs » en Afrique sur les « noirs » le prouvent bien. Le citoyen grec, par exemple, ne considérait l'étranger que comme un « barbare ». Pour que l'on agisse avec l'étranger comme avec son « semblable » il faut considérer cet

« étranger » comme un « semblable ». Il faut par conséquent qu'il y ait unification de peuple à peuple. On a dans l'histoire un premier exemple d'unification humaine, c'est celle que Rome a réalisée à la fin du monde antique, et l'on constate que la paix romaine développa en effet les idées d'humanité ; les stoïciens par exemple se proclamaient citoyens du monde, et l'on vit le Droit romain s'élargir, s'assouplir et s'humaniser, devenir le droit universel, admirable cadre juridique que Rome a légué au monde moderne. Et c'est parmi cette unité romaine que se développa, comme en un moule tout préparé, le christianisme, le catholicisme, la religion « universelle ». Mais le monde de nouveau retomba dans le particularisme et l'éparpillement, avec le Moyen Age féodal, et le pélérinage vers l'Unité dut recommencer : il eut pour étapes la création des nations modernes, puis la Révolution française avec ses tendances internationales ; mais le capitalisme apparaît comme l'agent le plus formidable et le plus sûr de nivellement social et humain. On peut sans doute critiquer l'œuvre de la bourgeoisie, elle est souillée de sang, de pillages et d'exactions de tous genres ; la bourgeoisie a pratiqué un mode de colonisation brutale, violente, avec pour but unique, le trafic, les gros profits ; néanmoins, elle aura plus fait peut-être, comme l'a remarqué Labriola, pour l'unification humaine que Rome elle même et le christianisme. Car elle n'a rien laissé hors de ses prises; l'Univers entier a eté par elle civilisé, unifié, et de même que l'unité romaine prépara les voies au christianisme, de même la bourgeoisie cosmopolite aura préparé les voies au socialisme. Seulement l'unité romaine était encore bien étroite, tandis que *l'unité bourgeoise*, si j'ose ainsi l'appeler, embrasse la totalité de l'Univers. Oui, le socialisme n'a plus maintenant qu'à substituer son haut esprit d'équité, de solidarité et de bonté à la barbarie sanglante du capitalisme; il n'a plus qu'à substituer à la soif de lucre, au mercantilisme à outrance de la bourgeoisie, son large souffle d'humanité pour que l'unité humaine soit enfin accomplie.

Renan dit quelque part, dans *l'Avenir de la Science*, je crois, que la civilisation antique a péri faute d'extension, par paucité. Grâce à la bourgeoisie et à la technique moderne qui par elle a rayonné sur tout l'Univers, c'est un risque au moins, que la civilisation moderne ne court plus. Et si l'on pense avec M. Bouglé (1) que la *densité* sociale et la *quantité* sociale sont pour quelque chose dans la diffusion des idées égalitaires, de l'idéal libéral et démocratique, on prendra confiance pour l'avenir de la Cité moderne.

(1) Voir les Idées égalitaires, thèse présentée en Sorbonne en 1899.

Les cercles de solidarité vont sans cesse s'élargissant : de commune à commune, de province à province, la guerre s'est déplacée de nation à nation, et une morale internationale, une solidarité internationale s'ébauche, où le monde trouvera enfin la paix. Se connaître, c'est cesser de se haïr, et de plus en plus, de par la fréquence des relations internationales, de par la facilité prodigieuse des communications, les hommes apprennent à se comprendre les uns les autres, avec leurs diversités nationales, leurs originalités ethniques et l'idée de rapports internationaux fondés sur le droit, fait lentement, mais sûrement son chemin. Déjà le socialisme tient périodiquement ses assises internationales, où se réunissent les délégués du prolétariat socialiste universel. Et quand, le capitalisme vaincu, et le prolétariat ayant fondé le communisme de la production, la guerre intérieure aura cessé, ce sera aussi la fin des guerres extérieures : dans l'ample sein de l'humanité pacifiée et unifiée, comme dans le cadre étroit de chaque nation, il y aura bien encore des inégalités de développement, mais la coopération étant substituée, nationalement et internationalement, à la concurrence, ces inégalités seront source de variété et de diversité sans être source de guerre et d'exploitation.

Seulement, encore une fois, avant que le prolétariat ne soit prêt, il se peut que la bourgeoisie voyant son marché se resserrer et la classe ouvrière devenir chaque jour plus exigeante et mieux organisée, se contracte dans une sorte d'égoïsme ombrageux et farouche et, donnant partout dans l'odieux nationalisme, déchaîne sur le monde une guerre universelle dont l'issue pourrait être fatale à la civilisation moderne. C'est donc sur le prolétariat socialiste international que repose notre salut : le tourbillon qui peut se lever et emporter l'humanité, comme le sable du désert, s'il rencontre dans chaque pays, solide et haut comme une forteresse, le prolétariat socialiste, s'apaisera autour de lui et laissera l'univers dans la sereine paix définitive. Organiser le prolétariat, hâter son évolution émancipatrice, tel est donc le devoir de tous les hommes de pensée et de cœur. O mes amis, resterez-vous toujours troublés et hésitants : Catilina est aux portes : délibèrerez-vous éternellement ?

DORTAL

Mon cher ami, c'est une question à laquelle tu nous permettras de ne pas répondre aujourd'hui. Voici plus de trois heures que vous discourez à vous deux, avec une abondance et une prolixité diluviennes. Toi surtout, ô socialiste fougueux, tu as lâché sur nous, sans pitié, toutes tes cataractes sociologiques ! Et pendant ce temps, nous avons, Ferron et moi, fumé de si nombreuses pipes que ta chambre en est toute embrumée et que ta Joconde, là, dans son coin, a des yeux et un sourire plus énigmatiques que jamais !

FERRON

Oui, et sa sérénité d'intellectuelle narquoise semble encore plus narquoise et plus ironique que de coutume, comme si, mon cher Darville, elle prenait tes beaux rêves et ta ferveur enthousiaste en profonde pitié. Tandis que tu parlais et nous enveloppais des longs voiles flottants de tes larges périodes, je la regardais, et la finesse méchante de ses lèvres pincées me défendait contre ton extraordinaire optimisme. Comme il est heureux qu'en cette chambre il flotte au moins ce sourire qui nie et semble, ô mon impétueux croyant, s'accrocher, moqueur, aux affirmations de ton verbe ! Sans lui, nous serions déjà tous trois saisis du vertige de ta foi, et nous aurions déjà dépouillé ces doutes et ces hésitations dont, véhémentement, tu nous exhortes à sortir !

DORTAL

Allons, toi, vieil esthète, paix aux hommes de bonne volonté ! Ce n'est pas avec ta ferblanterie de néo-christianisme que tu sonneras jamais pareille fanfare ! En attendant, si vous m'en croyez, amis, nous sortirons ; la nuit est extraordinairement pure et la lune, derrière les tours de Notre-Dame, dessine un fin croissant d'or clair. Ah ! si je croyais que le socialisme puisse jamais arriver à dresser sous le ciel des actes de foi pareils à cette cathédrale-là, eh bien, oui, de ta suite j'en serais, Darville ! Qui sait, après tout ?

II

LA RELIGION

On était en pleine affaire Dreyfus ; un manifeste du Parti ouvrier français venait de paraître, proclamant que le socialisme n'avait pas à intervenir dans une querelle de bourgeois. Et Darville s'étant rendu, un soir, chez Ferron, celui-ci immédiatement le prit à partie.

FERRON

Hein, les voilà bien, tes fameux socialistes ! Ils se désintéressent des questions d'humanité, ils se moquent des principes : la justice est en jeu, ils font la pirouette et lui tirent un pied de nez ! Ah ! on vous reconnaît bien là, avec votre théorie étroite et féroce de la lutte des classes !

DARVILLE

Doucement, doucement, Ferron, ne va pas si vite et n'aie pas, je te prie, le triomphe si facile ! Si je te demandais à mon tour ce que font, en cette même affaire, les représentants du Christ, que me répondrais-tu ?

FERRON

Oh, n'essaie pas de t'esquiver ! Tu ne m'échapperas pas et je le répète : il éclate bien là, votre matérialisme moral foncier ! Vous êtes enfermés dans le plus farouche égoïsme de classe et vous vous montrez incapables de vous élever à la simple notion de justice ! C'est bien à cela d'ailleurs qu'on doit aboutir quand on raille sans cesse, comme vous le faites, les gens à principes, les bourgeois démocrates à la 48, et qu'on les traite de pompiers et de vieilles badernes !

DARVILLE

Allons ! Je vois décidément que tu me cherches noise ! Et voilà les éternels griefs que tu conserves contre le socialisme ! Tu ne trouves dans nos doctrines que des préoccupations économiques, et rien qui puisse satisfaire les besoins moraux et religieux de l'âme humaine. Tu l'accuses même, par le trop grand intérêt qu'il attache à la civilisation matérielle, de détourner les hommes des seules questions qui vaillent la peine d'être discutées, à savoir les questions morales et religieuses. Aussi restes-tu fidèle à ce bon vieux christianisme où tu trouves le seul aliment indispensable à ta vie spirituelle !

FERRON

Eh, oui, c'est la vérité, mon cher Darville ! Je ne vois de grande doctrine morale que le christianisme. Vous, vous manquez d'idéal et de principes ; vous n'apportez au monde, pour le régénérer, qu'une *recette économique !* Or, il ne s'est fait, je crois, de grande révolution dans le monde, qu'au nom de quelque grand principe, de quelque grande doctrine morale. Vois le Christianisme, le Bouddhisme, la Réforme ; la Révolution française elle-même, quoique déjà plus *laïque*, fut encore idéaliste. Mais vous, où sont vos principes ? Vous ne soulevez les masses populaires qu'en flattant leurs aspirations les plus basses, et l'une de vos théories, qui forme même la base de votre doctrine, la lutte des classes, n'est qu'un vain décor scientifique, ou prétendu tel, qui recouvre et dissimule un mouvement, dont la haine, la violence et l'envie sont les vrais moteurs. Non, franchement, le socialisme me paraît une doctrine inadmissible. Car, selon moi, la force ne peut rien fonder, et, seuls, la justice et l'amour sont des puissances créatrices.

DARVILLE

Je m'attendais, mon cher ami, à cette première sortie! Il n'y a pas de théorie qui soit plus mal comprise, et qui heurte plus, que notre théorie de la lutte des classes. Elle froisse tous les préjugés « moralistes », elle apparaît comme la négation de tout ce qu'il y a de noble, de grand, de généreux dans l'homme. Elle semble consacrer la doctrine de la force et du succès. Que de fois ne nous a-t-on pas reproché de « prêcher » la haine des classes! Et, cependant, il ne s'agit pas du tout de haine, ni de violence, ni d'envie! Je dirai même, que notre doctrine, loin de produire la haine, en est le plus sûr antidote. Car, de quoi s'agit-il, en définitive? Il y a entre la classe capitaliste et la classe ouvrière, un antagonisme irréductible : voilà le fait. Cet antagonisme résulte de la constitution même du régime capitaliste, il n'est le fait d'aucune volonté individuelle, et quand nous le dénonçons, ce n'est pas pour attaquer les patrons, mais *le patronat*. Il est d'excellentes gens parmi les patrons, mais les lois du régime capitaliste sont si inflexibles que cette bonté leur coûte souvent la ruine. Il ne peut donc s'agir de haine, puisqu'il s'agit de maux qui dépassent la volonté des individus. Et, reconnaissant ce fait initial de l'antagonisme du capital et du travail, à quoi tend le socialisme ? A organiser le prolétariat, économiquement, politiquement, moralement, de manière à le rendre capable de diriger un jour la société et de fonder la cité communiste, une cité sans antagonisme de classes. Et, à cet effet, emploie-t on des moyens violents ? Nullement, puisque nous nous servons de la légalité existante, puisque nous nous adressons au suffrage universel. Où donc est la haine, où donc la violence ? Est-ce dans le fait de reconnaître l'antagonisme lui-même, de proclamer la loi historique de la lutte des classes ? Ah ! sans doute, c'est ici que nous sommes des « réalistes » ! Nous ne ressemblons plus à ces démocrates de 1848, qui voyaient dans le « peuple » je ne sais quelle entité ; nous ne sommes plus de ces socialistes qui, convaincus de la beauté de leur système, pensaient n'avoir qu'à l'exposer, voire même aux capitalistes, pour convaincre tout le monde. Nous savons qu'aucune classe, dans l'histoire, n'abdiqua bénévolement ses privilèges ; nous savons que le progrès social n'a pas pour protagonistes les classes privilégiées, mais les classes mêmes qui ont intérêt à changer l'état social. Dira-t-on que c'est par là précisément que notre doctrine, avec son réalisme brutal, blesse la générosité morale ? Mais quoi ! faut-il donc se faire des illusions sur la « nature humaine » pour être « idéaliste » et, quand il s'agit de peser, d'une manière toute scientifique, les forces sociales en présence, faut-il fermer les yeux sur la réalité, parce qu'elle choque une sentimentalité délicate? Nous nous faisons, dira-t-on, une idée trop défavorable de la nature humaine; nous n'admettons pas d'autre mobile aux actes que l'intérêt. Mais il ne s'agit nullement de cela : nous ne disons pas, avec La Rochefoucauld ou d'autres utilitaires, que l'homme ne peut jamais agir et n'agit jamais en fait par désintéressement; nous ne prétendons pas avoir découvert le fonds et le tréfonds de la « nature humaine ». Nous laissons ces naïves abstractions aux économistes. Ce que nous disons, c'est qu'une classe, en tant que classe, ne capitule jamais et qu'il ne peut y avoir de progrès social, par conséquent, que si une autre classe s'en fait, en quelque sorte, le porteur. Voilà exactement ce que nous disons ; mais nous ne disons pas que tous les individus d'une classe donnée partagent nécessairement les idées de cette classe et défendent ses intérêts de classe ; nous reconnaissons parfaitement la possibilité du désintéressement. Combien d'hommes nés bourgeois, sont, néanmoins, capables de devenir, par l'esprit et le cœur, réellement « prolétaires »? Et, par contre, combien d'ouvriers gardent toute leur vie les préjugés bourgeois? Mais ce n'est pas sur une base aussi fragile et aussi précaire qu'on peut fonder une doctrine sociale : il s'agit, en sociologie, non de demander à tous les individus une parfaite abnégation — il n'y aurait plus de question sociale, si le désintéressement était universel — mais de discerner la réalité profonde des antagonismes sociaux et des forces historiques en présence. Le socialisme est précisément ce discernement exact, rigoureux, scientifique. Est-ce pour cela que tu l'accuses de manquer de « principes » ? Mais, « l'idéalisme », encore une fois, consiste-t-il à mettre entre soi et la réalité un écran d'illusions sentimentales ? Nous traitons, dis-tu, couramment, la « Justice » et la « Liberté » d'entités ; nous faisons fi du point de vue moral. Eh ! nullement, mais, fidèles à notre méthode réaliste, nous demandons qu'on nous définisse ces termes, assez vagues par eux-mêmes, tu en conviendras. Et la bourgeoisie en a fait un tel abus, elle a su toujours si bien couvrir ses procédés d'exploitation sous ces beaux mots de justice et de liberté, que l'on conçoit la défiance du socialisme à leur égard. Mais il ne suit nullement de là que nous fassions fi du point de vue moral : le socialisme est au contraire, par lui-même, une morale économique, une morale sociale, une morale générale supérieure. Seulement, nous savons qu'il ne suffit pas de condamner une chose du point de vue moral pour que cette chose disparaisse : car à quoi servirait, je te prie, de condamner moralement le capitalisme, si le capitalisme était reconnu nécessaire, éternel ? Ce serait une condamnation toute platonique. Le socialisme voit dans le capitalisme une forme provisoire de production, et qui engendre, par son propre procès, ce qui la remplacera : il formule donc la *condamnation économique* du capitalisme, et celle-là est décisive. C'est en ce sens que Marx disait que la morale condamne ce que l'histoire a déjà condamné. Nous ne pouvons souscrire à cette formule, à nos yeux superficielle : la question sociale est une question morale. Nous disons plutôt : la question morale est une question sociale, parce que nous croyons qu'il n'y a pas de réforme individuelle profonde possible en dehors d'une réforme sociale. Car de deux choses l'une : ou il y a harmonie entre le milieu social et la « morale individuelle », et dans ce cas la question sociale ne se pose pas ; ou il y a désaccord, et il faut alors ou que l'individu s'adapte au milieu, et qu'il devienne « immoral », ou qu'il transforme ce milieu dans le sens de son idéal moral, et il s'agit alors d'une réforme sociale. Mais, encore une fois, faire dépendre la réforme morale de la réforme sociale, ce n'est nullement faire fi du point de vue moral : l'amélioration morale de l'humanité reste le but, les moyens seuls diffèrent. Tu me dis : toutes les grandes révolutions jusqu'ici ont été « idéalistes » et c'est pourquoi elles ont été grandes. La vôtre sera une révolution « matérialiste ». Je veux bien accepter l'antithèse, malgré les équivoques auxquelles elle prête. Mais qu'est-ce à dire? Marx, dans son génial *18 Brumaire*, compare les révolutions passées avec la révolution prolétarienne, et voici ce qu'il dit : « Dans les révolutions passées, la phrase dépassait le fond, dans la révolution prolétarienne le fond dépassera la phrase. » Si nous prenons en effet les trois révolutions de 1789, 1830, 1848, par lesquelles la bourgeoisie a installé sa domination, oui, si tu veux, ce furent bien des révolutions « idéalistes » où il s'agissait de « grands principes »; un enthousiasme lyrique emportait un moment toute la société; mais au fond, sous la « phrase », qu'y avait-il? Sous les grands principes, que se passait-il? Simplement cette chose toute « prosaïque », la prise de possession du pouvoir par une classe, la classe bourgeoise; sous le droit prétendu humain, universel, c'était le droit bourgeois, rigoureux, inflexible et dur, qui s'installait : la phrase dépassait le fond! Et Marx remarque que les révolutionnaires font volontiers appel aux souvenirs du passé; c'est du passé que les révolutions bourgeoises tirent toute leur poésie, comme si, conscientes de leur « matérialisme » secret, elles sentaient le besoin de se draper dans un manteau d'emprunt. Que sera au contraire la révolution prolétarienne? Sans doute, une révolution de classe, et c'est pour leur propre émancipation que les masses profondes du prolétariat s'ébranlent. Mais la différence est grande entre le prolétariat et la bourgeoisie : la bourgeoisie en 89 était bien à la tête du mouvement révolutionnaire, elle avait bien derrière elle toutes les classes que l'aristocratie opprimait, et en un sens, il y avait coïncidence entre l'intérêt humain et l'intérêt bourgeois : mais cette coïncidence était *superficielle*, et si j'ose dire, *extérieure et négative*; ce n'était que par opposition à l'aristocratie qu'il y avait fusion de toutes les classes sous la direction de la bourgeoisie. Mais cette fusion ne pouvait être que momentanée : au lendemain de la Révolution, la séparation devait se faire, et la bourgeoisie, à peine installée au pouvoir, dut se défendre contre le prolétariat naissant. Toute autre est la position du prolétariat : sans doute, c'est en tant que classe, c'est sur le terrain de classe qu'il s'organise ; cependant sa révolution, tout en étant prolétarienne, ne sera pas égoïste, mais, cette fois, largement, profondément, intimement humaine. La coïncidence ici, de l'intérêt prolatérien et de l'intérêt humain n'est pas factice, extérieure, négative, mais *réelle, intérieure, positive.* Car ce n'est pas une *situation économique précise* que le prolétariat a besoin de consolider politiquement, ce n'est pas un *titre historique* qu'il fait valoir, c'est un *titre humain* ; il veut conquérir le pouvoir, non pour consacrer sa situation de classe, mais au contraire pour se supprimer en tant que prolétariat, pour disparaître, lui et les autres classes, qui ne sont que par rapport à lui, dans la sainte unité de la nation, dans la communion profonde de l'humanité. Le prolétariat aujourd'hui marche en tête du mouvement social, comme la bourgeoisie en 89 : mais à l'encontre de celle-ci qui proclamait les « Droits de l'homme et du citoyen » avec un enthousiasme, par lequel elle s'étourdissait elle-même, et les autres classes à sa suite, sur la portée de son œuvre, le prolétariat met en avant ses propres intérêts de classe, il ne les dissimule pas, il semble ne songer même qu'à lui : mais c'est que pour songer à l'humanité il n'a pas besoin de sortir de lui-même, il n'a qu'à se montrer ce qu'il est, sans avoir besoin de s'étourdir, ni d'étourdir les autres, sur la portée de l'œuvre qu'il va réaliser. Il ne revêt point de masque antique ; il vient, avec son propre visage de souffrance et de misère, réclamer sa place au foyer de la vie humaine ; il monte sur la scène de l'histoire, sans cothurne ni masque, d'un pas tranquille et puissant ; voilà les traits de l'humanité elle-même, l'éternelle humanité, celle qui travaille, qui souffre, qui veut enfin vivre. Et ici, le fond dépasse la phrase ! Car nous n'avons pas ici la révolution d'une minorité qui veut faire « avaler » son droit sous les apparences savoureuses du droit humain ; mais la révolution, comme dit Marx, de l'immense majorité en faveur de l'immense majorité. Libre à toi d'appeler « matérialiste » une telle Révolution : je la considère, moi, à l'opposé des révolutions prétendues

« idéalistes » mais superficielles, comme la Révolution la plus profonde, la plus radicale, la plus idéaliste, au vrai sens du mot.

FERRON

Mon Dieu, mon cher Darville, tu te rends la partie vraiment trop belle en prenant comme exemple et comme terme de comparaison la Révolution de 1789. Et tu sais bien que, dans ma pensée, l'individualisme bourgeois, issu de cette Révolution, ne trouve pas plus grâce que ton socialisme. D'ailleurs, quoi qu'en disent les bourgeois eux-mêmes, celui-ci est sorti de celui-là. La vraie question n'est pas là, ni le vrai problème. Et ce qui m'inquiète, dans nos sociétés modernes, c'est le divorce établi entre l'Etat et l'Église, entre la vie politique et religieuse de la cité; or comment de grands troubles ne naîtraient-ils pas d'un tel divorce? D'un côté, ceux qui tirent du christianisme l'aliment spirituel et profond de leur vie, ne sauraient reconnaître à l'État qu'une existence *illégitime*; ils se trouvent, à son égard, inconsciemment ou consciemment, en état d'hostilité sourde ou ouverte, et n'est-ce pas significatif, par exemple, que dans beaucoup de pays, il se reconstitue un parti catholique ? D'un autre côté, ceux qui ne croient pas auraient une certaine difficulté, je pense, à définir d'une façon précise leur credo moral et religieux ; leur vie, en fin de compte, se résout en un matérialisme pratique, que ne traverse aucun souffle de spiritualité. La société civile s'est détachée de la société religieuse, et l'on a salué cet événement comme une grande conquête de l'Esprit. Mais comment le droit et la législation, qui sont l'État, pourraient-ils avoir une valeur par eux-mêmes ? Ne faut-il pas qu'ils se rattachent à un principe supérieur, à un principe spirituel, religieux pour tout dire ? La société civile aujourd'hui vit à côté de l'Église dans un état de neutralité : mais cette situation peut-elle durer, est-elle même tolérable ? Il faudra, je crois, un jour ou l'autre, que l'Église absorbe l'État ou que l'État absorbe l'Église ; mais comment l'État pourrait-il absorber l'Église, s'il n'a pas une doctrine morale et religieuse supérieure ? Or, cette doctrine supérieure, je ne la vois pas, je la cherche en vain. Serait-ce le socialisme ? Mais le socialisme me paraît professer, au point de vue métaphysique, un matérialisme superficiel, un athéisme grossier. D'ailleurs, quand on va au fond de vos principes, si paradoxal que cela semble au premier abord, on trouve que le socialisme se résout en un individualisme extrême. Vous autres socialistes, vous êtes impatients de toute tradition, de tout lien historique, vous ne supportez qu'avec ombrage l'autorité, quelle qu'elle soit : famille, église, patrie même, tout ce qui encadre l'individu dans des groupes naturels et solides, et à qui il doive se sacrifier, vous trouvent hostiles; vous êtes férus d'indépendance, de liberté, vous dressez l'individu dans un majestueux et farouche isolement. Mais j'ai bien peur que cet isolement ne soit détresse, que l'individu, ne sentant plus rien au dessus de lui, n'étant plus lié à rien, n'éprouve comme un vertige et ne s'abandonne aux pires folies de l'orgueil. Le bonheur ne consiste nullement à ne dépendre de rien ; dans le sacrifice, au contraire, dans l'abnégation, le dévouement à quelque chose qui vous dépasse, se trouvent les joies les plus pures, les plus profondes et les plus hautes. Le socialisme, au fond, continue et aggrave l'individualisme moderne : il coupe tout ce qui rattache les hommes les uns aux autres ; il fait tous les êtres égaux et libres, la femme comme l'homme, c'est-à-dire qu'il les dresse les uns vis-à-vis des autres dans la solitude de leurs droits égoïstes ; chargeant la société d'élever l'enfant, supprimant l'héritage, il brise ainsi jusqu'aux liens qui peuvent unir les générations les unes aux autres, en sorte qu'elles se succéderont bout à bout, pour ainsi dire, sans se pénétrer, sans se continuer, chacune ne pensant qu'à elle même. Le Temps devient ainsi une juxtaposition de morceaux découpés, il n'est plus la vivante chaîne où tout se tient et se lie. L'individu, détaché du passé, insoucieux de l'avenir, vivant seulement un éphémère présent, libre sur la terre libre, sentira je ne sais quel vertige, je le répète, le saisir, vertige de folie peut-être, qui l'entraînera aux pires abandons. Et qui ne prévoit l'abaissement profond de la vie morale, dans cette espèce d'universel égoïsme, où personne ne viendra plus réclamer, au nom d'une force supérieure, un sacrifice à l'individu ! Renan dit quelque part que le christianisme avait réussi à obtenir du « vieux gorille lubrique et féroce » une somme de moralité inouïe, et il ajoutait que, le christianisme mort, on n'était pas sûr d'éviter une rechute profonde dans la barbarie primitive : volontiers, je te l'avoue, je partagerais ces craintes ; avec pas mal d'esprits de ce siècle et de ce temps même, je ne vois de salut que dans un retour au christianisme.

DARVILLE

Je vais tâcher, mon cher Ferron, d'être très clair et de dissiper, autant que faire se peut, toutes tes appréhensions. Tout d'abord, je reconnais avec toi que la situation actuelle entre ces deux forces qui s'appellent l'Eglise et l'Etat n'est pas une situation normale ; Hegel disait que c'était une monstrueuse erreur de notre temps que de vouloir maintenir cette neutralité de l'Etat vis-à-vis de l'Église, et il ajoutait qu'il n'y a pas de véritable Révolution sans une Réformation. Oui, il faudra ou que l'Eglise absorbe l'Etat ou que l'Etat absorbe l'Eglise. Et tu faisais bien, mon cher ami, de remarquer le développement que prennent partout les partis catholiques. Tout le monde sent en effet que le libéralisme bourgeois n'est pas une position tenable, tout le monde, la bourgeoisie la première, puisqu'elle revient tout doucement se rejeter dans les bras de l'Eglise, puisque, dans cette affaire Dreyfus, où le libéralisme est en jeu, elle montre bien quel cas elle en fait, je veux dire quel peu de cas. Et de plus en plus, je crois, il n'y aura que deux partis en présence : le parti catholique et le parti socialiste, entre lesquels les vieux partis libéraux, broyés, absorbés par l'un ou par l'autre, disparaîtront. Mais alors, cette question se pose : le socialisme apporte-il au monde une conception nouvelle de la vie et de l'univers capable de remplacer le christianisme ? Est-il, si j'ose ainsi m'exprimer, l'achèvement économique et religieux tout ensemble de la grande révolution de 1789 ? J'ose répondre hardiment, oui, le socialisme est cette nouvelle conception de la vie et de l'univers qui remplacera le christianisme : oui, il est ce complément économique et religieux tout ensemble de la Révolution de 1789. Je dis « économique et religieux », et le rapprochement de ces deux mots te paraîtra peut-être étrange. Mais je le dis à dessein, et tu devrais d'ailleurs te rappeler cette phrase célèbre de Marx : « le mode de production domine en général dans la vie politique, intellectuelle et morale de l'homme. » Ne t'étonne donc pas si, à une *économie* nouvelle se trouve pour nous liée une nouvelle conception de la vie et de l'univers, c'est-à-dire une nouvelle religion.

Mais je crois, en commençant, devoir te citer une page de Marx, où il traite précisément cette question de la religion. C'est dans sa *Critique de la philosophie du droit de Hegel :* « Le fondement de la critique irréligieuse, dit-il, — il ne faut pas oublier que le mot religion est pris dans ce passage au sens strict et positif — c'est : *l'homme fait la religion*, la religion ne fait pas l'homme. En vérité, la religion est la conscience intime et le sentiment personnel de l'homme qui n'a pas encore acquis sa personnalité réelle. Mais l'homme n'est pas un être abstrait, accroupi hors du monde. L'homme, c'est le monde de l'homme, l'État, la Société. Cet État, cette Société produisent la religion — cette *conscience renversée du monde* — parce qu'ils sont un monde *renversé*. La religion est la théorie générale de ce monde, elle constitue son *compendium* encyclopédique, sa logique sous forme populaire, son point d'honneur spiritualiste, son enthousiasme, sa sanction morale, son complément solennel, son motif général de consolation et de légitimation. La religion est *la réalisation fantastique* de l'homme, parce que *l'être humain* ne possède pas de véritable réalité. La lutte contre la religion est donc indirectement la lutte contre *ce monde* dont la religion est l'arome spirituel.

« La *misère religieuse* est d'une part *l'expression de la misère réelle*, et d'autre part *la protestation* contre la misère réelle. La religion est le soupir de la créature opprimée, c'est le sentiment d'un monde sans cœur et l'intelligence de situations sans esprit. La religion est *l'opium* du peuple.

« La suppression de la religion comme *bonheur illusoire* du peuple est la revendication de son bonheur *réel*. L'invitation à abandonner les illusions sur sa situation, c'est *l'invitation à abandonner une situation qui a besoin d'illusions*. La critique de la religion est donc en germe *la critique de la vallée des larmes*, dont la religion est *l'aspect sacré*.

« La critique arrache à la chaîne ses fleurs imaginaires, non pas pour que l'homme porte la chaîne sans consolation, mais pour qu'il jette la chaîne et cueille la fleur vivante. La critique de la religion désillusionne l'homme, afin qu'il pense, qu'il agisse et qu'il forme sa réalité, comme doit le faire un homme désabusé, *parvenu à entendement*, et pour qu'il se meuve autour de lui-même, c'est-à-dire *autour de son soleil réel*. La religion est seulement *le soleil illusoire* qui se meut autour de l'homme aussi longtemps que l'homme ne se meut pas autour de lui-même. »

Je t'ai cité ce long passage de Marx, parce qu'il me semble fixer admirablement le point de vue de la critique socialiste dans la question religieuse. La religion apparaît ainsi comme le complément idéologique nécessaire d'une société fondée sur la hiérarchie des classes. En une telle société, les classes qui dominent ont besoin, pour assurer leur domination, que le peuple sur qui elles règnent et aux dépens de qui elles vivent, ait ce *bonheur illusoire* qu'est la religion. Ou plutôt — car il semblerait qu'à nous exprimer ainsi nous voyions dans le monde religieux un reflet machiné du monde réel, une *divine comédie* qu'une classe joue à une autre classe, par machiavélisme, pour la distraire et la duper; ce serait vraiment trop facile et d'un « marxisme » superficiel que de rendre ainsi compte des rapports qui relient l'idéologie à l'économie — le monde social, dans son immaturité, se reflète nécessairement et naturellement dans un monde religieux. Marx appelle la religion : une conscience renversée du monde. Qu'est-ce à dire ? Voici comment j'expliquerais cette formule qui peut sembler quelque peu obscure. L'homme baigne dans deux milieux, le milieu cosmique ou naturel, et le milieu social ou artificiel ; mais, comme dit Marx, le milieu social, c'est le monde de l'homme, l'homme n'étant pas un être abstrait, accroupi hors du monde. Nature, Humanité, tels sont les deux termes en présence. Or, tant que le milieu social est peu développé, rudimentaire, l'homme reste davantage plongé dans le milieu cosmique ou naturel; impuissant à en comprendre les lois et par conséquent à en domestiquer les forces, le sentiment qui domine en lui, c'est la résignation religieuse; il n'a pas le sens de sa réalité, de sa liberté propre, et il se confie aux puissances naturelles, hypostasiées, divinisées : encore aujourd'hui n'est-ce pas parmi les paysans que persistent, toujours vivaces, les superstitions les plus grossières? Le paysan a l'âme religieuse, patiente et résignée : car il attend, non de son effort propre, mais de la Nature, hypostasiée en Providence, le succès de sa moisson. Le paysan vit d'une vie toute *naturelle*, et la vie sociale paysanne est rudimentaire. Au contraire, dès que dans une société le commerce, l'industrie, se développent, dès que le milieu social se condense et que l'homme, s'enfermant dans une enveloppe artificielle, se dégage du milieu cosmique ou naturel, dès que par conséquent il acquiert le sens de sa liberté propre, il ne considère plus la Nature comme une puissance mystérieuse dont il dépend, mais comme une esclave à qui il commande souverainement. Et le sens religieux décroît. Les villes, où se concentrent le commerce et l'industrie, où la vie sociale acquiert une densité extraordinaire, n'ont-elles pas toujours été les foyers ardents du libéralisme, du rationalisme ? La bourgeoisie industrielle et commerciale du dix-huitième siècle n'a-t-elle pas préludé à son émancipation sociale par la critique du christianisme? Et dans le christianisme, le protestantisme lui-même, qui est déjà une rationalisation de la religion, n'a-t-il pas été une première émancipation de l'esprit coïncidant avec le premier essor de la production capitaliste, au seizième siècle, à la suite des grandes découvertes maritimes? Nous avons ainsi d'abord la Réforme, puis la Révolution française, comme les deux premiers moments de l'affranchissement spirituel : et quelle évolution nous présente le dix-neuvième siècle ? D'une part, un prodigieux développement du capitalisme, de la grande industrie, de la science, c'est-à-dire une main-mise gigantesque de l'homme sur la nature, un épanouissement énorme de la densité sociale, de vastes agglomérations urbaines, bref, un épanouissement merveilleux du milieu social, la ville prenant le pas sur la campagne, l'Humanité sur la Nature. Et il devrait en résulter, semble-t-il, une élimination croissante de la Religion, faisant place de plus en plus à la discipline de la science. Comment se fait-il que nous constations au contraire, en cette fin de siècle, comme une recrudescence du sentiment religieux et que des penseurs voudraient sérieusement nous remettre sous la direction sociale de l'Eglise? Tant que la bourgeoisie eut à se défendre contre le retour offensif de l'aristocratie foncière, elle resta libre-penseuse et voltairienne, mais dès que le prolétariat monta sur la scène de l'histoire, elle redevint catholique. Telle est, en gros, l'évolution religieuse de la bourgeoisie en ce siècle. Et aujourd'hui il n'y a plus au fond que deux partis en présence: le parti catholique et le parti socialiste. La position intellectuelle prise par la bourgeoisie était infiniment précaire. Elle ne constituait pas un réel affranchissement vis-à-vis de la pensée religieuse chrétienne. Si l'on examine en effet quels furent les penseurs favoris de la bourgeoisie intellectuelle dans le courant de ce siècle, on trouve qu'elle s'attacha successivement à Cousin, à Comte ou Spencer et à Kant. Or ces penseurs, remarque-le, ne sont pas aussi éloignés du christianisme qu'on pourrait le croire. Le déisme de Cousin, le mysticisme de Comte, l'agnosticisme de Spencer, la Dialectique de la raison pratique avec ses postulats de Kant, que Fouillée a pu appeler le dernier Père de l'Eglise, ne constituent au fond que des formules diverses de la même pensée fondamentale, de source chrétienne : Impuissance de la raison humaine qui s'incline devant l'Inconnaissable et l'adore. Un seul penseur fut rationaliste héroïque et décidé, mais ce penseur est Hegel, dont Marx est précisément le disciple, et dont par conséquent dérive la pensée profonde du socialisme. Mais pourquoi cette timidité et cette faiblesse métaphysique chez la bourgeoisie ? C'est, à mon sens, qu'elle ne pouvait résoudre hardiment les problèmes, tels que le développement entier de la pensée moderne les posait : c'est qu'il n'y avait pas encore affranchissement réel vis-à-vis de la Nature. Le milieu social capitaliste en effet est encore, en un sens, *un milieu naturel* : les lois économiques y dominent encore les individus, comme les dominaient les lois naturelles ; impuissant devant ces lois économiques, dans l'isolement où le met la concurrence, l'individu est livré à leurs forces comme un jouet fragile et précaire ; de même que le paysan hypostasie et divinise les puissances de la Nature, le bourgeois hypostasie et divinise les puissances de l'Economie : elles sont naturelles, nécessaires et éternelles, l'homme n'y peut rien changer ; qu'il se résigne, qu'il prie le Dieu caché et mystérieux de qui elles émanent ! Telle est la conclusion métaphysique naturelle, tel le complément idéologique naturel d'une société livrée à la pleine anarchie économique : l'homme a beau avoir, en fait, accru formidablemant sa puissance sur la Nature ; il reste son esclave, physiquement et moralement, sa vie spirituelle est aussi marquée de servitude que sa vie économique.

Pour réaliser le plein affranchissement de l'esprit, pour éliminer toute conception d'un au-delà mystérieux, où la justice et l'égalité, déclarées impossibles sur cette vie, seraient établies, pour faire en un mot graviter l'homme, non plus autour d'un *soleil illusoire*, mais autour d'un *soleil réel*, c'est-à-dire autour de lui-même, il faut donc une dernière et décisive révolution, qui, affranchissant l'homme économiquement, l'affranchisse aussi spirituellement. Cette révolution, ce sera la révolution communiste, que le prolétariat moderne a pour mission historique d'accomplir. Et voici en quels termes mémorables Marx caractérise cette révolution : « Avec la prise de possession des moyens de production, de la part de la société, est exclue la production des marchandises, et avec elle la domination du produit sur le producteur. A l'anarchie qui domine dans la production sociale succèdera l'organisation consciente. La lutte pour l'existence individuelle cessera. De cette façon seulement l'homme se détachera, dans un certain sens, du monde animal, d'une façon définitive, et passera des conditions d'une existence animale à des conditions d'existence humaine. Tout l'ensemble des conditions de la vie, qui jusqu'ici a dominé les hommes, passera sous l'examen des hommes eux-mêmes, qui deviendront ainsi, pour la première fois, les maîtres réels de la nature, parce qu'ils seront maîtres de leur propre association... L'association elle-même, qui se présentait aux hommes comme imposée par la nature et par l'histoire, deviendra leur œuvre libre et propre... C'est le saut du genre humain du règne de la nécessité dans celui de la liberté. Accomplir cette action libératrice du monde, c'est la mission historique du prolétariat moderne. » La révolution communiste constituera ainsi une profonde révolution morale : Rupture la plus radicale avec toutes les conceptions d'un au-delà, réalisation, dans cet en-deçà de la vie, du monde libre de l'homme. Des deux termes que nous opposions l'un à l'autre, milieu cosmique ou naturel et milieu social ou artificiel, Nature ou Humanité, c'est le second qui l'emporte définitivement par la révolution communiste : « Pour la première fois, dit Marx, les hommes seront les maîtres réels de la nature, étant les maîtres de leur propre association. » Le capitalisme, en effet, était bien la domination de l'homme sur la nature mais, avec la concurrence et l'anarchie économique qu'il supposait, cette domination sur la nature n'était pas sociale et les individus restaient esclaves, en fait, de la nature. Le communisme, au contraire, organisant la production, « détache définitivement l'homme du monde animal », ce que nous avons appelé, nous, le milieu cosmique ou naturel. Et c'est, du même coup, puisque nous avons observé la relation qui unit la religion avec la domination de la nature sur l'homme, la disparition de tout reflet religieux du monde : « En général, dit encore Marx (1), le reflet religieux du monde réel ne pourra disparaître que lorsque les conditions du travail et de la vie pratique présenteront à l'homme des rapports *transparents et rationnels* avec ses semblables et avec la nature. La vie sociale, dont la production matérielle et les rapports qu'elle implique forment la base, ne sera dégagée du nuage mystique qui en voile l'aspect, que le jour où s'y manifestera l'œuvre d'homme librement associés, agissant consciemment et *maîtres de leur propre mouvement social.* » On le voit : c'est dans le milieu social dont les rapports deviennent enfin transparents et rationnels, que l'homme, échappant aux influences du milieu naturel et au mysticisme qu'il engendre, devient un être rationnel, « parvenu à entendement, qui pense, agit et forme sa réalité », sans plus attendre d'une autre vie, dans un au-delà transcendant, « une réalisation fantastique ».

FERRON

Mais, mon cher ami, si je te comprends bien, ce n'est rien moins, en ce cas, qu'à une élimination de tout concept religieux que tendrait le socialisme ! La science deviendrait l'unique maîtresse

(1) *Capital*, ch. I, De la marchandise.

de la vie privée comme de la vie publique : l'homme se contenterait de « former sa réalité », comme tu dis, sans aspirer à un au-delà, dans la sérénité lumineuse d'une conscience que ne troublerait plus la vaine angoisse métaphysique. Mais penses-tu que la réalisation d'un tel « idéal » si idéal il y a, soit vraiment possible ? Quelle est la source profonde d'où émane, en fin de compte, l'angoisse religieuse ? C'est, je crois, d'une part, le besoin d'ordre, de finalité ; l'homme s'interroge sur le sens de l'Univers, il se demande vers quel but la vie universelle converge, et par conséquent, s'il y a une intelligence suprême présidant au gouvernement du grand Tout. Et d'autre part, un immense besoin de justice le travaille ; le spectacle de la vie organique comme de la vie sociale ne satisfait pas ce besoin de justice, et la mort, au surplus, par le terme brutal qu'elle met aux vies les plus nobles comme aux vies les plus basses, rendant le problème de la destinée humaine plus troublant encore, l'homme presque nécessairement, en arrive à concevoir un au-delà réparateur, où ce qu'il appelle Dieu rétablit la sainte justice. Et, en admettant que la science rende Dieu impossible, il n'en serait pas moins, ainsi que l'a montré Kant, un postulat nécessaire de la morale. Tu dis : la religion, c'est la réalisation fantastique de l'être humain, mais le socialisme espère-t-il donc créer un mécanisme social si parfait, que tout désaccord entre l'idéal et le réel disparaîtra, une justice si entière que tout appel en une justice transcendante cessera de lui-même ? Je crois vraiment qu'un tel espoir serait chimérique au-delà de toute vraisemblance, et s'il est chimérique, je ne vois pas que le problème religieux soit résolu. En somme, tu m'as bien expliqué pourquoi jusqu'ici le monde réel s'est réflété, comme tu dis, dans un monde religieux, mais, ce que tu ne m'as pas encore expliqué, c'est sur quelle base précise reposerait la vie morale de ta cité socialiste. Et je te répète que l'individualisme outrancier, où le socialisme me semble conduire, ne m'inspire pour l'avenir moral de l'humanité que les plus vives et les plus sérieuses inquiétudes.

DARVILLE

Mon cher ami, je vais tâcher de les calmer. Tu me demandes si le « mécanisme social » de la cité communiste sera si parfait qu'il éliminera toute angoisse religieuse ou métaphysique. Eh, mon Dieu, non, il ne sera pas parfait à ce degré ! Mais la question n'est pas là : le propre de toute religion positive, c'est, au nom d'un bonheur et d'une justice *transcendants*, de négliger le bonheur et la justice *immanents*. Les religions viennent d'une conception pessimiste de l'univers : la vie est déclarée mauvaise, injuste, absurde, sans remède ; la nature et l'histoire sont considérées comme d'*établissement divin*, par conséquent immuable, éternel, figé, sur qui l'homme ne saurait avoir d'action, et l'on rejette, par delà cet univers maudit, dans *un double transcendant*, la possibilité du bonheur et de la justice. Mais une telle conception des choses n'est possible que tant que l'homme se sent radicalement *impuissant* devant la Nature ; ne pouvant établir la justice et l'égalité *réelles*, il conçoit une justice et une égalité *mystiques, idéales*. Or, aujourd'hui, la puissance de l'homme s'est prodigieusement accrue ; trois siècles de science positive ont donné à l'homme un tel empire sur la Nature, que pour la première fois il sent la possibilité d'établir une justice et une égalité réelles. L'homme, par la science et la technologie, a vaincu la Nature, et il ne lui reste plus qu'à se vaincre lui-même en « formant sa réalité ». Il ne s'agit donc pas de réaliser d'emblée tout le bonheur et toute la justice possibles et désirables : il s'agit de considérer comme *fins immanentes*, ce que la religion considère comme *fins transcendantes* : c'est en un mot une immense révolution intellectuelle, qui consiste *à passer de la transcendance à l'immanence*, révolution dont les trois moments auront été, je le répète, la Réforme, la Révolution, le Socialisme, et qui est l'œuvre de trois siècles de science.

Et il faut bien comprendre le sens de cette révolution intellectuelle. L'homme, dis-tu, s'interroge sur le sens de l'Univers, il voudrait savoir vers quelle fin gravite la vie universelle : d'où l'angoisse religieuse. Eh, sans doute, ce sera toujours un problème ouvert que de comprendre quelle est la position de l'homme dans l'énorme Cosmos. Mais j'ose dire que dès maintenant la pensée socialiste a dépassé la vaine opposition du pessimisme et de l'optimisme. « Il s'agit moins, disait Marx, de *connaître* la réalité que de la *changer.* » Il ne s'agit pas de se poser, passif et inerte, dans une pure contemplation, devant l'Univers, pour lui demander s'il est bon ou mauvais. Cette attitude correspond à une *position dogmatique* de l'esprit, figeant ou substantifiant la vie universelle. Depuis Hegel, une conception toute différente a été introduite dans la philosophie, la conception du Devenir, la conception, non plus de l'éternel immuable, mais de l'éternel devenir. Pourtant, chez Hegel, le Devenir lui-même était encore en quelque sorte « substantifié » ; il semblait passer, si j'ose dire, par dessus la tête des hommes et les emporter dans son flux éternel, sans que la volonté humaine eût aucune action réelle sur lui. De même l'Evolution de Spencer, qui n'est en quelque sorte que le Devenir de l'Idée hégélienne transposé en langage biologique. Marx fait de ce devenir *une œuvre humaine* : par l'importance qu'il accorde à la technologie, au développement du milieu artificiel ou social, œuvre de la technique humaine, il met en pleine lumière l'action propre de l'homme, qui, dit-il, « construit lui-même son histoire ». C'est par une réaction propre, à la fois *intellectuelle et active*, que l'homme, lentement, en édifiant un milieu artificiel, se détache du milieu cosmique et réalise son propre monde : l'homme, ainsi, n'est plus noyé dans le fleuve immense et impersonnel, si j'ose dire, du Devenir hégélien ou de l'Evolution spencérienne ; et dès lors, mesurant à son pouvoir actif son pouvoir intellectuel, il ne se pose plus la vaine question : où me mène le Devenir ? mais, avec une confiance joyeuse, il construit lui-même son devenir, et, comme l'Univers accueille avec faveur son action et semble même la multiplier et la féconder, il laisse là les doutes vains et les folles angoisses que l'intelligence, fonctionnant à vide, ne manque pas de faire lever, mais que le travail vigoureux, méthodique et allègre a bien vite fait de dissiper.

Et il ne s'agit pas de l'action d'un vain libre arbitre ! Ici encore se marque une différence entre les conceptions pré-socialistes, si j'ose dire, et la conception socialiste. Ce que le socialisme affirme en effet, c'est que l'homme *ne peut réaliser sa liberté qu'en améliorant sans cesse le milieu artificiel dans lequel il évolue.* Et par là je vais répondre, mon cher Ferron, à cette accusation « d'individualisme outrancier » dont tu charges le socialisme. J'avoue que cette accusation, dans la bouche d'un chrétien, me fait rêver. S'il y a en effet une religion « individualiste », c'est bien le christianisme. Qu'on lise plutôt l'Imitation de Jésus-Christ ! Le chrétien se sent « détaché » de tout, de la nature, de la société, pour rester suspendu à Jésus. C'est à *un idéal de perfection solitaire*, qu'il tend de toute l'énergie de sa volonté. Et en quoi consiste, en définitive, cet idéal ? Il est en somme *tout négatif*. Il aboutit au néant, au non-être, dans la prétendue exaltation en Dieu. Science, art, morale sociale, nature, tout cela est nié par le chrétien. Vaincre l'orgueil de l'esprit, vaincre la concupiscence de la chair, ne pas céder à aucune concupiscence, tel est le but d'une vie chrétienne. Mourir au « monde », voilà l'idéal. Ne voilà-t-il pas un « individualisme outrancier » ? Mais cet individualisme, en dernière analyse, aboutit, je le répète, *au néant de l'individu*. C'est ce qui le distingue de l'individualisme moderne, qui tend à son exaltation. Ici il faut bien comprendre ce qui différencie de l'individualisme chrétien l'individualisme moderne. L'individualisme chrétien est fait de « détachement ». Niant le monde réel, le chrétien se projette dans un monde fantastique, pour la conquête duquel il sacrifie toute sa réalité actuelle, toutes ses facultés, tout le contenu réel de sa conscience : science, art, société. L'individu moderne au contraire a le sentiment, si j'ose dire, de *toutes ses dettes* ; il sait qu'il est le fruit d'un développement social intense ; il n'aspire plus à se « détacher » mais il voudrait embrasser dans sa conscience toujours plus de science, plus d'art. plus de moralité. Il sait que la science, que l'art, que la moralité sont, *non choses individuelles*, mais *conquêtes sociales, œuvres collectives*, et que son devoir est d'y participer, en y ajoutant, si possible.

Oh ! je sais bien que cet individualisme est encore aujourd'hui un idéal plus qu'une réalité ; et, ce qui te trompe, en effet, mon cher ami, c'est que tu confonds avec *l'individualisme bourgeois*, tel que le comporte l'économie anarchique bourgeoise, avec son âpre loi de concurrence, le noble individualisme socialiste. Aujourd'hui sans doute « l'atomisme social » est extrême; l'isolement économique des individus engendre le funeste « chacun pour soi »; chaque individu se fait « centre ». D'où tous les désordres de la société actuelle et les regrets que certains esprits ont du passé, où des groupes naturels, héréditaires, de fortes traditions et le christianisme encadraient et « maintenaient » les individus. Oui, ç'a été le propre du capitalisme de « déraciner » ainsi les hommes de leur milieu traditionnel pour les précipiter dans la mêlée ardente de la concurrence ; ç'a été son œuvre de détruire tous les préjugés, de révolutionner, avec les procédés techniques, les idées, les coutumes, les traditions, et, comme dit Marx, de noyer « tous les nobles sentiments dans les eaux glacées du calcul égoïste » ! Et voilà ce qui inquiète tous ceux qui, comme toi, prennent le progrès moral de l'humanité pour le seul essentiel ; mais ce n'est pas en arrière, vers une religion désormais morte, c'est en avant qu'il faut regarder ! Tu dis que le socialisme, en faisant de l'individu la fin suprême, exagérera encore l'individualisme bourgeois. Quelle erreur ! L'individu de la cité socialiste aura au contraire une trop haute conscience de sa dette sociale pour se laisser aller jamais aux folies de l'orgueil individualiste. Dans la cité socialiste le caractère social des actes apparaîtra trop clairement pour que chaque travailleur ne se considère pas *sous l'aspect social.* Et le bonheur individuel ne se séparera pas du bonheur social. Dans les sociétés anarchiques comme la société du Moyen Age ou la société capitaliste, l'individu, isolé et impuissant par cela même, recherche un bonheur *spécial*, *particulier*, *extraordinaire* ; une sentimentalité morbide se développe en lui ; le mysticisme croît. Ne voyons-nous pas à la fin de la cité antique, quand elle se dissout, naître des des écoles philosophiques dont le but est de rechercher des conditions de bonheur solitaire, spécial, individuel ? Aujourd'hui ne voyons-nous pas fleurir spirites, néo-chrétiens, bouddhistes et autres formes, plus ou moins morbides, de mysticisme ? Le socialisme, au contraire, en remplaçant l'anarchie économique par la coopération, replacera dans un milieu social harmonique l'individu socialisé. Quand les rapports sociaux, comme dit Marx, seront « transparents et rationnels », quand les intérêts ne seront plus antagonistes, une riche et magnifique conscience sociale se développera. Tous les efforts, absorbés aujourd'hui par la lutte individuelle pour la vie se dépenseront pour l'enrichissement et l'embellissement social des âmes et des esprits. Et cette vérité sociologique apparaîtra lumineuse, que l'âme individuelle, loin de pouvoir se créer une perfection solitaire, n'est que la fleur de la cité, pauvre et pâle, chétive et sans éclat, si la cité est rudimentaire, inorganique; riche et magnifique et d'un éclat merveilleux, si la cité est développée, organique! On a souvent opposé la puissance que l'homme avait acquise, dans ces derniers siècles, sur la nature extérieure à l'impuissance où il se trouve toujours vis-à-vis de sa propre nature intérieure. La civilisation matérielle, dit-on, s'est perfectionnée; mais, hélas, parmi toutes les richesses et toutes les splendeurs, les âmes restent livrées aux mêmes passions, aux mêmes vices; et je me rappelle un passage où Michelet montre l'âme même de l'homme baissant, et en particulier l'amour, au moment précis où notre puissance sur la nature se traduit par un développement extraordinaire des moyens de communication, c'est-à-dire en définitive, par de plus grandes possibilités d'amour et d'altruisme! Et l'on s'écrie : à quoi bon le progrès matériel, s'il n'est pas suivi d'un progrès moral équivalent? A quoi bon surtout, si ce progrès matériel se paye d'une déchéance morale, comme il semble que ce soit, hélas, la triste réalité! Ces plaintes me paraissent quelque peu vaines, et, en définitive, mal fondées. Il faut bien en effet se rendre compte que jusqu'ici l'humanité a dépensé le plus clair de ses efforts et de son temps *à vaincre la nature extérieure* et à *gagner simplement sa vie.* L'heure arrive seulement où elle va pouvoir consacrer à se vaincre elle-même tout son labeur. Avoir vaincu d'ailleurs la nature extérieure, pour vaincre ensuite la nature intérieure, n'est pas inutile et indifférent. Tous les sentiments, d'origine biologique et animale, et qu'implique nécessairement la lutte individuelle pour la vie, disparaîtront, quand, avec le socialisme, cette lutte prendra une forme sociale. « L'homme, comme dit Marx, passera des conditions d'une existence animale aux conditions d'une existence humaine. » Et la vie spirituelle — vie scientifique, vie esthétique, vie morale — pourra se développer pour elle-même, avec une pleine liberté. Jusqu'ici elle a été monopolisée par une classe, une minorité infime; mais si « l'élite » peut devancer la « masse » humaine, croit-on que cette masse elle-même, par la lenteur de sa marche, ne pèse pas sur l'élan de l'élite ? Je dirai plus : la qualité même de la vie spirituelle de l'élite n'est pas ce qu'elle pourrait être si le progrès était homogène et entrainait toute la foule humaine. De même que le rapport de maître à serviteur, ainsi que le montre Hegel, limite la liberté même du maître, lequel serait aussi affranchi que son serviteur par la suppression de ce rapport, de même le rapport d'élite à foule, limite, si j'ose ainsi parler, l'expansion de l'élite. La liberté des savants, des poètes, des artistes, des philosophes est limitée par la servitude de la foule, que la classe privilégiée veut maintenir en tutelle. C'est donc seulement dans une humanité unifiée, lorsque les classes se seront absorbées dans l'unité humaine, ou tout au moins nationale, que l'esprit sera pleinement libre et qu'une véritable « élite » s'épanouira. Aucune *considération de classe* ne pèsera plus sur les conceptions morales et pédagogiques : on pourra faire de la pédagogie vraiment humaine ; ce ne sera plus une *éducation de classe*, mais une *éducation humaine*, que tous les citoyens recevront, et le milieu social lui-même sera comme une pédagogie concrète et vivante. Quels progrès moraux dès lors ne peut-on pas espérer, non plus seulement pour une minorité, mais pour toute la masse humaine, soulevée tout entière vers l'idéal!

Le milieu socialiste favorisera donc l'éclosion d'une vie spirituelle pleinement affranchie. La formule de la morale kantienne : *l'humanité fin en soi*, voilà désormais la formule de l'idéal humain. Une telle vie spirituelle aura, à mon sens, la profondeur émue de la vie religieuse. Elle sera pénétrée d'un sentiment religieux aussi intense qu'une vie chrétienne. Hegel remarque que la conscience religieuse se développe sur la conscience sociale, et qu'à une moralité sociale supérieure correspond une conscience religieuse supérieure. Et dans ce même passage où il reprend l'erreur, selon lui monstrueuse, de ceux qui veulent séparer l'Etat et l'Eglise et où il montre qu'il n'y a pas de révolution sociale profonde sans une Réformation, il recherche pourquoi les sociétés modernes se sont ainsi séparées de la religion chrétienne; il en trouve la raison *dans l'insuffisante moralité sociale* du christianisme, avec son idéal de chasteté, de pauvreté, d'obéissance passive. « L'esprit divin, dit-il (1), doit pénétrer d'une façon immanente dans le monde. C'est ainsi que la sagesse du monde sera une vraie sagesse, et qui porte sa justification avec elle-même. Cette présence concrète de l'esprit divin dans le monde se manifeste par les formes de la moralité sociale que nous venons d'indiquer, c'est-à-dire par la moralité du mariage contre la sainteté du célibat; par la moralité de l'activité qui s'applique à l'acquisition de la propriété et de la richesse contre la sainteté de la pauvreté et de la fainéantise qui en est la conséquence; par la moralité de l'obéissance qu'on doit au droit de l'État contre la sain-

(1) *Philosophie de l'esprit*, Histoire du monde, remarque, § 553.

teté de l'obéissance qui s'exerce en dehors du droit et du devoir, et dans la servitude de la conscience. Avec le besoin du droit et de la vie sociale, ainsi qu'avec le sentiment de la libre nature de l'esprit, naît la lutte de ce dernier contre une religion qui veut l'asservir. » Ce passage de Hegel caractérise admirablement l'idéal moderne par rapport à l'idéal chrétien. Mais n'avons-nous pas le droit, nous socialistes, de dire que cet idéal moderne ne sera pleinement réalisé que par le socialisme? Certes, la bourgeoisie, en luttant contre la féodalité, en a ébauché la réalisation : elle a opposé, comme dit Hegel, à la moralité du célibat la moralité du mariage, à la moralité de la pauvreté ascétique la moralité du travail productif, à la moralité enfin de l'obéissance passive la moralité de l'obéissance volontaire à la loi, expression de la volonté nationale. Mais elle ne pouvait et elle n'a pu donner tout son sens à cette nouvelle moralité sociale, parce que l'économie capitaliste la rend précaire et fragile, sinon irréalisable. Aujourd'hui, bien des penseurs bourgeois renouvellent le vieil idéal ascétique, prêchent la beauté de la stérilité volontaire et du célibat, et qui ne sait que le mariage bourgeois n'est au fond qu'une prostitution légale ? Peut-on parler de moralité dans l'acquisition de la richesse, comme la pratique la bourgeoisie? Peut-on dire enfin que la loi soit l'expression de la volonté générale, et que l'obéissance à cette loi soit libre et volontaire? C'est donc au socialisme à donner tout son sens à l'idéal moderne et à en réaliser toute la moralité. En socialisant l'économie, il purifiera le mariage des intérêts économiques qui s'y mêlent et le corrompent; il fera de la lutte individuelle pour la vie une lutte sociale, c'est-à-dire qu'il rendra *morale* l'acquisition de la richesse, puisque celle-ci sera une richesse collective, et que la richesse des uns ne sera plus faite de la misère des autres; enfin, par la suppression des classes dans la nation, il fera de la démocratie *une vérité* et de la loi, par conséquent, l'expression véritable de la volonté nationale, et l'obéissance qu'on lui devra sera dès lors vraiment libre et volontaire. Ainsi seront réalisés dans leur intégrité l'idéal moderne, la moralité sociale moderne, par opposition à l'idéal chrétien, à la fausse moralité sociale chrétienne, désormais dépassés et vaincus.

En un sens, tu le vois, le socialisme n'apporte pas une idéologie nouvelle. La Révolution qu'il accomplira sera le troisième acte d'une grande Révolution qui fut *religieuse* au seizième siècle avec la Réforme et au dix-huitième siècle avec la philosophie française, *politique* avec la Révolution de 1789, et qui sera *économique* avec la Révolution prolétarienne. Un lien profond relie entre elles ces trois révolutions: Engels ne disait-il pas que le prolétariat est l'héritier direct de la philosophie classique allemande, et cette philosophie elle-même ne dérive-t elle pas du protestantisme et de la philosophie française? Kant était piétiste, fervent admirateur de Rousseau et de Voltaire ; il salua avec enthousiasme la Révolution de 89 ; et toute la philosophie classique allemande, avec Hegel pour suprême et magnifique expression, dérive de Kant.

Mais si la Révolution prolétarienne, en un sens, n'apporte rien de nouveau, elle n'en sera pas moins l'acte le plus radical, le plus décisif du grand drame moderne : car c'est par elle, comme le dit Marx, que la philosophie se réalisera. « La tête de l'émancipation humaine, écrit-il (1), c'est la philosophie; son cœur, le prolétariat. La philosophie ne peut se réaliser sans supprimer le prolétariat; le prolétariat ne peut se supprimer sans réaliser la philosophie. » Mais le jour où la philosophie se réalisera, n'est-ce pas la fin de la religion proprement dite? Et dès lors n'avais-je pas le droit d'affirmer, comme je le faisais tout à l'heure, que le socialisme est *le complément économique et religieux* de la Révolution de 1789? La question pendante entre l'Eglise et l'Etat sera ainsi tranchée par leur absorption commune *dans la cité sans classes, harmonieuse et une,* du socialisme! Il ne restera plus que *des volontés libres* et des *consciences libres* : avec la chute de la bourgeoisie, qui n'avait séparé la

(1) Critique de la Philosophie du droit de Hégel.

société civile de la société religieuse que superficiellement, et dont *la domination politique* impliquait le maintien du *pouvoir spirituel* de l'Eglise, tout *le décor officiel* de la vie sociale s'effondrera, pour ne plus laisser sur la scène que la libre association des hommes ayant enfin conquis *l'entière liberté spirituelle !*

FERRON

O le bel, l'intrépide optimisme ! Et comme avec toi tout se résoud le plus aisément du monde ! Ainsi tous les hommes, « parviendront à entendement » ; tous, ils envisageront la réalité avec un clair regard, sans qu'aucun écran d'illusions sentimentales s'interpose entre eux et elle ! Et nous entrerons dans la phase positive de l'histoire humaine : la science remplacera définitivement la religion et la métaphysique ! Que la mémoire d'Auguste Comte soit donc glorifiée !

C'est égal, tu as beau dire, je ne suis pas encore convaincu ! Et je ne vois pas l'humanité, pour dire comme Renan, se nourrir de petits bouts de formules abstraites et se contenter d'une nourriture aussi creuse. Vous ne voyez dans l'homme qu'une intelligence : mais l'homme est aussi, est surtout, dirai-je même, une sensibilité ! L'intelligence, le libre examen, ce sont là des forces destructives, dissolvantes ; et ce n'est pas sur de simples négations que peut reposer la vie sentimentale et morale. Les illusions, ou du moins ce que tu appelles des illusions, sont peut-être, après tout, nécessaires. Vous voulez, vous, mettre les hommes face à face avec la réalité nue et brutale ; vous voulez rompre le miroir où l'humanité voit la vie réflétée en beau. Œuvre dangereuse ! œuvre funeste ! Mais la nature, telle que la science nous la fait voir, c'est un abominable champ de carnage et de massacre : il vaut mieux la regarder avec des yeux de poète, c'est-à-dire avec les yeux de l'illusion, que de la considérer avec des yeux de savant !

Et il en est de l'humanité comme de la Nature : si l'humanité ne se faisait pas sur elle-même des illusions, si elle se voyait, clairement, brutalement, telle qu'elle est, avec le fond de bestialité sauvage et le remous d'instincts féroces et de convoitises lubriques, qui est en elle, ah, elle tomberait, frappée de stupeur, les bras cassés, et lasse jusqu'à la mort ! Heureusement elle vit *un univers idéal*, elle ne voit pas l'univers réel ; et, ce qui lui permet de continuer sa marche à travers les âges, c'est que « l'illusion féconde habite dans son sein »; c'est qu'elle va, les yeux tournés vers les étoiles, sans regarder la fange où elle pose les pieds, et le chant lointain des astres l'empêche d'entendre le craquement sourd qui monte de la forêt des êtres se dévorant les uns les autres ! Oui, dit le poète « la Terre est comme une épouse et l'homme un fiancé »

fiancé de l'Illusion éternelle et divine, dont il ne veut connaître que les yeux en fleur et le sourire clair! Et vous, vous voulez lui montrer que ces yeux mentent, que ce sourire est maquillé ! Ah, quand les hommes seront bien convaincus que cette vie seule est réelle et qu'il n'y a rien au delà, et qu'il faut se contenter de « cette terre aux flancs maigres » et qu'il n'y a comme espérance que l'incertain progrès humain, édifice si fragile que la moindre tourmente l'emporte et en disperse les pierres aux quatre coins de l'horizon, mais ce sera le suicide cosmique de Schopenhauer, ou, du moins, un tel abandon vers les plaisirs faciles et les débauches lamentables que l'humanité, déshonorée et avilie, roulera dans des abîmes plus profonds que la mort elle même!

Ceci n'est pas, crois-le bien, mon cher Darville, une réédition subtile et déguisée de la vieille et grossière théorie de la « religion pour le peuple »! Car, vraiment, c'est trop commode de ne voir dans la religion que le chien de garde du capital. La religion est un phénomène plus profond et qui tient plus aux entrailles de l'humanité que vous ne voulez bien le reconnaître ; sans doute, elle peut servir entre les mains d'une classe à maintenir en tutelle la « multitude », mais ce n'est là qu'un accident historique, qui n'épuise pas son essence ! Vous ne voulez pas de la résignation : vous ne voulez voir en ce sentiment que de la lâche passivité. Mais il peut s'y trouver aussi une singulière force d'âme, une acceptation, douloureuse et fière, de l'éternelle Nécessité ! De sublimes philosophies, hautaines et pessimistes, n'en ont-elles pas fait le fondement de la vie morale? Qui n'admire un Marc-Aurèle, ce résigné, à la fois si humble et si grand ? Il n'est pas vrai d'ailleurs, que cette résignation conduise à la passivité et à l'abstention vis-à-vis du mal social. La civilisation moderne n'est-elle pas plus progressiste que la civilisation antique, et si, comme l'a soutenu M. Kidd, l'altruisme est le ressort intime de la civilisation moderne, n'est-ce pas dans le christianisme qu'il faut en rechercher la cause ? Parmi les nations contemporaines, celles que le christianisme a pénétrées le plus profondément, ne sont-elles pas les plus ardentes au progrès ? C'est le christianisme qui a dégagé la *force morale intime* des liens extérieurs, naturels ou légaux, où l'âme du citoyen antique était encore embarrassée; en disant : rendez à César ce qui appartient à César, et à Dieu ce qui appartient à Dieu, il n'a pas voulu supprimer les devoirs sociaux et extérieurs mais les surbordonner aux devoirs plus sacrés de l'âme vis-à-vis de Dieu et délivrer la liberté spirituelle de *toute contrainte légale ou étatiste.* Mais par cela même le christianisme a introduit dans le monde un principe essentiellement révolutionnaire, un levain formidable de progrès : la révolte de la conscience vis-à-vis de tout ordre établi, la protestation individuelle contre l'iniquité légale et contre la Force. Et si le christianisme est, comme tu le prétends, à tendances individualistes, c'est en ce sens qu'il a opposé à *la légalité ambiante*, à *l'extériorité sociale*, cette force morale intime, ce sens profond de la vie intérieure spirituelle, invincible à toute pression comme à toute corruption officielles. Mais cette force morale intime est une force d'amour et de charité ; et la société chrétienne n'est plus comme la société antique une solidarité en quelque sorte *extérieure et légale*, qui n'obtient pas l'adhésion des consciences, mais une solidarité intérieure et profonde, où les âmes se pénètrent les unes les autres, loin de rester simplement juxtaposées comme les pièces d'un mécanisme.

Votre solidarité socialiste, au contraire, je crains qu'elle ne soit, comme la solidarité antique, toute extérieure, mécanique et superficielle, n'arrachant à l'individu que *la légalité*, et le laissant livré, en son for intérieur, à l'individualisme le plus cynique. L'individualisme chrétien est *moral*: l'âme individuelle, pour le christianisme, a une valeur, non par elle-même, mais par les *réalités idéales*, supérieures à elle, auxquelles elle peut participer, et cette valeur ne se mesure pas aux *qualités naturelles* de la sensibilité ou de l'intelligence, mais à ce que Kant appelle *la raison pratique*, le sentiment moral, la bonne volonté, ce quelque chose d'original et de *sui generis*, principe supérieur à la nature et qui fonde l'égalité profonde des âmes, de toutes les âmes. Quel sera le sens, au contraire, de l'individualisme socialiste ? Vous rejetez toute idée de sacrifice, d'abnégation, de charité; vous voulez exalter l'individu : voilà qui est dangereux ! Car, à mon sens, il n'y a pas de moralité profonde possible, là où l'individu se fait une idée exagérée de son importance. On ne commence à être vraiment moral que lorsqu'on a reconnu l'infime valeur de l'individualité dans l'ensemble des choses : adhérer intimement à cette vérité, c'est. en effet, être prêt à tous les sacrifices et à tous les dévoûments. La vie sociale repose, en définitive, sur un perpétuel sacrifice des intérêts privés aux intérêts collectifs. Je sais bien que vous espérez faire disparaître entièrement tout antagonisme et réaliser l'harmonie complète entre les intérêts individuels et les intérêts généraux. Mais est-ce là autre chose qu'une belle espérance utopique ? Quand vous aurez supprimé l'antagonisme violent et brutal des classes, croyez-vous sérieusement que des oppositions d'intérêts n'éclateront plus entre l'individu et la société ? Mais il y aura toujours, je pense, une conduite égoïste et une conduite altruiste possibles ; il y aura toujours, je pense, conflit possible entre le devoir social et le caprice ou la passion des individus ! Même votre société requerra, pour fonctionner harmonieusement, une conduite sociale altruiste pour ainsi dire constante, un sacrifice permanent des intérêts individuels aux intérêts collectifs. Et comme votre position est paradoxale ! En donnant aux individus une idée exagérée de leur valeur, vous minez à la base cette faculté de sacrifice que vous rendez plus nécessaire. Vous exaltez d'une part l'individu dans l'idée de ses droits et, d'autre part, vous lui ferez sentir plus lourdement qu'on ne l'a jamais fait la pression gênante des devoirs sociaux. Et, si l'individu est le centre, si l'individualisme est le but, si le bonheur individuel est l'objet légitime de l'organisation sociale, mais d'avance, vous autorisez l'individu à choisir son bonheur particulier quand il viendra en conflit avec le bonheur social !

Non, non : l'eudémonisme ne peut fonder une morale sérieuse ; il aboutit nécessairement à l'individualisme le plus cynique. Et tu as beau dire : je demeure très inquiet au sujet de la moralité future de ta cité socialiste !

DARVILLE

Je vois, mon cher ami, que tu te méprends encore sur le caractère de l'individualisme socialiste. Il faut croire, décidément, qu'il y a entre la mentalité chrétienne et la mentalité socialiste un véritable abîme ! Le plus curieux, c'est que tu veux, à toute force, voir dans le christianisme une religion éminemment *sociale* et dans le socialisme, au contraire, une puissance diabolique de dissolution sociale. Il faudrait pourtant s'entendre : toute doctrine correspond, évidemment, à une société donnée et en est *l'arôme spirituel* spontané. Nous n'avons jamais dit ni pensé qu'en ce sens, la religion fût un phénomène superficiel, ou le produit arbitraire d'une classe. Non, l'histoire, pour nous, est *une*, et l'humanité s'exprime à chaque époque, par une civilisation originale et spécifique, dans laquelle le phénomène économique peut bien avoir pour nous une importance et un relief particulièrement suggestifs, mais où tous les phénomènes de la vie sociale, science, art, religion, sont également dignes de considération et d'examen. Mais la question n'est pas là : il s'agit de savoir si, à l'heure actuelle de l'histoire humaine, le christianisme correspond encore à l'état de la société et si la moralité sociale qu'il implique est encore *à la hauteur du niveau humain actuel*. Je te citais tout à l'heure un passage de Hegel, où ce grand philosophe indique les raisons pour lesquelles la société moderne s'est détachée lentement du christianisme, et ces raisons, nous l'avons vu, se trouvent précisément dans *l'insuffisante moralité sociale* de la religion chrétienne, qui n'est plus adaptée, tel un vêtement devenu trop court, à la taille de l'humanité grandissante.

Depuis le XVIe siècle en effet, avec les débuts de l'ère capitaliste, une grande transformation sociale s'accomplit : à l'idéal de paresse et d'inactivité productive, d'ascétisme et d'obéissance passive, s'est substitué un idéal d'activité industrielle et commerciale, de mariage et de libre discussion. Déjà, à l'intérieur même du christianisme, par la Réforme, une évolution s'est accomplie dès ce même XVIe siècle : et ces nations progressistes, dont tu me parlais, et où le christianisme aurait été le plus profond, ce sont les nations devenues protestantes. Or, le protestantisme est, en un sens déjà, *une laïcisation* du christianisme : il n'a plus l'*idéal monastique* ; il n'est plus une condamnation aussi absolue du monde et de la nature; il s'adapte mieux à la civilisation capitaliste. Et il suffit de comparer le destin social de la catholique et monacale Espagne avec celui de la protestante et libre Angleterre pour se convaincre *de la supériorité sociale* du protestantisme. Supériorité sociale relative d'ailleurs : car le Moyen Age catholique, malgré l'anarchie féodale, et grâce aux corporations, a contenu une certaine harmonie qui peut séduire les esprits et les âmes avides surtout d'unité organique, de communion sociale, d'unanimité théorique, alors que le protestantisme, avec l'anarchie capitaliste s'épanouissant, et le pullulement des sectes religieuses et la liberté d'examen plus grande, engendre une anarchie morale et spirituelle insupportable à l'esprit d'un de Maistre ou au cœur d'un Lamennais.

Mais encore une fois, la question est celle-ci : le christianisme, que ce soit sous sa forme catholique, ou sous la forme plus moderne du protestantisme, le christianisme est-il à la hauteur du niveau social humain actuel ? Ah, il le semble bien, nous sommes à la veille d'une grande crise sociale et morale, ou plutôt, nous y sommes déjà entrés, dans cette crise ! Comme tu te raccroches, avec des gestes effarés, à ce christianisme, que tu sens s'effondrer en toi comme autour de toi ! Il semble que s'il venait à te manquer, soudain, tout s'écroulerait en une ruine immense ! Nous sommes dans la nuit, nous traversons une forêt ; des bruits étranges, discordants, rauques, sourdent de toutes parts ; le vent chasse les nuages affolés et la lune furtive n'éclaire que des visions de mort... Une seule étoile est au ciel, que la fuite des nuages n'effleure jamais, et qui brille, pure et amicale ; on marche les yeux sur elle, soudain raffermis et consolés ! Voilà la divine illusion, dont l'homme, dis-tu, est l'éternel fiancé ! Mais moi, je n'ai pas besoin de regarder cette étoile, elle me semblerait froide, et morte ; j'attends le soleil qui se lèvera demain, glorieux, après la nuit sombre et désespérée !

Ah oui, l'illusion !... Il est des heures où, sociétés comme individus, on n'ose regarder d'un clair regard en soi ni autour de soi. On veut fermer les yeux, ne plus voir, faire dans son âme la nuit enfantine où la fleur mystique du songe s'épanouit, avec cet éclat immaculé des choses dont on ne peut pas dire qu'elles sont mortes, puisqu'elles n'ont pas vécu et qu'elles n'ont jamais senti fondre leur virginité glacée sous le souffle chaud de la vie. On tremble, on dit au passé, auquel on ne croit plus guère : reste, fais-toi beau, ne me laisse pas seul en face de cet avenir mystérieux que je n'ai pas la force de créer, que je ne puis même regarder en face ! Oh, qu'il fait bon et tiède en tes bras, qui doucement enveloppent ! Dehors, le vent fait rage, ma vitre est cinglée de grêle : serre-moi, garde-moi, caresse-moi ! Endormons-nous !... L'effort, la science, la raison, la réalité sévère, la vérité laborieuse, folies ; inutile de tenter l'escalade, nous sommes trop petits, trop faibles, ce serait de l'orgueil. Venez Foi, Mystère, Religions douces et consolantes, venez me donner des émotions et des extases, venez m'arracher au mauvais cauchemar de la vie brutale, venez me faire vivre un univers idéal, où je trouve ce bonheur extraordinaire que j'attends !

Soudain, le soleil se lève, un jour harmonieux et pur commence. Et tous les fantômes de la nuit s'évanouissent, tous les rêves morbides, toutes les fleurs pâles du mystère ; on s'étonne d'avoir pu leur trouver un charme ; ce ne sont plus maintenant, devant l'éclat victorieux de la lumière et de la vie, que des plantes mortes pourrissant sur un marais. On marche d'un pas ferme, le regard est droit, franc, clair ; on se sent des muscles de fer, des nerfs agiles, des sens lumineux ; il semble qu'on tient son cerveau et sa pensée dans sa main ; la réalité apparaît savoureuse, riche, triomphale : on est de plein pied avec elle ; elle n'inquiète plus ; on ne voudrait plus l'étreindre tout entière d'un seul embrassement, mais, sûr de soi et d'elle, on l'aborde sans impatience, avec la sérénité des paysans qui labourent sans hâte ni torpeur, convaincus qu'avec la terre il suffit de savoir attendre et persévérer !...

Tu crains la vision sévère que la science nous donne de la Nature ; tu crois, mon cher ami, que cette vision ne peut que frapper l'homme d'une lassitude mortelle. Mais rappelle toi cette scène du *Docteur Pascal* où le vieux savant, pour arracher sa nièce au mysticisme, la met soudain en face de son *Histoire naturelle d'une famille !* Non, il ne faut pas avoir peur de la science, ni de la raison. Pour moi, le sort de la morale est lié intimement à celui de la science : dès que l'homme ne croit plus à la science, il est bien près de ne plus croire à rien du tout. Il n'y a plus pour lui d'autre but que le bonheur individuel, qu'il cherchera soit par les méthodes de la « mystique » soit, plus vulgairement, par la satisfaction de ses penchants inférieurs. C'est une grave erreur de penser que l'on puisse asseoir la

« croyance au devoir » sur les ruines de la science; c'est là le défaut capital, en particulier, de la philosophie kantienne, et c'est par là qu'elle a permis la renaissance de théories néo-catholiques, de si fâcheux effet. Car la science, c'est *l'acte social* par excellence, *l'œuvre collective,* grâce à laquelle l'homme ébauche, lentement mais sûrement, son propre monde, et se dégage ainsi de la nature. Dès que l'homme renonce à la science et veut s'isoler pour rechercher des conditions spéciales de bonheur, il se retranche par cela même de la société et de la moralité pour retomber, en définitive, à la simple nature, pour se remettre sous le joug de l'instinct, de l'émotion, du « cœur » de tout ce qui émerge du fond obscur de l'animalité. Comme le remarquait finement M. Sorel (1) la science n'est pas productive de bonheur immédiat, individuel et spécial; elle améliore seulement le milieu social général dont elle accroît dans des proportions grandioses les conditions de bien-être ; aussi, ne dit-elle rien aux *sensibilités impatientes*, qui veulent des plaisirs hors du commun, aux nevrosés des hautes classes, aux faibles et aux malades de tout genre, qu'une société troublée et chaotique comme la nôtre fait pulluler. Le prolétariat, au contraire, dans ses éléments sains, a une confiance héroïque et superbe dans

(1) Ère nouvelle, Fin du Paganisme.

la science, il est pénétré à un haut degré du robuste esprit rationaliste moderne : plongé au sein même de la grande industrie, — cette extériorisation et cette cristallisation sensible du savoir positif humain, — il a touché du doigt l'importance énorme de la science pour l'amélioration du milieu social, et s'il veut « socialiser » les instruments de production, c'est précisément pour faire servir au bonheur collectif les richesses immenses contenues dans le travail machinal moderne.

Tu fais d'ailleurs, mon cher Ferron, une confusion étrange avec le mot de « science » : sous prétexte que la science naturelle moderne a révélé la nature comme un épouvantable champ de carnage, comme le théâtre horrible d'une lutte pour la vie déchaînée entre toutes les espèces vivantes, tu prétends condamner la science tout entière ! Il ne faut pourtant pas confondre le tout avec la partie. Sans doute, on a voulu conclure de la nature à la société, et l'on a échafaudé des théories sociales darwinistes avec d'autant plus de plaisir qu'elles étaient une justification de la société bourgeoise. Mais toutes ces théories ne tiennent pas debout, et la sociologie s'affranchit chaque jour davantage de la biologie. Comme le dit fort bien M. de Roberty, la « socialité » est une modalité de l'énergie universelle qui n'est pas réductible à la vie pas plus que la vie n'est réductible à la matière. Et loin que ce soit la biologie qui donne la clé de la sociologie, ce sera bien plutôt celle-ci qui éclairera celle-là. L'homme, en tous cas, s'élève au dessus de la Nature, crée son monde à lui, réalise une destinée particulière. Si science et vision réaliste des choses voulaient dire rejet de tout ce qui est humain et retour à la simple nature, certes oui, la vision scientifique des choses serait cruelle et désespérante ! Mais l'homme qui fait la science s'ajoute forcément à la Nature ; il est lui-même objet de science, et, dans l'œil du poète et de l'artiste qui voit la Nature, il y a tout le développement humain, scientifique, philosophique, moral, qui s'interpose entre lui et ce qu'on pourrait appeler *la nature nue* ; en sorte qu'on pourrait dire qu'avec nous-mêmes et à mesure que nous nous élevons, nous soulevons la nature et la sublimisons et l'embellissons : *ars, homo additus naturae* !

Non, non, il ne s'agit pas, dans le regard que nous jetons sur la Nature, de nous dépouiller nous-mêmes de nous-mêmes. La science nous fait voir comment nous émergeons de l'animalité, elle nous présente, comme on l'a dit, sous la figure, non *d'anges déchus*, mais *d'animaux arrivés.* Et cette vision du devenir réel humain, si elle a des côtés sombres, en a de lumineux : c'est la vision, en somme, d'un essor vers un idéal toujours plus large, d'une construction, lente, laborieuse, mais durable et continue, de la Justice !

Et cela vaut bien, comme grandeur et comme beauté, l'idéal statique d'un âge d'or primitif et d'un paradis futur, avec l'entr'acte de la « vallée des larmes » !

Le mot « science » t'induit aussi dans de singulières alarmes. Jamais, dis-tu, l'humanité ne trouvera suffisante la nourriture creuse de quelques formules abstraites ! Mais quoi ! s'agit-il simplement de quelques formules abstraites ? De toute la science moderne, il se dégage un idéal dont on ne voit pas que la philosophie et l'art, — ces deux grands médiateurs entre le savoir positif et la masse humaine, — ne pourraient pas extraire une sorte de « religion nouvelle » sur laquelle reposerait le vie morale et sentimentale de tous. Les religions, en somme, furent toujours, comme dit Marx, dans le passage que je te citais au début, « le compendium encyclopédique, la logique sous forme populaire » des sociétés où elles fleurirent et elles correspondaient au degré d'avancement du savoir positif de leur époque. Ce qui te trompe et t'égare, c'est que la cité moderne, dont les éléments intellectuels se rassemblent depuis le XVIe siècle, n'a pas encore trouvé la forme sociale organique, où ces éléments intellectuels s'incarneraient dans la vie profonde de la société. Or, le socialisme me paraît justement capable de réaliser cette forme sociale organique vers laquelle aspire la cité moderne et qu'implique toute son histoire depuis trois siècles. On a beaucoup parlé ces temps derniers de la « banqueroute de la science ». Illusion d'optique! Ce n'est pas la science qui a fait faillite, mais c'est la cité qui n'est pas à la hauteur de la science, c'est le capitalisme qui, usurpant les résultats du savoir moderne, en empêche l'heureux épanouissement social et en pervertit les splendides bienfaits. Et, sans doute, on ne vit pas de quelques formules abstraites ! Le phénomène intellectuel, quand il n'a pas un accompagnement sentimental et social harmonique, ne peut combler l'âme humaine. On ne peut pas couper un être en deux, et le savoir, dont l'action est à la fois la résultante et le complément, s'il reste solitaire, laisse l'âme profondément désaccordée. Mais l'action, c'est toute la vie économique et sociale de la cité, c'est toute la coopération sociale ! Et si cette vie économique est discordante, désordonnée, anarchique, si cette coopération est une concurrence, quel trouble dans les âmes !

Tu nies, il est vrai, la possibilité de jamais concilier parfaitement les intérêts individuels et les intérêts généraux de la cité, et tu conclus à la nécessité éternelle d'une morale fondée sur la charité et le sacrifice. Mais ta pensée est trop obsédée, je crois, par l'image de la société actuelle. Et comme il apparaît bien que le christianisme n'est que la religion, l'arôme spirituel, pour reprendre l'expression de Marx, d'une société où la masse des écrasés, des exploités, des opprimés n'a qu'un recours : la résignation et la croyance en une autre vie, et la minorité des heureux et des privilégiés, qu'un devoir : l'atténuation du contraste social trop criant par la charité et la bonté ! Dans une telle société, la morale ne peut avoir qu'un caractère de restriction, de limitation, de sacrifice ; elle sera plus négative qu'affirmative, elle opposera plus de *veto* qu'elle ne donnera *d'ordres positifs*.

Mais il faut bien comprendre, que le changement profond, amené par les progrès de la science et de l'industrie, dans la situation de l'homme vis-à-vis de la Nature, implique une transformation non moins profonde dans la morale. A la morale chrétienne toute, au fond, *de limitation et de restriction*, que commandait l'infériorité même de l'homme vis-à-vis de la Nature, est en train de se substituer une morale *d'affirmation et d'épanouissement*, que permet le pouvoir énorme pris par l'homme sur la Nature. Il ne s'agit plus pour l'homme moderne comme pour le chrétien du Moyen-Age de se limiter, de s'abstenir, de *n'offrir au monde extérieur que le moins de prise possible :* il s'agit au contraire d'aller de l'avant, de conquérir, d'agir de toutes façons et dans tous les sens. Au *veto* de la morale chrétienne, ordonnant de se recroqueviller dans la tension *abstraitement volontaire* vers un idéal de perfection solitaire et négative, la morale moderne répond par une invitation pressante à vivre pleinement, par toutes ses facultés, sans retranchement arbitraire ni vain formalisme restrictif. Au commencement était l'action, dit le Faust de Gœthe : le monde moderne a le culte de l'action, de l'action concrète et sociale, à laquelle se subordonne l'intelligence et que fouette l'émotion altruiste, l'action, vivante synthèse de toutes les énergies intellectuelles et sentimentales de l'homme, en laquelle elles trouvent tout ensemble et leur règle et leur épanouissement, l'action qui implique la coopération sociale et par laquelle l'homme sort vraiment de lui-même et *s'objective*, alors que par l'intellectualisme pur ou le mysticisme, ses efforts les plus ardents pour échapper à lui-même ne font que reculer les bornes fuyantes d'un Moi dont il reste inexorablement le gémissant prisonnier !

Qu'il y ait après cela — et c'est là, je crois, mon cher Ferron, ce qui fait naître tes doutes et tes appréhensions — comme une possibilité de vertige dans cette nouvelle attitude de l'homme vis-à-vis de la Nature, et que, dans sa victoire même, il se laisse encore vaincre par elle, c'est en effet ce qui s'est produit avec l'ère bourgeoise : *natura capta ferum victorem cepit* ! Le progrès moral semble ainsi ne pas aller *pari passu* avec le progrès matériel, et cette morale d'affirmation et d'épanouissement, dont je parle, ne paraît être alors que le triomphe de l'égoïsme le plus cynique. L'homme, en fait, dans l'éblouissement et l'ardeur des conquêtes matérielles, oublie de maintenir son intégrité morale ; *l'intellectualisme scientifique*, avec la croyance au déterminisme inflexible des lois naturelles, tout en le rendant *matériellement* maître de la Nature, en fait *moralement* son esclave. Mais, je te l'ai déjà dit, ce sont là des effets de l'anarchie capitaliste : le *milieu social bourgeois* est encore plus un *milieu naturel* qu'un *milieu social*, et l'intellectualisme scientifique moderne, comme l'intellectualisme philosophique de l'antiquité et le mysticisme chrétien du Moyen-Age, est la superstructure idéologique d'une *société hiérarchique* reposant sur le salariat, cet esclavage à peine plus tolérable que le servage féodal ou que l'esclavage antique ! Mais dès qu'avec le socialisme, le milieu social sera devenu harmonique, l'homme reprendra *son intégrité morale* ; la Nature, vaincue en lui comme hors de lui, rentrera dans le second plan de sa conscience au lieu d'en accaparer tout l'horizon. L'humanité sera alors en possession *du double déterminisme naturel et social*, et, maîtresse deux fois de la Nature, assurera sa suprématie matérielle et morale.

Le monde grec, à l'apogée de son histoire, a été comme une première ébauche de cette harmonie humaine. Mais ce qui manquait aux Grecs, c'est la connaissance du déterminisme naturel. Je trouvais l'autre jour, dans une étude pénétrante de M. Boutroux sur Socrate, un rapprochement bien suggestif. M. Boutroux comparait le point de vue de Socrate sur la Nature à celui de Pascal. Socrate dit : laissons là les sciences cosmologiques, leur objet est divin, interdit aux hommes ; étudions le monde humain, monde fini et connaissable, et renonçons à connaître la Nature infinie et inconnaissable. Pour la pensée antique, dans l'état rudimentaire où était la science, c'était donc la nature qui était l'Infini et le Mystérieux. Que dit au contraire Pascal ? Pascal, né en un siècle où la science expérimentale s'ébauchait magnifiquement, est plein d'une confiance superbe, et pour lui, la Nature c'est le fini et le connaissable ; l'âme, par contre, le royaume de l'Esprit, le monde propre de l'homme, voilà l'Infini et le Mystérieux, où seule la Foi peut nous guider, voilà le domaine divin, où l'homme par ses seules forces ne peut qu'errer et trébucher !

Eh bien, l'humanité socialiste conciliera Socrate et Pascal, ou plutôt les complètera l'un par l'autre en une synthèse originale et profonde. En possession à la fois du *déterminisme naturel* et du *déterminisme social*, n'admettant l'arbitraire ni dans la nature ni dans la cité, elle échappera à tout mysticisme, *naturel ou social*, et parviendra à la pleine maîtrise d'elle-même. Et si l'on voulait résumer en quelques traits l'évolution morale de l'humanité, on pourrait y distinguer trois grandes étapes : morale grecque, morale chrétienne, morale socialiste. Le citoyen grec, enfermé dans sa petite cité, monde clos dont il embrassait aisément le tout, a une morale toute « politique » faite de modération, de mesure, de prudence, avec pour fondement un *utilitarisme rationnel*, dont on trouve l'expression la plus achevée avec Socrate et Aristote. Etablir l'harmonie en soi, et pour cela, comme on vit en société, pratiquer la bienveillance, l'amitié et la justice, parce que le secours d'autrui est un élément et une condition de sa propre harmonie, tel est au fond l'idéal grec, à la base duquel se trouve ce qu'on pourrait appeler un *individualisme naturel ou infra-social*. Il ne faut pas oublier, en effet, que pour Aristote comme pour Platon, le sage c'est, en définitive, *le solitaire*, qui vit dans la contemplation des idées pures, et il suffira que survienne la dissolution du monde hellénique et l'évanouissement des petites cités grecques dans l'énorme unité romaine, pour que cette morale grecque, aux apparences sociales, laisse éclater son intime *intellectualisme individualiste*. Le monde social devient trop vaste et l'unité romaine est trop superficielle pour que l'individu songe encore à donner à son activité une *direction sociale*, et c'est *un idéal de perfection solitaire* qui d'abord avec l'épicurisme et le stoïcisme et enfin avec le christianisme, va devenir le resssort de la vie morale. Nous voici dans le chaos anarchique féodal, le mysticisme se développe, l'homme acquiert le sens profond de la vie intérieure, le monde de l'âme, infini et mystérieux, se découvre à ses yeux. Et c'est en un individualisme qu'on pourrait appeler *mystique et extra-social*, que se résoud la morale chrétienne. Mais voici qu'à partir du xvie siècle, l'humanité se dégage lentement du chaos féodal : les nations modernes dessinent leurs figures aux lignes précises dans la pénombre du Moyen-Age et émergent, organismes aux contours arrêtés, de l'anarchie féodale. La science expérimentale s'ébauche, on retrouve l'antiquité, la Réforme *intériorise* et *individualise* encore la religion. L'humanité discipline à son profit les forces naturelles et matérielles, mais le monde social reste livré, chaotique, à l'anarchie capitaliste. On verra un savant comme Pascal postuler le déterminisme pour les sciences de la Nature et admettre le miracle, le mystère, la foi pour le monde moral et social. C'est qu'en Pascal l'homme moderne et le chrétien se livrent un combat où le chrétien finit par l'emporter; chez Descartes, ils restent simplement juxtaposés, et c'est seulement chez Spinoza que l'homme moderne l'emportera enfin, Spinoza qui écrit l'*Ethique*, ce premier formulaire de la morale moderne, où le miracle est exclu aussi bien du monde moral que du monde naturel. Mais la lutte se poursuit entre la raison et la foi, la science et la religion, lutte à laquelle le socialisme, en organisant la société d'après les lois du déterminisme social, mettra seul un terme par le triomphe définitif de la raison et de la science. Et l'on aura une morale dont le fondement sera un *individualisme social*, et par laquelle l'individu, fils reconnaissant de la cité, loin de croire, comme le citoyen antique, à une sorte de *hiérarchie naturelle* antérieure à la cité ou comme le chrétien, à une sorte de *hiérarchie mystique*, transcendante à la cité, s'élèvera au dessus de tout orgueil aristocratique comme de toute notion de charité pour affirmer la vivante solidarité humaine et l'égale dignité de tous les hommes : pas de droits sans devoirs, pas de devoirs sans droits !

Tu demandais, mon cher Ferron, quel serait le sens de l'individualisme socialiste ; tu craignais une sorte de rechute à l'individualisme naturaliste ou intellectualiste à la manière antique. Rassure-toi : ce ne sera rien de tel, bien au contraire, et le socialisme ne constitue pas, comme bien des gens se l'imaginent, un retour en arrière; non, il constitue un progrès, et j'irai jusqu'à dire qu'il est au point de vue moral une sorte *de laïcisation du christianisme.* Je m'explique : tu me parlais fort bien tout à l'heure de cette *force morale intime*, créée par le christianisme ou du moins singulièrement développée et fortifiée par lui, et grâce à laquelle l'individu s'est dégagé de l'enveloppe extérieure et légalitaire pour prendre concience de sa valeur spirituelle infinie. Tu me disais aussi que cette valeur spirituelle infinie ne se mesurait pas aux qualités naturelles de la sensibilité ou de l'intelligence mais à la raison pratique, au sentiment moral, à la bonne volonté. Eh bien, *ces conquêtes morales*, dues au christianisme, le socialisme, loin de les répudier, se les est assimilées et veut les élargir et les approfondir encore. Au fond, tout ce qu'il veut faire, c'est donner à cette force morale une autre direction : au lieu qu'avec le christianisme, elle a pris une direction *mystique*, *extra-sociale*, avec le socialisme elle prendra une direction *réaliste*, *sociale* ; l'égalité et la justice que le christianisme faisait *transcendantes*, le socialisme les fera *immanentes*. De même, le christianisme mesure bien la valeur des individus à la bonne volonté, mais cette mesure ne s'applique que pour l'au-delà ; le socialisme, lui, — dont la théorie de la valeur, on le sait, repose précisément sur l'égalité des travaux et des travailleurs, égalité, déclare Marx, qu'Aristote n'avait pu reconnaître parce que la société grecque était profondément hiérarchique et inégalitaire, — le socialisme, dis-je, fera passer cette mesure de l'au-delà dans l'en-deçà de cette vie et fondera l'égalité réelle et sociale des *bonnes volontés*, sans souci des inégalités naturelles que la différence des sensibilités et des intelligences crée entre les travailleurs sociaux.

Ce qui distingue essentiellement le christianisme et le socialisme, c'est donc que le socialisme replace l'individu dans le courant naturel et social, et qu'il considère l'âme individuelle, non plus comme une émanation transcendante et directe de Dieu, mais comme un produit de la Cité. Le christianisme a bien rendu à l'humanité un service moral immense en dégageant l'âme des liens extérieurs et de la Nature, en lui conférant une valeur spirituelle infinie; mais il est allé trop loin dans cette voie et il a abouti à détacher l'individu de toute solidarité naturelle et sociale. Le socialisme conserve ce sens de l'individualité, mais il la replace dans l'immanente solidarité naturelle et sociale.

Et c'est énorme au point de vue moral ! Tu me dis que le christianisme a une *vertu sociale* considérable par le peu de prix qu'il accorde à l'individu. Je veux bien ; le chrétien se sent peu de chose vis-à-vis de l'Infini, mais qui ne sait, depuis Spinoza, combien l'humilité est près de l'orgueil ! Et si le chrétien se sent peu de chose en face de Dieu, il n'en considère pas moins la nature et la société comme des puissances non seulement *extérieures* et *étrangères* à son âme, mais encore *hostiles et dangereuses*. Il vit « détaché » de la Nature et de la Cité ; il ne se sent pas avec elles en *rapport consubstantiel*, mais dans l'orgueil de son libre arbitre, son âme, directement issue de Dieu, transcendante à la Nature et à la Cité, ne croit rien leur devoir. Voilà, quoi qu'on fasse et quoi qu'on dise, qui donne au christianisme un caractère foncièrement et intimement *asocial*, et si aujourd'hui on a tant de peine à reconnaître la nature essentiellement sociologique de la morale, c'est dans la survivance des idées chrétiennes chez les moralistes, même détachés officiellement du christianisme, qu'il faut en rechercher la cause.

Tout autre est le point de vue socialiste : la morale socialiste ne sépare pas l'individu de la Cité, elle dépasse l'antinomie prétendue irréductible de l'individu et de l'Etat. Elle ne conçoit l'homme qu'en société et l'âme individuelle est pour elle une résultante sociale. *Payer sa dette sociale* devient dès lors le devoir essentiel, fondamental, primordial. C'est, *en un certain sens*, un retour à la conception antique, qu'Aristote exprimait en définissant l'homme un « animal politique ». C'est ce que M. Sorel appelle si heureusement le *nouveau paganisme révolutionnaire*. Mais ce nouveau paganisme se distingue de l'ancien par un sens plus profond de l'individualité : Tant le christianisme, essentiellement individualiste, quoi que tu en aies, n'a pas en vain, pendant dix-huit siècles, pétri la conscience humaine. Le citoyen antique — c'est Hegel qui en fait la remarque — tenait sa liberté d'une *puissance antérieure à la Cité*, de la nature, par la naissance (en tant que citoyen athénien, spartiate, etc.) ; le chrétien la tient de Dieu même, c'est-à-dire d'une *puissance transcendante à la Cité* ; le citoyen socialiste, lui, la tiendra de la Cité elle-même. Il sera libre dans et par la Cité. L'Etat antique embrassait *extérieurement* l'individu, qu'un développement spirituel inférieur faisait plus proche de la nature, en sorte que la solidarité antique, comme tu le disais fort bien, mon cher Ferron, était plutôt externe et mécanique que vraiment intime et sociale. Avec le christianisme, au contraire, la solidarité s'est faite si *intérieure* qu'elle ne fut plus que *mystique*, et que l'individu, détaché de la nature et de la société, vécut à part de toute solidarité réelle. Avec le socialisme la solidarité sera à la fois *intérieure et réelle*, et l'individu, vivant une vie non plus *infrasociale* ou *extra-sociale*, mais vraiment sociale, atteindra son plein développement spirituel.

On a de la peine à faire saisir *ce caractère social de la liberté* : c'est qu'on est habitué à considérer la Cité comme quelque chose de supérieur et de transcendant aux individus. On place l'Etat dans un cadre monarchique. Mais si la concurrence économique du capitalisme n'y avait pas mis obstacle, le régime républicain aurait rendu familière à tous les esprits l'idée de la Cité *intérieure et immanente aux individus*. Dans la société actuelle, où se combinent l'autocratie administrative et la libre concurrence, *le caractère social* des actes ne peut pas apparaître clairement. Les fonctionnaires se croient d'une essence supérieure aux simples citoyens, et les hommes, qui sont engagés dans les luttes âpres de la concurrence industrielle et commerciale, restent, de par là même, des « isolés » qui se sentent en opposition avec la société, loin de pouvoir entrer avec elle en communion vivante et profonde. Le « chacun pour soi » règne : le fonctionnaire ne songe qu'à tourner à son profit personnel la part de puissance publique qu'il détient ; l'industriel ou le commerçant, qu'à faire fortune, fût-ce aux dépens de la santé et de la moralité publiques. L'individu se pose ainsi vis-à-vis de la société, non comme une partie ayant conscience de sa solidarité avec le tout, mais comme un« tout » indépendant, sans relation avec rien, *incommensurable*. Et le christianisme, avec *son idée mystique* de l'individualité, ajoute encore à cette espèce d'illusion d'optique des individus.

Mais il y a une classe, dans la société actuelle, chez qui la solidarité est sentie d'une manière vivante, chez qui l'individu ne s'oppose pas à l'individu : c'est le prolétariat, issu de la grande industrie. Pour le prolétaire, le caractère social des actes est manifeste ; il se voit nettement comme une partie dans un tout ; la coopération industrielle, la division du travail, dans les grands ateliers modernes, mettent la nécessaire solidarité des efforts dans un relief si saisissant que l'ouvrier comprend sans peine la morale socialiste et se trouve déjà tout « socialisé ». Aussi le prolétariat est-il aujourd'hui la classe révolutionnaire par excellence, la seule qui soit capable de réaliser le socialisme, qui sera la socialisation, non seulement des biens, mais aussi des âmes. Dans la Cité socialiste, chaque citoyen se sentira « membre » ; il aura conscience d'ajouter, par son labeur quotidien, quelque chose à la richesse, à la beauté de la Cité. En un sens, toute activité sera « fonction publique ». Et si ce mot aujourd'hui nous heurte et nous scandalise, c'est que l'individualisme bourgeois nous a profondément corrompus. Être le serviteur de tous, un *travailleur social*, non seulement de fait mais d'intention, n'est-ce pas là pourtant de quoi ennoblir et embellir toute existence ?

Et la société qui d'hymnes retentit
Accueille avec transport l'effort du plus petit.
L'ouvrage du plus humble au fond de sa chaumière
Emeut l'immense peuple heureux dans la lumière
Toute l'humanité dans sa splendide ampleur
Sent le don que lui fait le moindre travailleur (1).

Et quelle joie de travailler à la fois pour soi et

(1) Hugo. Châtiments, Lux.

pour un vaste ensemble dont on fait partie ! Quelle joie de sentir que le labeur fourni, en même temps qu'il se traduit pour vous-même en bien être et en jouissances assurées et immédiates, s'ajoute harmonieusement au labeur universel et fait la Cité chaque jour plus belle ! Quelle joie de donner à son action éphémère une sorte *d'éternité sociale*, à sa vie bornée et fugitive le retentissement indéfini des vastes œuvres collectives ! Aujourd'hui, chacun travaille pour soi, enferme sa vie dans l'étroit horizon de la famille, et c'est la concurrence, l'effort de l'un contrarie l'effort de l'autre, la richesse de celui-ci, c'est la misère de celui-là, la joie des riches, le malheur des pauvres : nulle part il n'y a harmonie, la nation est divisée contre elle-même, les individus sont des concurrents âpres et sans scrupules, c'est la guerre sociale avec toutes ses horreurs ! Et quelle tristesse pour le savant, le poète, l'artiste, le philosophe, de voir leur noble travail ne profiter qu'à une minorité, et à ceux précisément qui en sont le moins dignes ! Quelle joie au contraire pour eux quand l'invention du savant, en perfectionnant l'outillage social, accroîtra le loisir et le bien être de tous, quand les théories des philosophes, les chants du poète, les toiles du peintre, les symphonies du musicien instruiront, élèveront, décoreront l'âme de tous ! Les intérêts, enfin, seront harmoniques ; l'antagonisme des classes supprimé, une magnifique conscience sociale s'épanouira, et l'individualisme socialiste sera bien, comme je le disais, l'exaltation de l'individu, non dans le sens d'une *exaltation égoïste et subjective*, mais dans le sens d'une *exaltation altruiste et objective* : car plus l'individu sera « socialisé » et plus son individualité sera riche.

Tu parles toujours de sacrifice, de dévoûment, de charité : mais en un sens, de même que le socialisme s'élève au dessus de l'opposition stérile de l'individu et de la société, il dépasse l'opposition de l'égoïsme et de l'altruisme. La charité, le sacrifice, *supposent l'inégalité sociale* ; la notion même du sacrifice est contradictoire, et la contradiction éclate lorsqu'il y a *émulation de désintéressement*. Quand les « moi » ne s'opposeront plus entre eux, la meilleure manière, en définitive, dont chaque moi pourra le mieux servir les autres « moi », ce sera *d'être pleinement lui-même*. Retrancher d'un côté pour ajouter de l'autre ne change rien au total : il n'y a là qu'un déplacement de richesses matérielles ou spirituelles, sans accroissement. Mais si les activités harmonieuses se développaient dans leur plénitude, il y aurait *création* continue ; le milieu social, où s'insèreraient ces actes convergents et harmoniques, s'enricherait de chacun d'eux d'une manière absolue, et il suffirait que chaque activité humaine, *sans retour égoïste sur soi comme sans retranchement altruiste*, fût pleinement elle-même, se déployant dans la force expansive et joyeuse des actes, puisque, comme Spinoza l'a démontré, la joie accompagne tout accroissement de puissance !

Que l'Eglise, justement, ne puisse pas s'élever au dessus de la charité, c'est ce qui fait *sa faiblesse sociale.* Oh, je le sais bien, et tu n'as pas besoin de me le rappeler, l'Eglise aujourd'hui essaie de se faire « sociale », pour ne pas dire socialiste. Elle a toujours eu une merveilleuse souplesse, pour s'adapter à tous les milieux sociaux. Mais quelle est sa solution du problème social ? Elle ne va guère au delà d'un appel, d'une part *à la bonté patronale,* de l'autre *à la résignation ouvrière.* Elle tente bien de fonder des « œuvres sociales » ; elle déploie dans ce sens une activité incroyable et ingénieuse. Mais *elle n'est plus l'initiatrice* : elle copie, au contraire, le mouvement socialiste. Et quand elle crée des syndicats catholiques, des coopèratives catholiques, des mutualités catholiques, c'est un mouvement social qu'elle essaie de détourner à son profit, en le pénétrant de son esprit, mais qui lui échappera nécessairement, un jour ou l'autre, des mains ; car la force des antagonismes économiques est telle aujourd'hui que les ouvriers enrégimentés dans les syndicats catholiques devront finalement se placer, eux aussi, sur le terrain de la lutte de classe et dépasser ainsi *le cercle de la paix sociale,* au sein duquel l'Eglise voudrait les contenir, pour entrer *dans la sphère de la lutte sociale*, que le prolétariat socialiste mène dans tous les pays contre la classe bourgeoise. L'Eglise ne veut pas reconnaître la réalité des antagonismes sociaux : avec sa conception d'une égalité et d'une fraternité mystiques, elle prétend s'élever au dessus d'eux et maintenir malgré tout la *paix sociale*. Elle voudrait jouer entre les capitalistes et les ouvriers le rôle de médiatrice et de conciliatrice qu'elle jouait au Moyen Age entre les « grands » et le peuple. Mais cela seul prouve manifestement qu'elle n'est plus à la hauteur du niveau social humain actuel : si elle a la prétention d'être immobile et stable, le monde, lui, marche et évolue, et depuis la Chevalerie, un grand mouvement juridique et politique s'est accompli ; il y a eu pénétration du monde moderne et du monde antique ; *la sphère mystique* a été dépassée ; l'on est entré dans *la sphère du droit* ; et aujourd'hui que le *droit ouvrier* se pose, irréductible, en face du *droit patronal*, prêcher la « paix sociale » c'est prêcher à la classe ouvrière *l'abdication de son droit*, c'est vouloir la faire rentrer dans le cercle d'une fraternité mystique où sa personnalité naissante et les traits de son mâle visage, éclairés déjà et accusés par le soleil d'un droit nouveau, se verraient éclipsés par l'ombre énorme et écrasante de la classe bourgeoise.

Mais c'est en vain : l'Eglise ne réussira pas à entamer le prolétariat. Elle est déjà pour lui, selon une expression très heureuse de M. Sorel, *un épiphénomène*. En Belgique, en Allemagne, en France, la classe ouvrière vit déjà de sa vie propre, *se créant un monde à elle*, et comme en dehors du cercle matériel et spirituel de la société officielle. La petite bourgeoisie et la bourgeoisie peuvent bien, dans le désarroi économique et le désordre social, redemander à l'Eglise des consolations et un appui : le prolétariat, lui, alimente à une autre source sa vie spirituelle.

Ah, tu demandais comment, sans la conception d'un au-delà et d'une vie future, on pourrait encore obtenir « du vieux gorille lubrique et féroce », la même somme de moralité que le christianisme lui avait arrachée ! Mais quoi ! regarde cette immense armée prolétarienne en marche vers la conquête d'un monde nouveau ! Quelle force pousse donc à tant de dévouement, de zèle et d'ardeur tous ces obscurs militants qui, d'un bout du monde à l'autre, font une propagande incessante et obstinée, risquant parfois la prison, souvent leur pain, toujours pourtant sur la brèche et pleins d'une foi merveilleuse ? Ce n'est pas l'espoir d'une récompense future : ils n'escomptent même pas le triomphe immédiat de la cause pour laquelle ils travaillent. Non : mais le sentiment que leur action, si humble soit-elle, s'insère dans un vaste mouvement collectif et que, pour leur part, si minime soit-elle, ils contribuent à construire la Cité nouvelle, leur donne une fierté invincible et des joies ardentes. Ils ne rêvent pas l'immortalité personnelle, mais l'immortalité de leurs efforts dans l'accroissement indéfini et continu du capital collectif de l'humanité, capital de science, de beauté et de justice !

Et c'est ainsi que sont coupées les dernières racines de l'individualisme ! Il ne s'agit plus en effet de *salut individuel* mais de *salut social* ; il ne s'agit plus d'espérer, dans un au-delà imaginaire, une justice idéale, mais il s'agit de créer, socialement, dans cet en-deçà, la justice réelle ! Ce n'est plus *d'égoïsme mystique* qu'il est question, mais de *vivante coopération sociale;* il ne faut plus faire de la vie une méditation de la mort, mais, selon les sublimes paroles de Spinoza, *une méditation de la vie.* Rendre la vie sociale et individuelle de plus en plus riche, de plus en plus noble, de plus en plus belle ; accroître sans cesse la richesse collective, matérielle et spirituelle de l'humanité, tel est, désormais, *le Devoir*. L'homme, dit-on, se refuse à la pensée de la mort et du néant : il ne veut pas laisser son œuvre inachevée, un désir invincible d'immortalité le travaille. Mais quoi ! son œuvre ne restera pas inachevée ; elle sera reprise par d'autres, et de générations en générations, élargie, accrue, embellie, parfaite. Les œuvres restent immortelles : les individus passent, il est vrai, mais s'ils n'ont de valeur que par leurs œuvres, si l'arbre se juge surtout aux fruits, de quel droit désireraient-ils une autre immortalité que celle de leurs œuvres? Et où est la duperie si, joyeusement et en hommes libres, l'on a coopéré à un travail collectif et immortel ? L'énorme et grandiose maison humaine, lentement, s'édifie : la charpente, solide et robuste, est presque achevée, et dessine sous le ciel sa formidable ossature ; bientôt ou pourra orner les murs et décorer la façade. Sur les échelles, sur les échafaudages, partout, on entend la rumeur joyeuse de la fourmilière humaine en travail ; les générations passent, la Maison s'emplit chaque jour de nouveaux arrivants, dont la chanson de labeur est plus fraîche et plus allègre ; chacun apporte sa pierre ou dessine son ornementation, avec l'ardeur heureuse et libre d'une activité qui se subordonne à l'éternel ; et la Maison s'élève, d'étage en étage, puissante, audacieuse, formidable, immortelle !

Darville s'arrêta ; il s'était levé depuis quelques instants et marchait à grands pas. Il ouvrit largement la fenêtre ; c'était en juin ; la nuit était chaude et belle ; le ciel fourmillait d'étoiles ; tous deux se taisaient maintenant, émus tout ensemble et par la grandeur des questions agitées et par la majesté de cette nuit d'été entrant soudain dans la chambre.

Des voix montaient de la rue; on entendait crier les journaux du soir. Tout à coup ils perçurent : Arrêt de la Cour de cassation! le triomphe de la Justice!

— Ah, dit Ferron, allons vite aux nouvelles! Ils descendirent et prirent le boulevard. Le rapport de M. Ballot-Beaupré concluait en effet à l'innocence de Dreyfus et à la culpabilité d'Esterhazy.

FERRON

Enfin, il y a encore des juges en France! Et ce sont des juges bourgeois, mon cher Darville! Tu vois bien que la bourgeoisie n'est pas encore aussi pourrie que tu veux bien le dire!

DARVILLE

Oh, s'il n'y avait pas eu lutte sociale, nous n'en serions pas là! Et dans cette lutte, tu reconnaîtras que le socialisme a pris sa large part. Qu'eussent fait les intellectuels bourgeois sans l'appoint des masses prolétariennes? On peut bien parler de la force immanente du vrai, mais ce n'est là qu'un mot : il faut à la vérité un appui matériel et des soldats au Droit. En cette affaire précisément, la vérité et la justice avaient contre elles toutes les puissances sociales organisées : l'armée, la magistrature, la police, l'Etat, la grosse masse de la bourgeoisie, la petite bourgeoisie démagogique étaient contre nous. Il n'y avait pour le Droit que les intellectuels et le prolétariat socialiste s'ébranlant à l'appel d'Allemane et de Jaurès. L'Eglise elle-même, l'Eglise du Christ, la religion des humbles et des opprimés, s'est mise au service de la Force ! Et l'on aura vu du côté de l'iniquité et de la violence, la force spirituelle et idéaliste du christianisme, et du côté de la justice, la force matérialiste du socialisme. Ainsi l'a voulu, sans doute, l'ironie de l'histoire !

FERRON

Allons, ne m'accable pas à ton tour, mon cher Darville ! J'avoue que je suis assez honteux du rôle joué en cette affaire par l'Eglise ; elle a manqué une bonne occasion de reconquérir l'estime de beaucoup d'esprits !

DARVILLE

Manqué l'occasion ? Eh, elle ne pouvait pas ne pas la manquer ! Crois-tu donc que sa conduite en cette affaire ait été arbitraire et qu'elle aurait pu être autre ? Mais non : l'Eglise a été nécessairement avec les forces du passé, parce qu'elle même est le Passé : autour d'elle, se sont rassemblées toutes les classes en décadence ; elle est chargée de rompre pour le peuple le pain de l'Illusion, de cette illusion dont tu me parlais tout à l'heure en termes si fervents. Heureusement, le prolétariat socialiste, lui, ne veut plus vivre d'illusions ; il a, aujourd'hui, forcé la bourgeoisie à reconnaître elle-même que *cette vérité légale particulière*, qui s'appelait la culpabilité de Dreyfus, n'était qu'un mensonge; demain, il la forcera d'avouer que *toute sa légalité* n'est qu'une chaîne aux fleurs imaginaires, et il cueillera, comme dit Marx, la fleur vivante !

III

L'ART

Ils étaient partis, cette fois, hors Paris : Avril commençait, et, dès les premiers beaux jours, ils n'avaient qu'un souci : s'évader de la Ville et retrouver la Nature, après six longs mois d'hiver scholastique. Brosier, seul, n'était pas de la fête : sujet fidèle du royaume des Idées, il dédaignait, sans doute, le monde sensible. Il avait tort, assurément : qui dira le charme de ces promenades, où, partis dès le matin, dans la jeunesse du jour et parmi la griserie des propos sans suite, on sent monter en soi, avec la symphonie croissante et d'heure en heure plus éclatante, du soleil et de la nature entière, la ferveur d'une pensée virile, pour revenir le soir, dans le recueillement universel et la gravité de la nuit? Le brouhaha du jour s'est éteint et le soleil s'est couché : les choses se blottissent dans le silence, les arbres tiennent d'étranges conciliabules; la face des étangs, dans l'ombre, luit énigmatique; les feuillages sont immobiles; tous les sens s'affolent au souffle élargi du mystère; et soi-même l'on se tait, soudain grave; on marche; on se serre l'un contre l'autre, frémissants; quelque chose s'exhale de toute la nature et vous frôle au visage : on croirait la respiration même de Dieu...

Ils étaient donc partis, Dortal, Ferron et Darville, et, joyeusement, ils devisaient le long des routes blanches.

DORTAL

Ah, tu auras beau dire, Darville ! Vive la Nature et au diable la société ! Quelle fraîcheur ! Quelle pureté ! Voyez-moi ces bouleaux et ces genêts d'or que le soleil oblique vient effleurer ! Les divins bouleaux ! On dirait des éphèbes. Faisons halte, dites, et savourons ce bois délicieux.

FERRON

On croirait d'un temple aux colonnades blanches, où viennent glisser les ailes douces d'une lumière grecque ! Et la beauté de ce bois est si pure, si sévèrement harmonieuse, que les vers de Victor

Hugo sur le temple d'Ephèse me reviennent spontanément à la mémoire :

> Ma symétrie auguste est sœur de la vertu...
> Je suis la vérité bâtie en marbre blanc...
> Le peuple en me voyant comprend l'ordre et s'apaise...

Oui, décidément, ce bois est antique, et je propose avec Dortal de nous asseoir parmi ces *éphèbes*.

DARVILLE

Les heureux hommes que vous faites! Vous pouvez oublier et dire avec le poète :

> Et le ressouvenir des amours et des haines
> Me bercera, pareil au bruit des mers lointaines.

Pour moi, est-ce une infirmité de ma nature ? Mais la vision de la laideur sociale me hante jusqu'en ce bois dont la beauté est en effet si parfaite. Ah, quand donc viendra le jour où la cité, elle aussi, ressemblera à un temple, à la vue duquel le peuple s'apaiserait, et qui bâti par lui, largement ouvert à tous, renfermerait justice, vérité et beauté! Pourquoi ne voulez-vous pas, mes chers amis, travailler avec nous au triomphe du socialisme, qui seul pourrait donner à la cité cette beauté dont vous êtes les fervents!

DORTAL

Nous y voilà. Darville n'y pouvait manquer! Même en ce bois harmonieux, en ce bois paisible où sourient de si douces nuances, il nous parlera socialisme et lutte de classes! Je m'imaginais vivre une journée entière en dehors de toute préoccupation sociale: je comptais décidément sans mon hôte. Emmenez donc avec vous en excursion un socialiste: si vous croyez que la Nature lui fera oublier sa marotte, vous serez bien déçu. La beauté frappe en vain des yeux ouverts seulement aux « laideurs économiques! » Eh bien, soit: discutons — que ces bouleaux nous pardonnent! — d'inesthétiques problèmes sociaux. Prenons-les, au moins, par un côté qui ne crie pas trop l'injure à l'harmonie exquise de ce bois, et voyons, puisque tu veux à toute force nous convertir au socialisme, quelle part ta cité future ferait à la beauté. Ah, tu sais, fais attention! La cause de la beauté m'est encore plus chère que celle de la justice, et je t'avertis qu'une justice inesthétique ne me dira rien qui vaille. Mais qu'avancé-je là? Une justice qui ne serait pas belle, ce ne serait pas la justice. Si Brosier, cet infâme citadin, était là, il nous dirait sans doute, doctement, que Lachelier en a dit autant de la vérité, dans je ne sais plus quelle thèse exiguë et obscure dont les initiés s'arrachent, paraît-il, les derniers et rares exemplaires. Et cela prouverait que j'ai doublement et cent fois raison de voir dans la beauté le principe suprême de toutes choses. Mais trêve aux plaisanteries, et fais-nous voir un peu, dis, comment ta cité se comporterait avec ma déesse !

FERRON

Oui, c'est cela, contente deux « vils » esthètes et rassure-les sur le sort de la beauté dans la société future. Car, sans dire avec Dortal, qui n'est qu'un païen, au fond, un gros nourrisson de la Nature, que la beauté passe avant la justice — je sais trop, parbleu, combien le christianisme a renouvelé et approfondi l'art, — je me demande si la civilisation socialiste, que tu ne cesses de prophétiser, sera comme l'a été le christianisme une source de renouveau pour la vie esthétique de l'humanité. Vos préoccupations me paraissent si étrangères à l'art que l'on a peut-être lieu d'être inquiet à ce sujet. La démocratie moderne, hélas — et le socialisme en est l'enfant le plus légitime — est au fond, pour les poètes et les artistes, avec son industrialisme à outrance et ses tyrannies démagogiques, un milieu bien triste et bien laid. Vigny le disait déjà dans son *Chatterton ;* depuis, cela n'a fait qu'empirer. Et l'on se prendrait volontiers à répéter avec Leconte de Lisle :

> Dors, o blanche victime, en notre âme profonde,
> Dans ton linceul de vierge et ceinte de lotos ;
> Dors, l'impure laideur est la reine du monde
> Et nous avons perdu le chemin de Paros !

Nous l'avons perdu, oh oui. et ce n'est pas, je crois, sur les traces du prolétariat moderne que nous le retrouverons !

DARVILLE

Vous voilà bien, ô artistes, ô poètes ! Vous ressassez, comme à plaisir, l'antinomie prétendue irréductible entre l'art et la démocratie. Et cependant, les grands de ce siècle, les Lamartine, les George Sand, les Hugo, les Michelet, furent d'ardents démocrates. Au fond de cette antipathie des artistes pour la démocratie, il n'y a peut-être que ce fait très simple : l'art, étant en définitive chose de luxe, c'est surtout des classes riches, noblesse ou bourgeoisie, que les artistes dépendent. Et ce qui explique la nature jusqu'ici aristocratique de l'art et de la littérature, ce qui fait qu'on a vu jusqu'ici cette douloureuse séparation de l'art d'avec le peuple, le peuple ayant son art à lui, art enfantin et bas, — c'est précisément que l'antagonisme profond des classes — l'existence de deux mondes au sein de la même nation — avait aussi sa répercussion nécessaire dans le domaine du beau. Comment l'art en effet serait-il *un*, quand la société n'est pas une? Le pessimisme actuel des poètes et des artistes s'explique aussi fort bien par les mêmes raisons : dépendant matériellement de la bourgeoisie, qu'au fond ils méprisent, et ne voyant pas très clairement dans le prolétariat grandissant la garantie d'une civilisation plus soucieuse de beauté, ils ne savent plus à quelle réalité sociale accorder leurs rêves; ils se retournent, avec une envie désespérée, vers ces siècles heureux, où l'art avait un public capable de le comprendre et de le soutenir. Mais s'ils apercevaient, avec quelque clarté, dans le socialisme, des promesses d'un renouveau glorieux de l'art, ils seraient avec nous, car leur âme est généreuse. D'où vient donc qu'ils ne voient point ces promesses? C'est, il me semble, mes amis, que vous ne rendez pas justice au prolétariat et que vous ne tenez pas un compte suffisant des nécessités de son devenir. Comment en effet demander au prolétariat, qui lutte seulement et ne peut lutter que pour le pain matériel, qui, hélas, lui manque encore, un souci extrême de la beauté? Tu dis : le prolétariat ne veut qu'une chose : plus de bien-être. Mais peut-il désirer ce dont il n'a point fait expérience? Il réclame du bien-être : c'est que la privation de ce bien-être l'opprime avant tout. Exclu de la civilisation supérieure, comment en aurait-il le sens très aigu et le désir très fervent? Des philosophes ont défini l'art « une forme de jeu supérieure ». L'émotion esthétique, pour naître, requiert donc la liberté comme sa condition essentielle, et quand on est sous l'empire du besoin, du besoin physique et brutal, il est impossible qu'elle se développe. Il faut pour qu'elle soit ressentie, une culture assez délicate, un affranchissement réel vis-à-vis des nécessités économiques : ces conditions se rencontrent-elles dans le prolétariat, esclave encore du besoin matériel, exténué de travail, jouissant de si maigres loisirs ? Voilà ce dont les artistes ne veulent point tenir compte, dans leurs anathèmes contre la « grossièreté populaire ». Mais qu'ils examinent, avec une attention quelque peu bienveillante, le mouvement prolétarien, là où il a déjà acquis une certaine ampleur et une certaine maturité ; qu'ils regardent les merveilleuses tentatives d'éducation esthétique que nos amis de Belgique ont faites avec un si grand succès ; qu'ils aillent voir la Maison du Peuple de Bruxelles et qu'ils y assistent à une représentation de *Tannhaüser* ou à une audition de la *Symphonie avec chœurs*, et ils nous diront ensuite s'il n'y a pas dans ce prolétariat, pourtant si peu préparé par ses misérables conditions de vie à goûter les hautes et pures émotions d'art, une réelle aspiration vers la beauté, un réel souci, non seulement du pain matériel, mais aussi de la vie supérieure. Le prolétariat belge est-il donc un prolétariat mieux doué ? Nullement : si le mouvement socialiste belge peut déjà revêtir une forme esthétique, c'est qu'il s'appuie sur des coopératives florissantes et que la richesse est partout nécessaire au développement de l'art. Il ne faut donc pas condamner le prolétariat d'une façon aussi sommaire, en disant qu'il n'a point le souci de la beauté : car, en admettant que le fait fût exact, il ne prouverait absolument rien contre le socialisme, dont la mission historique est précisément de tirer le prolétariat hors de cet état misérable où il est exclu de la civilisation supérieure. Mais le fait n'est pas exact : l'on constate que le prolétariat, là où le mouvement socialiste est déjà assez mûr, s'élève aux joies de l'art.

DORTAL

Soit, mais il me semble qu'en tout ceci tu accordes au milieu économique une importance exagérée. C'est ton grand argument : changez le milieu économique, et vous verrez tous les hommes devenir capables de vertu, de raison, s'ouvrir à toutes les nobles jouissances de l'art. C'est une manière de raisonner qui me paraît beaucoup trop simple, et dont pour cela même je me défie. Le milieu, le milieu, mais que peut-on expliquer par là ? Pas grand'chose, et l'on a vu récemment l'échec des explications de Taine en littérature. Je ne puis me faire à cette idée, complètement fausse, à mon avis, que l'homme est entièrement façonné du dehors par une influence automatique et mécanique du milieu. Je veux bien donner plus de bien être et de loisir à la majorité des hommes ; mais je ne suis pas sûr, qu'ayant plus de bien être et de loisir, les hommes seront plus sages, plus altérés de vérité et de beauté. La bourgeoisie, riche et oisive, ne se distingue pas par un goût plus affiné ; elle continue à ne rien entendre aux choses de l'art, et je crains que le prolétariat, affranchi, comme tu dis, du besoin, ne devienne tout simplement une nouvelle bourgeoisie, tout aussi barbare que l'ancienne. Le milieu extérieur a beau changer : si l'âme des hommes reste aussi veule et aussi basse, le progrès n'est qu'en façade. On a beau transporter des malades d'un vieil hôpital délabré dans un bel hôpital flambant neuf : ils n'en restent pas moins malades. En toutes choses, ce ne sont pas tant les conditions extérieures qui importent : c'est l'esprit vivant et intérieur.

DARVILLE

Toujours la même objection ! toujours les mêmes équivoques ! Il faudrait pourtant s'accorder une bonne fois sur ce qu'il faut entendre par cette action du milieu. Certes, je ne nie point qu'on ne transforme parfois le milieu en une sorte d'entité qui opèrerait des miracles et qui agirait d'une manière toute mécanique, par une sorte d'automatisme commode et merveilleux. Je veux bien reconnaître avec toi que les choses ne sont pas aussi simples ; cependant, il ne faut rien exagérer : Taine, dis-tu, a échoué dans son explication de l'œuvre d'art par le milieu ? Il me paraît cependant que tout n'est pas à dédaigner dans son admirable *Philosophie de l'art*. L'art grec, l'art gothique, l'art de la Renaissance, l'art du siècle de Louis XIV, l'art moderne enfin, y sont merveilleusement replacés dans leur cadre et cette illustration n'est pas sans en faciliter singulièrement la pleine intelligence. Ce qu'on reproche à Taine de ne pas expliquer, est assez puéril. On lui dit : « mais vous n'expliquez pas pourquoi c'est Racine, avec sa personnalité bien définie, sa fine nuance d'art, qui est apparu, plutôt qu'un autre, et qui a écrit les chefs-d'œuvre que l'on sait ; vous décrivez certaines circonstances générales qui délimitent extérieurement sa manière, mais lui, Racine, en tant que tel, reste inexpliqué. » Eh quoi ! depuis quand la science a-t-elle pour objet d'expliquer l'individuel ? *Omne individuum ineffabile,* disait-on, non à tort. La science ne saurait avoir la prétention de déduire *a priori* que tel milieu donnera tel génie ; plus modeste, elle se contente de dégager les circonstances générales, le système de relations, dans lesquelles rentre le phénomène à expliquer. Racine, en tant que Racine, sans doute, ne peut être expliqué d'une manière exhaustive, mais Racine était-il possible en un siècle autre que le siècle de Louis XIV ? Poser la question montre l'absurdité de l'hypothèse. On ne peut déduire Napoléon des « circonstances révolutionnaires », mais ces circonstances ne furent pas moins nécessaires pour qu'il pût jouer le rôle qu'il a joué. Il n'y a pas évidemment une production automatiques de génies par le milieu : mais que fût devenu Napoléon en un autre temps, où son génie militaire n'aurait pas eu pour se déployer le concours des « circonstances révolutionnaires » ? Tu dis : « Je ne suis pas sûr que le prolétariat, ayant conquis plus de bien être et de loisir, soit par cela même plus apte à goûter les belles formes d'art. » Mais serrons la chose de près. Sans doute, si je donne aux ouvriers actuels, tels qu'ils sont, avec leurs habitudes et leur mœurs, plus de bien être et de loisir, il est probable qu'ils feront de ce bien être et de ce loisir supplémentaires un usage qui pourra n'avoir rien d'esthétique. Mais c'est comprendre les phénomènes sociaux d'une manière trop expéditive. Et il faut s'attacher au contraire à les saisir dans leur enchaînement et leur dépendance réciproques. La misère actuelle du prolétariat n'est pas seulement matérielle, elle est aussi une misère morale et intellectuelle ; l'une entraîne l'autre. Le milieu matériel et le milieu psychique, si j'ose dire, où se déroule la vie ouvrière, sont aussi déplorables l'un que l'autre. Mais ils se conditionnent l'un l'autre, comme les parties d'un organisme. Transplanter l'ouvrier, ainsi formé, dans un milieu extérieur de loisir et de richesse ne peut évidemment pas changer à fond son âme. Pour que l'ouvrier fît d'un accroissement de bien être et de loisir l'usage voulu, il faudrait qu'il eût d'autres besoins, d'autres goûts, d'autres aspirations, que les besoins, les goûts et les aspirations où l'enferme presque fatalement le régime capitaliste actuel. Or le milieu socialiste sera non seulement un milieu matériel plus riche, mais un un milieu psychique supérieur : des hommes nouveaux germeront du sein des nouvelles conditions d'existence, spontanément, organiquement, comme ces fleurs exquises, qui expriment, par leur coloris plus nuancé et plus somptueux, la qualité supérieure du terrain où elles s'épanouissent. Nous ne transplantons pas les hommes, tels que nous les trouvons, dans un autre milieu, et brusquement : mais nous créons des conditions nouvelles de vie qui favoriseront l'éclosion d'hommes nouveaux. Le sophisme consiste à poser dans un milieu socialiste des hommes dont l'âme est comme *une efflorescence capitaliste* ; il faut poser un milieu socialiste et des hommes à conscience socialiste. Vous nous reprochez sans cesse de trop croire à l'influence mécanique d'une action extérieure : mais c'est vous, au fond, qui croyez à cette action extérieure, Car vous prétendez, par la simple propagande individuelle, sans réformes sociales, transformer l'âme humaine. Votre méthode est *toute intellectualiste*. Entièrement affranchis, ou du moins croyant l'être, élevés au dessus de tout milieu par un commerce perpétuel avec les idées de tous les temps et de tous les pays, tenant les idées pour *plus réelles que la réalité même*, il vous semble qu'il suffit de les répandre pour transformer à fond l'âme de tous les hommes. Vous oubliez ainsi que l'idée — ce phénomène auguste pour qui vous avez un respect religieux — n'est pour la grande masse des hommes qu'un phénomène tout à fait superficiel, extérieur, lointain, faisant partie de la conscience comme une feuille morte fait partie de l'étang sur qui elle est tombée au gré du vent, et dépourvue de toute action efficace. Vous oubliez qu'il y a quelque chose de plus profond, de plus essentiel, de plus *tenace*, les sentiments, les émotions, les instincts, — toutes choses qui ne fondent pas comme neige à la seule chaleur du « soleil intelligible ». Et c'est précisément sur ce fond émotionnel de l'homme qu'il faudrait agir pour changer l'âme en son fond et du dedans, comme vous dites. Mais comment agir sur ce fond émotionnel ? Tout simplement en agissant sur les causes qui le conditionnent.

Savoir, c'est pouvoir, dit-on, et la science est la base nécessaire d'une action vraiment efficace. Or le socialisme montre que le *système des sentiments* se rapporte à l'économie ; instituant la psychologie des classes, il met en lumière la relation qui relie chaque individu à sa catégorie économique et aboutit à cette conclusion générale : les hommes, dans leur ensemble, sont rivés aux catégories économiques, comme l'âme est rivée au corps. La catégorie économique est pour les individus d'une classe *une espèce d'organisme*, qui enserre et limite entre de certaines bornes leur horizon intellectuel, tout comme pour chacun de nous notre propre corps, ainsi que l'a montré une psychologie récente, est un instrument de choix et de limitation qui découpe dans l'univers total notre petit univers individuel et particulier. Il ne faut que lire Balzac, pour voir vivre cette psychologie des classes. Si donc l'on constate une relation fondamentale entre le « système économique » et le système sentimental », le meilleur moyen de changer l'âme humaine par le dedans, en son fond, n'est-ce pas de transformer ce système économique ? On crie beaucoup aujourd'hui contre « l'erreur intellectualiste » en matière d'éducation. On s'est aperçu qu'il ne suffisait pas d'instruire, de répandre à flots « la science », « les lumières », pour transformer un peuple. Les illusions, que l'instruction gratuite et obligatoire avait fait naître, se sont largement ébréchées.

Mais quoi ? Faut-il tant s'en étonner ? On voulait réaliser ce paradoxe : une éducation républicaine dans un milieu capitaliste, faire des citoyens amoureux de justice sociale, dans un régime où règne la concurrence la plus âpre. Non : comme le disait un jour Jaurès, la République bourgeoise est incapable de s'enseigner elle-même, car elle ne saurait aller jusqu'au bout d'aucune de ses formules, sans se nier : la contradiction entre les principes qu'on enseigne et ceux qu'on applique, entre l'école et la vie, est par trop flagrante !

Mais revenons à la question précise qui nous occupe, et examinons, d'une part, quelles conditions fait à l'art le milieu démocratique moderne, et, d'autre part, dans quel sens le socialisme corrigera ce que ce milieu démocratique peut avoir de défectueux au point de vue esthétique. Et d'abord, quel public notre temps offre-t-il aux poètes et aux artistes ? Si nous passons en revue, les unes après les autres, toutes les classes de la société actuelle, où trouverons-nous l'auditoire capable d'apprécier une grande forme d'art ? Ce n'est pas assurément dans le prolétariat : si une grande mission historique lui est réservée, il ne peut guère encore, hélas ! dans les conditions de vie qui lui sont faites par le capitalisme, participer au grand art. Est-ce dans la petite et moyenne bourgeoisie ? Mais, marchands et industriels, gros parvenus, dont *l'intérêt* est la passion fondamentale, sont peu préparés aux émotions libres et désintéressées de l'art. Est-ce parmi ce qu'on appelle le grand monde, l'aristocratie foncière et financière, les derniers survivants des anciennes classes précapitalistes ? Mais les oisifs, — dont le rôle historique est achevé, — ne sauraient plus aimer qu'un art dégradé, qui chatouille leur ennui et se borne humblement à enjoliver *des sensations :* le grand art leur reste aussi fermé qu'au peuple, et ils n'affectent de s'y plaire que par snobisme. Restent ce qu'on appelle les classes libérales; mais ce n'est là qu'un public assez restreint, et où se forment facilement coteries et chapelles, écoles et boutiques, dont l'influence n'est rien moins que favorable à l'éclosion du grand art. Nous trouvons ainsi, en définitive, non pas *un* public, mais quatre publics, auxquels correspondent quatre sortes d'art : l'art populaire, mélodrame et feuilleton; l'art bourgeois, niais, vertueux, à la George Ohnet; l'art aristocratique, factice et morbide ; et enfin, l'art des cénacles, raffiné, obscur, prétentieux, sans *vie.* Comment, dans une société aussi disparate, un art largement humain, largement social, pourrait-il naître ? Tu as lu, sans doute, le pamphlet que Tolstoï a dirigé contre notre art décadent et aristocratique; Tolstoï rêve *un art universel,* dans lequel toutes les âmes humaines communieraient et qui formerait un lien social très doux et très fort. Mais Tolstoï se fait de l'art une notion insuffisante, et voulant fonder un art universel, il aboutit, en fait, à la négation même de l'art, parce qu'il le veut rabaisser au niveau des foules. La question, au fond, est toute sociologique : il ne s'agit pas d'abaisser l'art jusqu'à la foule, mais au contraire d'élever la foule jusqu'à lui. Tolstoï ne réclame aucune culture du goût : c'est une erreur et cela nous ramènerait à trouver beau le *mélodrame où Margot a pleuré*. Ce qu'il faut, c'est universaliser la culture, créer la société une, qui s'exprimera dans l'unité de l'art. Il faut que les « délicats » soient foule et que l'art devienne universel, non par abaissement des délicats aux humbles, mais par élévation des humbles à la culture délicate. Or, n'est-ce pas précisément au prolétariat moderne de fonder une société sans classes, une société *une* par conséquent : plus de bourgeois, de petits bourgeois, de prolétaires; des hommes. L'unification de la société par la suppression des classes — unification sociale, qui bientôt serait une unification sentimentale et intellectuelle — voilà la condition *sine qua non* pour qu'un art largement humain, largement social, puisse fleurir et s'épanouir.

FERRON

Permets-moi, mon cher, de t'interrompre ici : es-tu bien sûr que le socialisme produise cette unification sociale dont tu parles et qui favoriserait l'éclosion d'un grand art social? En définitive, l'extrême éparpillement de la société moderne ne tient pas tant à sa division en classes qu'à la dissolution des anciens groupements historiques et traditionnels, où l'individu se trouvait fortement et solidement encadré; le plus fâcheux résultat de la démocratie moderne, c'est d'avoir produit *l'atomisme social*; la société actuelle, avec ses institutions démocratiques, est une sorte de carrière ouverte, où tous les individus, pêle-mêle, poussés par une concurrence échevelée, se précipitent et se bousculent, dans la furieuse recherche de la fortune, des honneurs, des places et des plaisirs. Les classes forment des groupements artificiels, sans barrières bien nettes, à l'intérieur desquels l'éparpillement des individus, leur isolement, est extrême. L'hétérogénéité sociale devient excessive, voilà peut-être le mal; chaque individu est trop un « déraciné », sans traditions, sans passé, sans milieu naturel qui puisse le soutenir, on est perdu dans le vaste tourbillon social, sans liens avec autrui, affreusement solitaire. Comment dès lors l'art ne réfléterait-il pas cette extrême division de la société? Comment les tentatives artistiques ne seraient-elles pas anarchiques, éparpillées, solitaires? Tu distinguais quatre sortes d'art : ce n'est pas assez dire; car il y a presque autant de formes d'art que de poètes ou d'artistes. La question est donc celle-ci : le socialisme favorise-t-il encore l'extrême hétérogénéité sociale? Continue-t-il le mouvement d'éparpillement démocratique ou est-il un essai de concentration sociale, un retour à une homogénéité sociale plus grande ?

DARVILLE

Il y a dans tes objections, mon cher Ferron, une part de vérité à côté d'une part d'erreur. Il est curieux de constater comme le socialisme apparaît tour à tour ou comme un individualisme poussé à l'extrême, ou comme une absorption complète de l'individu dans cette sorte de Minotaure que serait le collectivisme. Mais, examinons de près le problème. L'extrême éparpillement de la société est-il bien un effet de la démocratie ou n'est-il pas plutôt une conséquence du capitalisme ? Il faut bien séparer les deux choses, et j'estime que la distinction est importante, car les reproches que certains esprits, comme Balzac, Taine et Le Play, adressent à la démocratie, me paraissent s'adresser beaucoup plus à la démocratie adultérée de capitalisme qu'à la démocratie considérée en soi. L'isolement, l'atomisme social, que tu as décrits, sont des effets de la concurrence, qui est l'essence non pas de la démocratie, mais du capitalisme. La Révolution française a bien détaché l'individu de ses groupements naturels, traditionnels ou historiques : corporations, castes, groupes très hiérarchisés, très fermés, et, en ce sens, elle a créé l'individualisme moderne, dont nous souffrons tous et que Balzac dénonçait avec tant de force comme un dissolvant funeste et mortel de la société. Mais, s'il est vrai que la démocratie est hostile aux groupements naturels ou historiques fondés sur la tradition, elle est favorable par contre aux groupements professionnels, libres, moraux, et il suffit d'examiner de près la vie prolétarienne, pour y voir fleurir et syndicats et coopératives et cercles d'études, mille manifestations de vie collective et publique, grâce auxquelles chaque citoyen, loin de rester isolé et solitaire, entre dans des relations sociales très diverses. Or, s'il est une classe où vive l'esprit démocratique, c'est bien, je pense, le prolétariat moderne.

Au contraire, dans la grande et petite bourgeoisie, où chaque individu est un concurrent, un rival pour son voisin, où par conséquent chacun se renferme dans son « chez soi » avec un soin farouche, là se développent toutes les conséquences de l'anarchie économique du capitalisme; là, l'homme, claustré dans une solitude desséchante, plein d'envie et de rancunes, n'ayant d'autres mobiles que l'amour du lucre et la « pâle ambition » est vraiment un « déraciné »; non seulement il n'est plus encadré par aucun groupe naturel ou historique — la famille même étant bien plus une juxtaposition de « propriétés » qu'une fusion de deux êtres par l'amour, —

mais il ne fait partie d'aucun groupement professionnel, d'aucune association libre. Aussi, l'anarchie morale et intellectuelle de ces classes n'estelle que le reflet exact de leur anarchie économique. Elles apparaissent aussi en complète opposition avec le prolétariat, où une solidarité profonde s'affirme chaque jour davantage. Et si, comme nous le croyons, nous socialistes, le prolétariat est appelé à révolutionner la société et à la sculpter à son image, je puis répondre à ta question : oui, le socialisme aura pour résultat une plus grande homogénéité sociale, oui, il créera l'unité morale et intellectuelle de la société. L'homme de la cité socialiste ne sera nullement *un isolé*, un solitaire, chez qui, par excès d'individualisme, des raffinements malsains et la recherche morbide de sensations inédites croissent comme des herbes folles dans un jardin abandonné, mais, au contraire, *un être social*, vivant d'une large vie publique et collective, membre de mille associations diverses, par où il pourra développer les aspects multiples de sa personnalité. Et n'allez pas craindre maintenant un excès de vie sociale, où une âme de poète, sensible et délicate, se sentirait étouffée et gagnée par la contagion du vulgaire : car cette homogénéité sociale plus grande ne signifierait nullement uniformité absolue des âmes et des aspirations ; elle serait au contraire compatible avec une grande variété de goûts, d'humeurs et d'idées. Ce sont les groupements naturels, traditionnels, historiques, où la pression des sentiments collectifs est si forte qu'elle empêche tout écart individuel : les associations libres, professionnelles, d'un caractère volontaire et moral, permettent au contraire le développement des variétés individuelles sans les laisser s'exagérer dans une énervante solitude. Et n'est-ce pas l'idéal pour un poète, par exemple, qu'il puisse à la fois être très libre et très solidaire, en sorte que, sans rien perdre de son originalité propre, sans laisser s'adultérer la fine nuance de sa sensibilité, il soit capable de traduire les larges émotions humaines, où tous les hommes communient? La démocratie, débarrassée du capitalisme, par qui elle est corrompue, devenue, grâce au socialisme, *une vérité* et *une beauté*, ne peut donc être un milieu défavorable à l'éclosion de l'art : elle en favorisera, au contraire, j'en ai l'intime conviction, la renaissance glorieuse.

DORTAL

Je veux bien, mais cette unification morale et intellectuelle de la société, ne se fera-t-elle pas sur une base toute scientifique? La science, voilà, avec la démocratie, la grande force des temps modernes. Or ne peut-on pas dire que la science, comme elle élimine la religion, élimine aussi le sens poétique? A constater des faits et à raisonner, l'homme contracte une sorte de vision *positiviste* des choses, qui ne peut que diminuer grandement la fraîcheur, la spontanéité et la puissance de son imagination. La science moderne, d'ailleurs, est-elle matière à poésie? Est-il rien de plus plat, de plus manqué, que les tentatives de poèmes scientifiques et philosophiques de Sully Prudhomme ? Faut-il accuser seulement le poète, ou n'est-ce pas que le sujet est décidément impossible à traiter poétiquement ? La vision scientifique de la vie et de l'univers n'exclut-elle pas enfin le sens du mystère, cette source féconde de poésie? A mesure que s'édifie, grâce à la science, dont l'industrie n'est qu'une application, un milieu artificiel de plus en plus distinct du large milieu cosmique, les sensations ne perdent-elles pas de leur fraîcheur, le sens du pittoresque ne s'émousse-t-il pas, l'imagination ne prend-elle pas un tour abstrait et décoloré, et sont-ce là des conditions favorables à la poésie et à l'art? Or le milieu socialiste ne sera-t-il pas précisément un milieu artificiel d'un mécanisme très compliqué, très raffiné, et par où la scission de l'homme d'avec la Nature se fera plus complète encore?

DARVILLE

Que d'erreurs, mon cher Dortal, dans ce que tu viens de dire, et comme sont mal justifiées tes appréhensions! Tu essaies d'établir une sorte d'antinomie entre l'intelligence et la sensibilité, entre la science et la poésie, qui me semble absolument vaine. Le tour d'esprit *positiviste* que tu considères comme un des effets de la culture scientifique me paraît plutôt à moi, non une conséquence de la science, mais de l'état économique actuel. Que veux-tu? J'en reviens toujours là. Et pas plus que la science n'est responsable des maux que peut amener provisoirement le développement du machinisme, ni des horreurs de la guerre moderne, ni de l'antisémitisme, et de bien d'autres choses encore, ainsi que le prétend M. Brunetière, la science n'est pas responsable du *positivisme* de nos contemporains. Ce sont là des effets d'une autre cause, qui est l'anarchie économique du régime capitaliste : il est certain que dans la fièvre de la concurrence les hommes ne prennent plus le temps de rêver et qu'il envisagent toutes choses du point de vue utilitaire, la science comme le reste. Mais ce n'est là que l'effet provisoire de l'union momentanée du capitalisme et de la science : qu'il y ait antinomie entre la science et la poésie, c'est ce que je ne vois point. Le développement intellectuel, loin d'être funeste au développement sentimental, me semble plutôt le favoriser. Une sensibilité riche, intense, nuancée, va de pair avec une intelligence fine, large et profonde. Il n'y a pas opposition entre ces deux facultés. D'autre part, la conception scientifique du monde est-elle vraiment moins poétique que la conception antique ou chrétienne? Je la tiens, quant à moi, pour infiniment supérieure, et l'univers, que nous a révélé la science moderne me semble ouvrir à l'imagination, dans sa prodigieuse et vertigineuse immensité, un autre champ que le petit univers clos des anciens ou que l'univers géocentrique des chrétiens. Sans doute, les poèmes philosophiques ou scientifiques que l'on a esquissés jusqu'ici n'ont pas été « réussis ». Mais c'est, d'une part, qu'on voulut traduire *littéralement* les résultats matériels de la science, alors qu'il aurait fallu en donner une traduction sentimentale, et c'est d'autre part, que la *sensibilité* moderne, restée chrétienne en son fond, ne s'est pas encore pénétrée des nouvelles conceptions de la vie. Nous vivons dans une contradiction étrange et comme partagés entre deux univers : *l'univers de notre sensibilité*, encore toute frémissante de christianisme, et *l'univers de la science*, où ne pénètre encore que notre intelligence. Et il y a antinomie entre ces deux univers. Il faudrait donc que l'accord se fît en nous, que notre être tout entier s'assimilât et vécut, à la fois par l'intelligence et le cœur, le monde nouveau que depuis le XVIe siècle la science, lentement, édifie.

Mais cette unification profonde de notre être, comment se produira-t-elle? Il me semble qu'elle ne pourra s'accomplir qu'à la suite d'une grande transformation sociale qui secouera jusqu'en ses racines la sensibilité humaine. Comment se fait-il qu'après trois siècles de science, qu'après, surtout, ce prodigieux dix-neuvième siècle où l'homme mit sur la nature une main si ferme, une sorte de recrudescence morbide de la religion, dans ses manifestations les plus superstitieuses, soit encore possible? Comment en sommes-nous encore à discuter sans fin, sans en trouver la solution, le problème des rapports de la science et de la conscience, de la théorie et de la pratique, de la raison et de la foi? La vie moderne repose sur un simple *compromis* : l'Etat vit à côté de l'Eglise dans une prétendue neutralité : mais, comme le dit Hegel, cette neutralité est impossible. Comment l'Eglise ne finirait-elle pas par absorber l'Etat? Puissance morale, qui prend l'homme tout entier, à qui l'homme demande ses mobiles d'action les plus profonds, comment l'Etat, humble et timide, sur une position défensive, n'osant qu'à peine formuler son credo, la combattrait-il d'une manière décisive? On le voit bien dans l'enseignement qu'il donne : est-il rien de plus plat, de plus niais que les traités de morale civique sur lesquels on essaie d'asseoir l'éducation morale du peuple? Au fond, faute de donner hardiment les solutions modernes de la science, on continue d'une manière déguisée à enseigner la vieille morale religieuse, et c'est l'Eglise, en fin de compte, qui triomphe, même à l'école primaire et au lycée. Pourquoi cette timidité de l'Etat moderne vis-à-vis de l'Eglise? pourquoi cette abdication tacite?

Il faut aller, je crois, pour trouver à cette question une réponse satisfaisante, jusqu'au fond même des antagonismes sociaux qui dominent la vie moderne. Et si l'on y réfléchit bien, on verra que la bourgeoisie ne peut pas, sans compromettre son hégémonie sociale, prendre vis-à-vis de l'Eglise une offensive hardie. Le prolétariat seul, par ses conditions de vie, se trouve en opposition radicale avec toute la société officielle moderne et ne peut s'affranchir qu'en rompant d'une manière décisive avec le passé, sous toutes ses formes, matérielles et idéologiques ; donc lui seul est capable d'unifier la société, de renouveler l'atmosphère de la vie moderne.

On assimile toujours la révolution prolétarienne future à la révolution bourgeoise. Les socialistes eux-mêmes se montrent parfois trop asservis, en esprit et en fait, au fantôme de la « grande Révolution ». Mais la différence au fond est énorme : en 1789, la bourgeoisie n'a guère fait que prendre la place de la noblesse, que substituer à l'aristocratie de naissance l'aristocratie de fortune. Elle n'a rien changé d'essentiel au mécanisme de l'Etat traditionnel, elle a simplement fait succéder son despotisme parlementaire de classe au despotisme royal ; l'administration et la centralisation napoléoniennes continuèrent d'une manière parfaite l'œuvre de la royauté française. La société est restée foncièrement *aristocratique et hiérarchique.* La bourgeoisie, au fond, est une classe sans ressort intérieur, formée par des coalitions extérieures d'intérêts : aucun esprit vivant et original, aucune unité spirituelle profonde n'en fait le lien intime. Elle est dominée par *l'instinct d'imitation* : le bourgeois est toujours, plus ou moins, le bourgeois gentilhomme. Depuis Molière jusqu'à Augier, la comédie a tourné en ridicule ses préjugés nobiliaires, sa maladroite imitation de la noblesse, sa gaucherie de parvenu contrefaisant l'homme de naissance. C'est pour les artistes un perpétuel scandale que les goûts du « bourgeois » en art, goûts réglés uniquement par la manie d'imitation, le « bon ton » le « bon genre ». Avoir un salon Louis XV, une chambre à coucher Louis XVI, une bibliothèque renfermant tous les ouvrages qu'un homme de bonne société *doit* posséder, à cela se bornent les besoins esthétiques de cette classe. La bourgeoisie, en un mot, est une classe sans consistance intellectuelle et morale, de formation toute extérieure : elle ne pouvait pas apporter dans le monde de principe qui le renouvelât *profondément* et *intérieurement*. Il est curieux que, tandis que la civilisation antique s'est exprimée dans l'admirable architecture grecque, et la civilisation chrétienne dans les prodigieuses cathédrales gothiques, la civilisation bourgeoise n'ait trouvé pour s'exprimer aucune forme originale d'architecture. Or l'architecture est peut-être l'art le plus représentatif d'une époque, l'art le plus symbolique, et, en un sens, le plus « profond ».

Le prolétariat, au contraire, est une classe de formation *toute intérieure* ; et si, sans doute, la cohésion mécanique, résultat de la grande industrie, préfigure et rend possible matériellement l'unité prolétarienne, ce qui fait la force et la profondeur de cette unité, c'est un *principe spirituel*, une *idée morale ;* les prolétaires, dépouillés de toute propriété, simples *individus sensibles*, ne sont séparés de l'humaine solidarité par aucune barrière extérieure et artificielle ; le prolétariat sent son identification essentielle et profonde avec l'humanité elle-même. Et s'il fait une révolution, ce ne sera pas pour se substituer, lui, en tant que classe, à la classe bourgeoise, et pour se servir à son tour et dans son unique intérêt du traditionnel mécanisme de l'Etat : il sait bien que ce mécanisme n'a jamais eu jusqu'ici d'autre usage ni d'autre raison d'être que l'asservissement de la majorité à une minorité privilégiée ; c'est une révolution bien plus radicale, bien plus profonde, bien plus décisive qu'il veut accomplir, la révolution de l'immense majorité en faveur de l'immense majorité, qui transformera à fond le régime économique et le régime politique. Le socialisme apparaît ainsi comme un phénomène aussi original par rapport au monde moderne que le christianisme par rapport au monde antique : il tend, comme lui, à un renouvellement *total et intérieur*, et si le christianisme a régénéré l'art, que le *goût académique* avait stérilisé à la fin de la civilisation romaine, pourquoi le socialisme, par le bouleversement social qu'il accomplira, ne jouerait-il pas un rôle semblable ?

J'attends donc du socialisme la bienfaisante *crise* à la suite de laquelle l'humanité entrera dans une ère d'équilibre et d'harmonie, dans une époque de production artistique vraiment neuve. L'unité de l'intelligence et du cœur réalisée, l'art en sera le médiateur. Il traduira dans le langage de la sensibilité, de manière à asseoir sur elle le fond de la vie sentimentale et morale de tous, les conceptions sans cesse élargies de la science ; les « Maisons du Peuple », comme le temple d'Ephèse, seront un enseignement de beauté et de justice sociales. Mais vous craignez, avec le développement exagéré du milieu artificiel, une scission plus profonde de l'homme et de la Nature, ce qui tarirait la poésie et l'art à leur source même. Or, à considérer historiquement l'évolution des classes et l'évolution de l'art, n'est-il pas remarquable au contraire que la Nature prend une place de plus en plus large dans l'art à mesure que la société se démocratise ? L'art du XVIIe siècle, par exemple, alors que la noblesse dominait, n'est-il pas un art d'où la Nature est exclue ou presque ? L'art du XVIIe siècle et d'une moitié du XVIIIe siècle est un *art mondain*, un *art intellectualiste*, où le pittoresque naturel comme le pittoresque historique ou social n'ont point de part. Le théâtre analyse des caractères généraux, abstraits, *la nature humaine en général ;* la poésie n'a rien de lyrique, et l'intellectualisme cartésien fait fureur dans les salons. C'est un art adapté à une classe dont la vie, toute mondaine, se passe dans des conditions factices et *transcendantes* à la grande vie sociale et naturelle, et qui demande aux artistes de l'amuser délicatement, de l'instruire en badinant : il faut que l'art, la littérature, la philosophie, soient immédiatement accessibles, n'exigeant pour leur compréhension aucune culture spéciale, aucun effort particulier.

Avec J. J. Rousseau, à partir de 1750, c'est l'entrée de la nature dans l'art, l'irruption du sentiment, de l'émotion, du subjectivisme. Il se fait une grande révolution sociale ; la bourgeoisie monte, la noblesse decroît : la littérature, l'art, la philosophie s'émancipent de la tutelle aristocratique ; on a Rousseau, Diderot, Greuze, Beaumarchais; L'art s'élargit : d'intellectualiste, de mondain, de « classique », il devient sentimental, « romantique » ; tout le pittoresque de la nature et de la société fait invasion dans le roman, au théâtre, dans la poésie ; on a le grand lyrisme de Lamartine, de Hugo, de Vigny et de Musset. Ce n'est plus un art étriqué, abstrait, général, transcendant si j'ose dire à la société comme à la nature, mais avec la domination de la classe bourgeoise, — classe plus nombreuse, *plus immanente à la société*, plus large et plus ouverte, sorte de crible où peuvent passer des individus de toute origine et de toute condition, l'art se fait plus impulsif, plus imaginatif, plus « matérialiste » en un sens ; l'idée pure, l'intellectualisme revêtent un corps, des muscles, du sang, des nerfs ; la sensibilité, l'imagination prennent le pas sur la « raison » ; on veut un art national, chrétien, et qui secoue le joug de l'imitation antique ou classique. Comme en même temps le système bourgeois, c'est l'anarchie sociale, c'est l'individu soudain délivré de toutes entraves et lâché dans la cohue de la concurrence, on a la pessimisme orgueilleux de Châteaubriand, les *Méditations* de Lamartine, les *Chants du crépuscule* de V. Hugo, la *Confession d'un enfant du siècle* de Musset, l'*Obermann* de Senancour, et tout le débordement romantique, avec les cris de révolte de l'individu soudain affranchi et désorienté dans le chaos social où il avait cru trouver le bonheur et la liberté.

Le siècle continue son évolution ; la science, la grande industrie, la démocratie politique coulent comme de grands fleuves débordant sur l'humanité : l'art veut se faire objectif, scientifique, impersonnel, il exprimera la nature et la société avec l'impassibilité du savant : on aura la poésie parnassienne, le roman naturaliste, Leconte de Lisle, Flaubert et Zola. Mais comme le fond de la sensibilité est resté romantique, parce que l'anarchie bourgeoise et capitaliste ne fait que grandir encore avec le siècle, ce « naturalisme scientifique » cache un pessimisme profond, une condamnation désespérée de la nature et de la société : ce n'est plus la protestation enfantine, tragique et orgueilleuse du romantisme, mais la plainte sourde, réfléchie, froidement justifiée, du nihilisme moderne. Et nous en sommes à la troisième phase : le naturalisme est dépassé, une sorte de nouvel idéalisme est né, on sent que l'homme reprend espoir : Taine et Renan, qui ont régné de 1880 à 1890, sont délaissés ; on veut un art qui soit à la fois plus réaliste et plus idéaliste, qui concilie l'individu et la société. C'est que de nouvelles forces sociales ont grandi, le socialisme monte comme une grande marée qui épouvante les uns, réjouit les autres : ce n'est plus l'atonie, le ciel morne et désolé, mais, à l'horizon, une clarté est née, et l'aurore semble maintenant errer au bas du ciel. Et l'art déjà s'est renouvelé : il est toujours pessimiste, mais pessimiste avec une nuance d'espoir ; la critique de l'ordre présent se fait au nom d'un idéal qui se précise et par cela même il s'y communique je ne sais quel secret levain de courage, de foi et d'optimisme. C'est ainsi que l'œuvre de Zola, d'un pessimisme d'abord fait d'acceptation morne et passive du réel, s'ouvre à une sorte de foi nouvelle, avec *Rome*, *Paris*, *Fécondité;* c'est ainsi que le théâtre, avec Brieux, avec Donnay, avec de Curel, quoique parfois encore de tendances réactionnaires, se fait plus sainement réaliste et plus profondément social, et si en poésie l'influence sociale est peut-être moins vive, elle se fait sentir chez beaucoup de nos jeunes poètes, comme Maurice Magre, Fernand Gregh, Fernand Dauphin, qui marchent sur les traces de Maurice Bouchor. Et la peinture de Puvis de Chavannes, la sculpture de Dalou et de Rodin, la musique de G. Charpentier sont également des signes d'un renouveau de l'art dans un sens largement social et largement humain. Le prolétariat, en accomplissant son évolution, et par sa montée même, provoque et suscite un renouvellement de l'atmosphère intellectuelle et esthétique, où peuvent déjà se manifester et germer des formes originales d'art et de pensée. Et quand il aura achevé son devenir, fondé l'harmonie sociale, un art tout à fait nouveau pourra s'épanouir. Avec l'accession de la bourgeoisie au pouvoir, avec sa domination sociale, la nature et la société ont bien fait irruption dans l'art, mais cette irruption, comment dirai-je, se fit sous une forme chaotique, individualiste, anarchique, qui correspondait bien à l'anarchie économique et sociale du monde capitaliste. Et l'art qui était *aristocratique intellectuellement*, au XVIIe, XVIIIe siècles, devint *aristocratique sentimentalement;* l'individu, au nom de ses aspirations délicates et raffinées, se mit à haïr la foule, la démocratie, le vulgaire. Avec le triomphe du prolétariat, ce sera, plus complète, plus entière, plus profonde, l'irruption de la nature et de la société dans l'art, mais cette fois sous une forme harmonieuse et sereine, librement sociale. L'individu de la Cité socialiste ne sera plus en effet un « déraciné » un « solitaire » mais une partie faisant librement et harmonieusement corps avec un tout. L'artiste, ne dépendant plus d'aucune classe, puisque toutes se seront résorbées en la société elle-même, sera à la fois plus libre et plus solidarisé : plus libre, et l'art sera la vivante traduction de son âme et de ses aspirations ; plus solidarisé, et l'art sera plus humain, plus social, car l'âme de l'artiste, vivant en communion profonde avec la Cité, en traduisant ses propres impressions, traduira par cela même les aspirations de la société elle-même. Un principe nouveau, en tous cas, animera et pénétrera la vie sociale et la vie individuelle : les hommes étant reconciliés entre eux, et la société n'étant plus une sorte *d'état de nature*, abandonnée aux jeux de la force et du hasard, ce sera à la fois l'harmonie sociale et l'harmonie avec la nature : l'homme, comme dans la *Maison du Berger*, n'aura plus à fuir ni *le siècle* ni la nature; mais reconcilié avec la Cité, il se rapprochera en même temps et du même coup de la nature.

Et ce n'est pas, comme tu le crains, à une séparation de l'individu et de la nature, produisant la décoloration de l'imagination, et l'anémie de l'art, que tend l'évolution historique, mais, comme tu le vois et comme j'ai essayé de te le montrer, à une plus libre communion de l'homme et avec la société et avec la nature. L'Art transcendant à la société et à la nature avec la domination sociale de la noblesse, déjà plus « immanent » avec la domination bourgeoise, quoique sous une forme encore aristocratique, individualiste et anarchique, deviendra, avec le socialisme, quand il n'y aura plus de classe transcendante, tout à fait immanent à la société et à la nature. Il s'incorpore ainsi, à chaque étape, d'une manière de plus en plus intime, à l'humanité : classique, intellectualiste, abstrait, il exprime *la transcendance immobile* d'une classe dont la vie est comme *extérieure* au mouvement social; la nature, la société en sont pour ainsi dire exclues; puis, romantique, sentimental, lyrique, il traduit *l'immanence*, relative encore mais déjà plus réelle, d'une classe dont la vie est plus *intérieure* au devenir social, (tout en ayant d'ailleurs pour but de lui redevenir extérieure par la possession immuable de la richesse), mais dont la domination crée un milieu si anarchique et si déséquilibré qu'il est plutôt un *état de nature* qu'un milieu social; en sorte qu'après la prépondérance de *la raison classique*, on a les débordements de la *sensibilité ro-*

mantique, et qu'on tombe des *excès intellectualistes* d'un art *extra-social* dans *les excès sensualistes* d'un art *infra-social*. Avec le socialisme, nous aurons enfin un art réellement social, réellement humain, où se réalisera l'harmonieux équilibre de la société et de la nature, de la raison et du sentiment. L'art parnassien et naturaliste, *superficiellement* impassible, impersonnel et scientifique et tout chargé encore *d'intime romantisme*, n'aura été entre l'art romantique bourgeois et l'art socialiste futur qu'une sorte de retour à l'art classique, intellectualiste et extra-social, la poésie parnassienne exprimant l'espèce de honte que la bourgeoisie éprouvait par son propre monde, dont elle voulait s'échapper par l'admiration factice de civilisations disparues (l'hellénisme de Leconte de Lisle, son bouddhisme, etc.) et le roman naturaliste, s'attachant au contraire à peindre ce monde bourgeois avec une sorte de désintéressement de savant où il y avait l'impuissance, l'amertume et le découragement d'une classe détachée de tout, même d'elle-même.

Telle est, en gros, telle du moins que je la vois, l'évolution de l'art depuis trois siècles, et elle ne justifie nullement tes appréhensions, mon cher Dortal. Loin qu'il soit à craindre de voir l'homme trop détaché et trop séparé de la nature, nous constatons au contraire, qu'en passant de la domination de la noblesse à celle de la bourgeoisie, puis à celle du prolétariat, l'homme se rapproche de plus en plus de la nature : le noble vit en dehors d'elle, sans presque la connaître ; c'est un mondain qui s'isole artificiellement, dans un cadre social factice, loin de toute vérité largement humaine, comme de tout contact avec la grande nature ; le bourgeois, lui, a déjà une vie moins *extra-naturelle* et moins *extra-sociale*, mais la richesse est encore *une sorte d'écran*, entre lui d'une part, la nature et la société de l'autre ; il n'a pour la nature comme pour la cité qu'un amour *emprunté* et d'imitation. Le prolétaire enfin qui se supprimera, lui, en tant que prolétaire et avec lui, le bourgeois, ne sera qu'*un homme*, prenant avec la société et avec la nature un libre et vivant contact, sans être séparé d'elles par aucune cloison étanche artificielle.

Car le milieu socialiste, pour être plus un et plus homogène, ne sera pas un milieu oppresseur et étouffant. La vie sociale n'y sera pas tellement absorbante qu'elle puisse rendre impossible toute vie intérieure profonde. Le milieu capitaliste, au contraire, accapare pour la simple vie économique, pour le simple gagne-pain, toutes les heures du jour et toutes les pensées des hommes ; il nous enferme artificiellement dans ces enfers modernes des grandes villes, où l'on vit une existence toute *extra-naturelle*. Mais les hommes de la cité socialiste jouiront de loisirs bien plus grands, et pourront s'arracher plus vite et plus souvent au dur labeur matériel, pour reprendre contact avec la vierge et salubre vie de la nature. Combien, de nos jours, au contraire, murés dans les géhennes capitalistes, absorbés par un travail quotidien de douze heures et plus, d'un bout de l'année à l'autre, n'ont jamais pu respirer largement les libres souffles de l'espace, ni reposer leurs yeux sur la fraicheur des champs et des forêts? En régime socialiste, les fécondes paresses au sein de la nature, où l'on se reprend à vivre de la vie universelle et cosmique, et où, laissant pour une heure l'intelligence et la volonté faire trève, on s'abandonne aux larges flots des forces naturelles, ces paresses seront rendues possibles pour tous. Le socialisme, en outre, fera tomber peu à peu l'antagonisme de la ville et de la campagne, et ces immenses agglomérations urbaines, où les hommes s'entassent au mépris de toute hygiène, où se développent artificiellement tant de vices, de corruption morbide et de misères, disparaîtront avec le capitalisme dont elles sont une manifestation particulière.

Non, non, il n'y aura pas, mes chers amis, cette scission profonde de l'homme et de la Nature, que vous appréhendez : bien au contraire ! Et d'ailleurs, l'homme ne trouvera pas seulement la beauté dans la nature : la cité, elle aussi, le milieu social, le monde de l'homme, seront des écoles d'art par eux-mêmes. Le décor de la vie privée comme de la vie publique sera comme une leçon vivante et perpétuelle de beauté. Aujourd'hui sans parler des conditions de vie faites au prolétariat des grandes villes, exclu, lui, totalement, de la beauté, y a-t-il dans la petite bourgeoisie et dans la bourgeoisie un réel souci esthétique, un sens réel, pour le vêtement, l'ameublement, l'habitation, la décoration, des conditions d'une vie pénétrée quelque peu d'art? Nous avons vu que le bourgeois, en général, ne sait que se conformer par un besoin stupide d'imitation, au goût bon ton : le bourgeois n'a pas de vie intérieure; l'intérêt, cet ennemi de l'art, domine sa vie, et s'il a du luxe, c'est un luxe grossier, insolent, fait de parade, d'ostentation et de ridicule vanité sociale. Le luxe privé est ainsi, dans la société actuelle, dépourvu de réelle beauté et il absorbe pourtant des sommes énormes ! Le luxe social, par contre, la beauté collective de la cité, est encore pauvre, rudimentaire, conforme à une société où l'*intérêt privé* l'emporte toujours sur l'intérêt général. D'ailleurs, la production capitaliste, production marchande, ne vise qu'au profit : elle n'a pas plus cure de répondre à l'esthétique que de répondre aux besoins réels et profonds de la cité.

La production socialiste, au contraire, affranchie du souci marchand, pourra se proposer la réalisation d'un noble et beau luxe, pour la vie privée comme pour la vie publique. William Morris,—poète et socialiste, s'il vous plaît,—avait déjà fait en Angleterre des tentatives intéressantes dans ce sens. Et c'est ainsi, pour le dire en passant, que nous les « matérialistes, nous qu'on accuse de ne songer qu'au ventre, c'est ainsi que nous sommes en réalité les véritables idéalistes : car non seulement le socialisme, en organisant la production, en transférant le souci économique des individus à la cité, libère l'humanité à la fois matériellement et spirituellement, de l'esclavage des forces économiques, mais encore, en dégageant la production elle-même du souci commercial, en lui permettant de se prendre elle-même pour fin, il l'affranchit de tout « matérialisme » et la pénètre d'idéal! L'art sera la fleur splendide et radieuse de la société : il ne reflètera plus, multiple et inférieur, les divisions sociales, mais il traduira l'âme enfin une et harmonieuse de la cité, se chantant et se glorifiant elle-même, devenue comme autrefois à Athènes, mais sans la laideur de l'esclavage, une école de beauté. Et les hommes menant une vie plus saine, à la fois *plus naturelle* et *plus sociale*, fournissant un travail mesuré, suivi de larges loisirs, s'épanouiront en grâce et beauté! Ah, mes amis, ne voyez-vous pas comme est riche de poésie l'avenir que le socialisme prépare?

DORTAL

Oui, tout cela est bel et bon, ô poète lyrique déguisé en sociologue! Mais tes dernières envolées suscitent en moi une crainte nouvelle, et terrible ! Tu nous présentes tous les artistes comme des serviteurs de la cité, j'allais dire des fonctionnaires sociaux : serais-tu, par hasard, partisan d'un art « officiel » ? Brr, cela fait froid, rien que d'y penser ! Les artistes sous la coupe des bureaux de l'administration collectiviste, vois-tu ça, toi, Ferron ? La peste soit de ton socialisme, mon cher Darville, si c'est à ce magnifique résultat qu'il doit aboutir ! J'aime encore mieux la société actuelle avec sa hideuse concurrence, et son esprit grossièrement mercantile ! On y est libre, on peut l'être au moins, et la liberté, c'est, vois-tu, mon cher socialiste, la première, l'essentielle condition pour l'art ! Je sais bien que la concurrence, c'est dur dans les débuts, et qu'elle peut faire d'un artiste un charlatan : mais les vrais artistes, parbleu, finissent toujours bien par « percer ». Et il y a dans la concurrence plus de justice qu'on ne croit : il s'opère, grâce à elle, une sélection féconde et, somme toute, très équitable. La lutte pour la vie a du bon : elle stimule, elle fouette, elle réveille, et les artistes, qui au fond sont de grands enfants paresseux, se laisseraient bien souvent séduire par la facilité voluptueuse du rêve et renonceraient à la création laborieuse, si la misère ne les aiguillonnait : rappelez-vous le *Wenceslas* de la *Cousine Bette*. Non, vous croyez décidément trop, vous autres socialistes, que le bien-être est la condition *sine qua non* de tout développement supérieur : il peut, tout aussi bien que la misère, être un dissolvant. En tout cas, j'aime mieux subir, pour ma part, la rude étreinte du besoin que la faveur officielle et abêtissante d'une administration quelconque. Jamais art officiel n'a réussi, d'ailleurs. Et toute préoccupation utilitaire, morale ou sociale a toujours nui à l'œuvre d'art; il suffit qu'un artiste se propose de démontrer ou de moraliser pour faire quelque chose de ridicule. Non, voyez-vous, je ne vois pas les artistes mis au service de la collectivité et chargés de rendre sensibles aux foules les vérités scientifiques ou morales. Ce serait grotesque; mieux, ce serait mortel pour l'art. L'artiste doit être absolument libre, non seulement de toute pression extérieure, sociale, officielle, mais, intérieurement aussi, de tout souci scientifique ou prêcheur. Non, par Hercule! pas de pièces à thèse, pas de cantates officielles, pas de solennelles machines destinées à décorer l'âme du vieux Démos! Qu'on nous fiche la paix et qu'on nous laisse chanter à notre guise, quoi qu'en pensera M. Homais ou M. le Maire! Nous avons jusqu'ici dépendu, je le veux bien, soit des grands, soit des bourgeois, mais c'était encore des minorités parfois assez intelligentes, mais, peste, dépendre d'une majorité démocratique et d'un conseil municipal, vous nous la baillez belle! J'aime mieux ma mie, ô gué, ma mie Liberté! et je préfère rester loup amaigri, errant, sauvage, dans les bois, que devenir un gros chien bourgeois à la chaîne!

FERRON

Je suis absolument de l'avis de Dortal. Il faut donc nous entendre à ce sujet. Je pense bien, mon cher Darville, que toi non plus tu ne rêves pas d'un art officiel, mais il se pourrait que tu te fisses des illusions sur les véritables tendances du socialisme. Tu parles de liberté plus grande pour l'artiste, dans la cité future, quand il ne dépendra plus des grands ni des bourgeois : mais toute la question est de savoir si, en échappant à la domination de la bourgeoisie, il ne va pas retomber sous une domination pire encore, celle de la foule. Le charlatanisme contemporain vient déjà d'une excessive déférence pour le public démocratique dont on flatte, pour réussir, les bas instincts et les passions viles. Au moins, peut-on, lorsqu'on a réussi et qu'on s'est fait une fortune littéraire, reprendre son indépendance et n'écrire plus que pour la beauté. Au contraire, si les artistes dans la cité socialiste, sont comme les fonctionnaires de la beauté, mais ce sera l'esclavage perpétuel, la subordination constante de l'art aux conceptions grossières d'une démocratie de sens esthétique obtus ! Car, au fond, le grand art sera toujours une chose non seulement *de luxe* mais *d'élite* : il exige une culture trop haute et trop délicate, pour se mettre jamais à la portée des foules.

DARVILLE

Mes chers amis, je vois que vous reprenez ardemment l'offensive, mais je m'attendais à vos objections. Quand on discute socialisme, c'est toujours à cette fameuse question de la liberté qu'on se heurte. Je vais donc m'efforcer de dissiper le mieux que je pourrai vos appréhensions.

Mais, tout d'abord, dites-moi, avez-vous jamais réfléchi à ceci? L'art, sans doute, est une chose d'un prix inestimable, et qui fait l'ornement presque indispensable de la vie. Si l'on songe cependant que toutes ces glorieuses manifestations esthétiques s'achètent, en définitive, avec la misère de toute une classe, si l'on réfléchit qu'il y a un *parasitisme littéraire* plus insatiable peut-être que tous les autres parasitismes, et pour l'entretien duquel les producteurs doivent allonger encore leur journée de travail, déjà si longue et si dure, je ne sais, mais si fervent que je sois de toute œuvre belle, je m'interroge douloureusement sur la légitimité de mes joies artistiques. Bien souvent, au milieu d'un concert, écoutant avec ivresse une symphonie de Beethoven, une tristesse immense, soudain, m'envahissait : voyant la foule des snobs, qui, par genre et par bon ton, se trouvaient là, baillant leur ennui, et pensant à tous ceux, qui, par un surcroît de travail quotidien, maigrement rémunéré, permettaient tout ce luxe, sans seulement le soupçonner, bien loin d'en jouir, j'avais le sentiment, aigu comme un remords, du mensonge énorme de notre prétendue civilisation. Ce qui m'a toujours gâté la civilisation grecque, c'est de savoir qu'à sa base, il y avait cette laideur et cette iniquité : l'esclavage. L'art est, en somme, une forme de luxe, une forme supérieure, je le veux bien, mais une forme de luxe ; et le luxe à mon avis ne sera pleinement beau et lègitime que lorsque tous les hommes auront le nécessaire.

L'art, en tous cas, dans notre société capitaliste, a revêtu, comme la production en général, bien des formes factices, ne répondant qu'à des besoins factices. Dans la production, à côté des besoins sociaux réels et profonds, qui devraient être satisfaits, on voit se développer des besoins artificiels, pour la satisfaction desquels un travail meurtrier est exigé, où s'exténuent des générations entières. De même, il y a bien des formes d'art dont la valeur et la légitimité sont plus que relatives et plus que douteuses : qu'on lise plutôt le vigoureux pamphlet de Tolstoï, où, sauf quelques exagérations, bien des traits portent à vif ! Et l'artiste, bien souvent aussi, a pris toute l'arrogance du capitaliste : il semble qu'à son travail *idéal*, *intemporel* et *immatériel*, aucune rémunération ne soit équivalente, et, de même que le capitaliste trouve tout naturel de s'adjuger la part léonine dans la production, laquelle, sans son génie transcendant, cela va sans dire, ne marcherait pas, de même l'artiste ne se fait aucun scrupule de prélever sur le travail d'autrui une part qu'il juge encore inférieure à son génie extraordinaire. Parlez aux capitalistes de socialisme : ils nous diront que non seulement vous méconnaissez grossièrement leur génie, mais que vous attentez à la sacro-sainte liberté du travail, que dis-je ! à la richesse nationale. Jamais ils ne pourront se mettre en l'esprit que l'idéal pour un pays n'est pas de produire beaucoup et n'importe quoi, mais de produire en vue des besoins sociaux réels et profonds : non, s'en prendre à eux, c'est s'en prendre à la « liberté » ! La répugnance de beaucoup d'artistes pour le socialisme a des causes analogues, je crois : n'eussent-ils fait que quelques sonnets ou quelques pièces d'un vague symbolisme, ils se croient un génie tellement transcendant que tout leur est incommensurable. Leur parasitisme ne leur fait point scrupule : ils trouvent tout naturel qu'il y ait, comme disait Renan, un immense *caput mortuum*, si l'unique fleur, exquise et grêle, d'un sonnet, en peut jaillir ! Et ils proclament sans vergogne leur fameuse théorie de l'art par l'art. Vendre pour vendre, dit le capitaliste : qu'importe que le produit coûte la santé à des milliers d'hommes, producteurs ou consommateurs ! Ecrire pour écrire, proclame l'homme de lettres : qu'importe que je sois seul à comprendre ou que mes écrits soient malsains ! Tous deux planent bien haut au dessus du commun des mortels, qui, péniblement, s'usent pour eux dans un travail « inférieur ». Et l'on s'explique dès lors que tant d'écrivains soient ou des aristocrates, ou des anarchistes, car, par le système aristocratique, on participe à la plus-value des classes dirigeantes, dont on divinise la domination ; et, pour l'anarchie, qu'est-ce autre chose que l'individualisme bourgeois exaspéré ? Mais peu ont des tendances socialistes, comme s'ils sentaient d'instinct que le prolétariat, aux frais de qui vit toute la *société officielle et soi-disant supérieure* d'aujourd'hui, est peu disposé à perpétuer n'importe quelle forme de parasitisme, fût-il le plus esthétique du monde.

Le socialisme, au point de vue moral, est une doctrine sévère et haute : il ne reconnaît au talent ou au génie d'autres droits que celui de servir mieux l'humanité. Pour lui, la vieille opposition du travail manuel et du travail intellectuel est factice : comme il veut fonder l'unité humaine, il veut réaliser leur coopération féconde. Plus de *société supérieure* planant au dessus de la *société inférieure*, — spécialisée soi-disant dans le noble travail intellectuel, tandis que la foule, par son vil travail manuel, entretient l'élite ! Mais une seule société, mais seulement des hommes, mêlés intimement les uns aux autres, tous producteurs et travaillant à la fois des mains et de l'esprit. C'est pourquoi, à ta question : quelle sera la condition faite aux artistes, je réponds ceci. Il y a deux manières de résoudre le problème : ou bien ils participeront, à côté et au même titre que les autres hommes, au travail économique de la cité ; ou bien, ils seront ce que j'appellerai les « pensionnaires de la Cité ». Cette seconde solution pourrait encore favoriser le parasitisme littéraire, et sans doute, la Cité n'accorderait de pension qu'à ceux des poètes, artistes, musiciens, qui, par des œuvres hors pair, auraient bien mérité d'elle, en sorte que, mêlant les deux solutions, elle n'affranchirait du labeur économique que les artistes ayant déjà fait leurs preuves. Et serait-ce là une condition défavorable pour eux ? Il y a bien des travaux, qui, absorbant peu la pensée, permettent un travail intellectuel : n'est-ce pas Renan, qui, dans l'*Avenir de la Science*, déclare qu'il préférerait au professorat un travail manuel, comme laissant l'esprit plus libre, pourvu toutefois qu'il fût facile, mécanique et de courte durée ? Or, précisément, en régime socialiste, ces conditions de travail seront réalisées. Laissant un loisir considérable, ces métiers manuels seraient plutôt une récréation, un délassement, un exercice d'hygiène qu'une besogne proprement dite. Et cette union du travail manuel et du travail intellectuel ne pourrait avoir que d'excellents résultats : poètes, artistes, hommes de lettres y gagneraient un vigoureux équilibre physique et moral, qui les préserverait des raffinements morbides, où leur existence toute intellectuelle les fait tomber; le libre travail en commun parmi les autres hommes leur donnerait un sens profondément humain du réel, alors que la solitude du cabinet ne les induit que trop fréquemment en des conceptions fausses et sans vie. L'art deviendrait ainsi un harmonieux mélange de réalisme et d'idéalisme : l'artiste, de la réalité commune et sentie par tous, s'élèverait à l'idéal et donnerait à cette réalité familière le sens supérieur et profond qu'elle comporte et par qui elle serait transfigurée.

C'est une première façon de concevoir la vie de l'artiste dans la cité future. J'ai dit qu'elle pouvait se concilier avec une autre : la cité déclarerait *ses pensionnaires* les meilleurs poètes, les meilleurs peintres, les meilleurs musiciens, les meilleurs architectes. Ah, nous y voilà, vous écriez-vous, les artistes pensionnaires de l'Etat! l'art fonction publique! l'art officiel, quoi! — Oui, nous y voilà, mais entendons-nous. Nous avons vu jusqu'ici, qu'en fait, les artistes ont dépendu des classes dominantes, noblesse, d'abord, puis bourgeoisie. Et quoi qu'on pense de cette subordination, nous avons analysé les caractères généraux imprimés par elle jusqu'ici à l'art; au surplus, l'on connaît assez l'amertume de La Bruyère, pour ne citer qu'un exemple, qui en dit assez : et il est certain qu'être accepté dans « le domestique » d'un grand, au même titre à peu près qu'un laquais ou qu'un bouffon, était assez humiliant pour une conscience fière d'écrivain ou d'artiste. Et nous, maintenant, nous disons : l'artiste ne dépendra plus de personne, il ne dépendra que de la cité ! Et vous protestez ! Mais pourquoi s'effrayer de cette perspective, et qu'est-ce à dire ? Discernez bien, je vous prie, le sens de l'évolution historique ; on dit toujours : cette évolution tend à l'affirmation de plus en plus nette de l'individu, et c'est vrai. En passant de la domination de la noblesse à celle de la bourgeoisie, il y eut déjà une sorte d'élargissement du cercle de dépendance où se trouvait l'individu vis-à-vis des puissances extérieures et sociales, et, en fait, l'art avec la bourgeoisie se fit plus libre, plus révolutionnaire, plus individualiste. Eh bien, en passant de la domination de la bourgeoisie à celle, j'allais dire du prolétariat, mais non, de l'humanité elle-même, dans son indivisible unité, — car, ne l'oublions pas, le prolétariat ne fera pas *une révolution de classe*, mais *une révolution humaine* — le cercle de dépendance va tellement s'élargir que l'individu ne sentira plus sa pression et sera enfin réellement libre. Et dépendre de la cité, au fond, cela reviendra à ne dépendre que de soi ! C'est là le sens et l'esprit même de la démocratie, où chaque citoyen est à la fois roi et sujet, et où, de plus en plus, les droits des minorités et des individus sont garantis contre les despotismes démagogiques. C'est là le sens et l'esprit même du socialisme au point de vue économique, du socialisme qui, en affranchissant l'ouvrier de la dépendance patronale, pour installer la « République à l'atelier », assure l'indépendance économique de tous !

Tu réclamais, mon cher Dortal, la liberté absolue pour l'artiste, et tu avais bien raison : il ne faut pas qu'aucune puissance extérieure et sociale pèse sur la conscience de l'artiste ; il ne faut pas non plus qu'intérieurement il soit esclave d'aucune préoccupation utilitaire, scientifique ou moralisatrice. La liberté est la condition essentielle de l'art, du grand art. On ne saurait mieux dire. Mais dans quelles *circonstances sociales* cette liberté se réalisera-t-elle le mieux et le plus complètement ? Voilà le problème : Je soutiens, moi, que le socialisme réalisera précisément les circonstances sociales les meilleures pour la liberté de l'art ! Vous faites, mes amis, un éloge singulier de la concurrence capitaliste, et j'avoue que, dans votre bouche de poètes, cela me choque étrangement. Comment, la concurrence serait bonne pour l'artiste ? Mais tout d'abord, s'il y a une émotion qui requiert pour éclore une liberté pleine et entière, c'est l'émotion esthétique : Kant y voyait la forme supérieure du jeu, ce qu'il appelait dans son langage un peu barbare : la forme de la finalité sans fin ; et elle n'a pas d'ennemis, si j'ose dire, plus grands que le besoin physique ou l'intérêt : car là où domine le besoin ou l'intérêt, elle ne saurait absolument pas se développer. Or, qu'est-ce que la concurrence, sinon la lutte effrénée des besoins et des intérêts, par où s'exaspère le prosaïque utilitarisme, et qui rend l'homme incapable de *jouer*, de *rêver*, c'est-à-dire d'avoir des émotions esthétiques? L'art n'a pas, à mon avis, de plus fâcheux obstacle que la concurrence : la concurrence mine et corrompt la conscience de l'artiste, elle fait de lui un charlatan, elle le soumet, dans son œuvre, à d'autres préoccupations que celles de l'œuvre elle-même; elle l'amène à de honteux calculs, à de méprisables marchandages, à d'étranges capitulations intimes, en un mot, elle attaque à sa racine cette liberté intérieure de l'artiste, que vous-mêmes réclamez comme une condition essentielle du grand art.

En outre, c'est bien vite dit que la concurrence, c'est en somme la justice, la sélection féconde et équitable. Méfions-nous de tout darwinisme social! Les vrais artistes, dites-vous, finissent toujours bien par « percer ». Oh, le vieux, le bon vieux sophisme! Comme le dit mon ami Peguy, il était déjà ancien du temps des anciens, c'est le sophisme des ex-voto! On sait les quelques génies qui ont « percé » et encore à quelles conditions, souvent, et grâce aux plus mauvais côtés de leur œuvre; mais on ne connaît pas tous ceux qui ont « avorté », du fait même de cette lutte pour la vie soi-disant si féconde. Les artistes, dites-vous aussi, sont, au fond, souvent, de grands enfants paresseux qui pourraient, au lieu de créer, se laisser aller à la facilité du rêve, s'ils ne sentaient pas l'aiguillon de la nécessité matérielle. Oh, c'est ici que je dirai : les « vrais » artistes ne sont pas « ces grands enfants paresseux » ; rappelez-vous l'*Insomnie* de Hugo, et qu'ai-je besoin, d'ailleurs, d'une autorité aussi formidable ? vous connaissez sûrement tous les deux la tyrannie impérieuse de l'Idée ! Non, non : s'il est des âmes impropres au contraire à la lutte pour la vie, ce sont bien les âmes d'artistes, incapables, par essence, de se plier à certaines nécessités, imprévoyantes, désintéressées, affolées même devantla plus petite difficulté pratique. Et cela se comprend : l'art, c'est du rêve, du jeu ; l'artiste habite encore une fois un monde en partie imaginaire, à côté et au dessus du monde réel, et son âme, le plan de sa conscience, comme dirait M. Bergson, repose à peine sur le plan du réel !

Non : les mauvais effets de la concurrence sur l'art ne sont que trop certains et ses bons effets que trop problématiques. Si le génie « perce » toujours, c'est alors que misère ou richesse sont pour son éclosion des conditions indifférentes, et l'argument tombe : on ne voit pas que la misère enfante les génies, mais par contre, on voit trop comment elle les diminue et parfois les adultère dans leur essence intime et leur pureté originelle. Il y a des œuvres ou des parties d'œuvre qu'on voudrait bien retrancher de certains écrivains, parce qu'elles trahissent des soucis trop extérieurs à la beauté elle-même et une soumission trop déférente à certains goûts du public. Et si la condition idéale pour un artiste, c'est d'être absolument indépendant, affranchi de tout esclavage extérieur comme de toute servitude intime, de manière à n'avoir, dans son œuvre, d'autre inquiétude que l'inquiétude fervente de la beauté librement conçue et librement réalisée, on peut affirmer que cette condition idéale est absolument incompatible avec la concurrence : la concurrence implique nécessairement l'arrivisme, le charlatanisme, la basse flatterie démagogique ; et l'artiste, n'ayant d'autres moyens de se « pousser » que d'être bien vu soit des salons et des académies, soit de la foule, se fait le courtisan de ces deux publics également avilissants. C'est alors sur l'art le règne étouffant et dégradant du goût mondain et académique et du goût populaire dans le plus mauvais sens du mot.

Mais dites-vous, en régime socialiste, ce serait encore pis : l'artiste, obligé de faire « œuvre sociale », chargé de pénétrer les foules des vérités scientifiques et morales, serait encore bien plus l'esclave du goût populaire, et chose plus grave, le souci moralisateur et utilitaire tarirait l'art à sa source même. Et, en effet, vous avez raison ; de l'art utilitaire et prêcheur n'est plus de l'art, c'est la vérité même, l'indéniable vérité : en ce sens, la théorie de *l'art pour l'art*, est on ne peut plus juste et fondée. Mais les socialistes l'ont-ils jamais contestée? et le socialisme, dans son essence, n'a-t-il pas pour but de rendre toutes les manifestations de la vie spirituelle absolument libres, l'art comme la science, comme la religion, comme la philosophie, en supprimant l'antagonisme des classes par la socialisation de l'économie? Dans cette question de la liberté de l'art, il faut examiner deux choses : comment le public agit sur l'artiste, et *de quelle qualité* est cette action ; car après tout, puisque l'artiste extériorise son idéal, il est soumis forcément au jugement du public, il ne peut pas ne pas en tenir compte; et si le public est délicat, intelligent, cultivé, il y a même une sorte de collaboration du public à l'œuvre d'art. Cette première face du problème est très importante : de la qualité du public dépend la qualité de l'art. Il faut examiner en outre ce qu'on pourrait appeler la *formation intime* de l'artiste, comment il conçoit l'art et dans quelles relations il l'envisage avec le reste de la vie sociale. Cette seconde face du problème soulève spécialement la question de *l'art pour l'art*.

Or, pour ce qui est du public, nous avons déjà vu quel il était et comment il se répartissait dans la société actuelle. Mais en somme, ce qu'on pourrait dire encore de plus exact, c'est qu'en réalité *il n'y a pas de public* pour les artistes et qu'il en est de l'art comme des autres manifestations spirituelles de la société humaine. Que l'on examine en effet la part faite à la vie de l'esprit, du cœur, sous ses formes diverses, science, philosophie, religion, art, amour, relations et devoirs sociaux, elle est, pour presque tous les individus, étant donné l'écrasant labeur économique à fournir, *réduite au minimum*. Aussi la vie spirituelle, la vie sociale, la vie sentimentale et esthétique revêt-elle, en général, des formes chétives, pauvres, arides. Combien de têtes baignent dans la sphère spirituelle supérieure où l'humanité, par ses penseurs, ses savants, ses artistes, est arrivée ! Combien ont part au *capital psychique* accumulé au cours des âges ! La majorité, encore aujourd'hui, en plein régime démocratique, ne pense, ne sent, n'agit que *par procuration*. Le journaliste pense pour tous ses lecteurs, le député légifère pour tous ses électeurs, le critique d'art sent pour le public, l'État agit pour tous, le prêtre croit pour les fidèles. La vie sociale n'existe aujourd'hui que *par des médiateurs* : académie, église ou État, et l'autorité des académies, des églises et de l'État repose sur l'ignorance des masses. Elle est abusive et liberticide : quoi d'étonnant ? C'est la faiblesse des gouvernés qui fait la force des gouvernants, leur force, et aussi, leur qualité inférieure, l'abaissement de leur niveau moral et intellectuel, leur dégradation intime. Car on a beau mépriser la foule : c'est encore elle, en définitive, qui a le dernier mot et impose à l'élite sa tonalité.

Si l'on imagine, au contraire, un état social, où chaque individu puisse, par delà la vie économique, vivre une vie sentimentale, intellectuelle et morale plus riche, l'autorité des académies, des églises et des États s'écroule : la vie sociale se réalise dans sa plénitude et son autonomie, sans médiations : « La séparation, dit Marx dans *La question juive*, de l'homme de la religion et de l'Etat, dans lesquels il s'était divisé lui-même d'avec lui-même, c'est *l'immédiate socialisation* de l'homme avec l'homme, c'est la pleine et entière émancipation humaine. » Aussi est-ce une erreur énorme que de voir dans le capitalisme un régime de liberté et dans le socialisme un régime de servitude. En capitalisme, les activités économiques sont libres, mais l'esprit est asservi. Car, non seulement, dans la vie de chaque individu, le labeur économique écrase l'activité spirituelle, mais dans la vie de la société, considérée dans son ensemble, l'État et l'Église, *transcendants* et *supérieurs* à la société elle-même, instruments de domination sociale entre les mains d'une classe, monopolisent et accaparent toute la vie morale et politique. Et c'est dans un tel régime que l'on peut parler de philosophie officielle, de morale officielle, d'art officiel. En socialisme au contraire, précisément parce que l'économie est socialisée et qu'il n'y a plus de classes, l'État et l'Église se résorbent en la société elle-même, et loin que l'État absorbe en lui, comme en un gouffre dévorant, toutes les activités, c'est lui qui s'évanouit en la société, pour ne plus laisser debout que des activités libres. En socialisme, en effet, les activités économiques seront réglées et coordonnées, mais l'esprit sera libre. Car, non seulement, dans la vie de chaque individu, les besoins matériels, relégués au second plan, n'empêcheront plus le libre épancuissement de la spiritualité, mais dans la vie de la cité tout entière, l'État et l'Église, étant résorbés en la société elle-même, l'Esprit, c'est-à-dire la science, l'art, la religion, ce que Hegel appelait l'Esprit absolu, se réalisera avec une entière liberté. Et il n'y aura par conséquent à craindre ni science officielle, ni religion officielle, ni art officiel.

Et puis, remarquez bien ceci : vous avez souvent reproché au socialisme *de n'être qu'économique* et de ne sembler s'occuper que « du ventre ». Or, et vous trouverez peut-être mon obsertion paradoxale, c'est précisément parce que le socialisme vise avant tout à une refonte économique de la société et qu'il n'a en matière idéologique aucune doctrine spéciale, c'est précisément pour cette raison qu'il assurera la pleine liberté spirituelle (1). Ce qui est dangereux, dans un État, pour la liberté, c'est *le dogmatisme religieux* ou *scientifique*. La démocratie athénienne a fait boire de la ciguë à Socrate, parce que l'État antique reposait sur l'absolutisme religieux. Voyez aussi ce qui s'est passé à Genève, avec le gouvernement de Calvin. Platon lui-même, ce dogmatique, proscrit les poètes de sa République. Voyez encore les Jacobins, ces absolutistes en politique, ces déistes à la Rousseau, qui voulaient imposer le culte de l'Être suprême et de la déesse Raison. Mais, comme je le disais déjà l'autre jour, la démocratie, par essence, est incompatible avec *tout dogmatisme*. Elle est nécessairement *relativiste*, puisque pour elle *la vérité sociale* est décidée par la majorité changeante : mieux que cela encore, en matière spirituelle, elle se déclare *incompétente* et laisse à chaque individu le soin de se faire ses convictions métaphysiques. Dans l'enseignement, déjà aujourd'hui, l'État professe une parfaite neutralité et laisse pleine liberté à toutes les doctrines. Cette neutralité, il est vrai, est plus apparente que réelle : réelle pour ce qui est de la religion, et encore ! — elle n'est plus qu'apparente pour tout ce qui touche aux questions sociales et politiques. Mais à quoi tient cette hypocrisie ? pour-

(1) Voir les observations si pénétrantes de M. Sorel dans l'*Ère nouvelle*, septembre 1894, *Fin du Paganisme*.

quoi l'État moderne impose-t-il, encore en certaines matières, une doctrine officielle ? Vous savez bien pourquoi : c'est que l'État est encore la chose d'une classe, c'est que *la volonté nationale* n'est encore que *la volonté d'une classe*, la classe bourgeoise, et que cette classe, nécessairement, pour perpétuer son hégémonie, doit faire enseigner certaines doctrines, et maintenir le peuple dans le respect de certaines idées. La bourgeoisie détermine ainsi, dans la vie sociale moderne, étant en possession de l'enseignement et de la presse, la qualité et la tonalité de la vie intellectuelle ; elle crée l'atmosphère spirituelle que les classes inférieures doivent respirer, et sur les hauteurs de la cité où elle est assise, elle s'enveloppe, comme les dieux de l'Olympe, d'un nuage mystique et doré qui voile aux yeux du peuple son intime réalité et la fait paraître divine. Mais le peuple commence à se rassembler au fond de la vallée, et gronde : le nuage, par endroits, s'est laissé trouer ; les faux dieux apparaissent dans leur laideur. Et bientôt, d'un coup de son épaule de Titan, le peuple les fera rouler au bas de la montagne. Tous les hommes, enfin libres et égaux, se réuniront alors dans la plaine : plus de classes ; des hommes n'auront plus pouvoir sur d'autres hommes ; la conscience sera pleinement affranchie ! Car, avec la chute des classes, s'évanouira tout dogmatisme, tout absolutisme : ce sera la pleine liberté d'examen, l'entière liberté spirituelle; l'organisation sociale n'enserrera plus que la vie économique, laquelle exigera toujours naturellement *une discipline*, et sera toujours quelque peu, comme l'appelait Marx, « le dur royaume de la nécessité », mais la vie spirituelle sera complètement dégagée de toute pression extérieure et sociale !

Avec le socialisme, ce sera donc tout ensemble et l'affranchissement du public et l'affranchissement de l'artiste. L'artiste ne sera plus qu'un homme libre parmi des hommes libres, et librement, il leur proposera les libres conceptions de sa fantaisie. Il n'y aura plus l'esclavage de l'artiste vis-à-vis du public, cet esclavage de commerçant proposant sa marchandise au client et flattant ses passions; il n'y aura plus l'esclavage du public vis-à-vis des artistes patentés par une académie, cet esclavage de clients obligés de prendre ce qu'il y a sur le marché, mais il y aura libre communication d'âmes et de sentiments. *Et ce sera vraiment l'art pour l'art.*

Mais ici il faut bien s'entendre. Ce qu'on appelle ordinairement *l'art pour l'art*, n'est qu'une théorie en somme assez grossière. Et l'école qui s'est le plus réclamée de cette théorie n'a donné que des œuvres en définitive bien pauvres. Car, si cette formule signifie que l'art doit s'isoler, se suffire à lui-même et se nourrir de sa propre substance, c'est la conception la plus fausse, à mon avis, et la plus mortelle pour l'art qui se puisse imaginer. La beauté, en somme, n'est qu'une forme; la beauté, c'est une âme qui s'ajoute à la réalité ; et toute réalité, en passant par une âme, peut devenir belle. Mais, à une forme, il faut un contenu, une matière; à une âme, il faut un organisme, un corps; sinon, cette forme et cette âme ne sont que des cadres vides. Prétendre alors que l'art doit s'isoler et se suffire à lui-même, c'est prétendre qu'une forme peut se passer de matière et une âme d'organisme, c'est réduire l'art à l'anémie, à la stérilité, à la mort. Et ce qui frappe, en effet, dans la poésie parnassienne, dans la poésie symboliste, dans la poésie contemporaine en général, c'est la pauvreté de son contenu, l'absence en somme de grandes aspirations, l'étroitesse de l'idéal de vie confinée en la recherche soi-disant délicate de sensations subtiles et raffinées. On dirait de gens occupés à compter des perles menues dans une chambre obscure; pas de souffle, pas de mouvement, rien de grande allure, d'inspiration large, profondément humaine ; l'amour lui-même s'y réduit à la pure sensation, s'accroche à des détails de toilette et de boudoir! Là est nécessairement conduit le poète qui s'isole de la grande vie sociale et dédaigne son temps sans même essayer d'en comprendre la beauté intime. Oui, il fut de mode un temps, sous l'influence de Taine et de

Renan, de mépriser la Révolution française et tout le mouvement social qui en est sorti : parler des droits de l'homme était du dernier poncif, et classait un esprit. On se réfugiait dans le passé, on était helléniste, bouddhiste, néo-chrétien, naturellement du bout des lèvres. Le passé est passé, la vie ne saurait plus émaner de lui, et comme la poésie, c'est de la vie avant tout, il ne pouvait sortir de tout cela qu'une poésie d'avance stérile et froide. On ne s'isole pas impunément du présent ; on ne quitte pas impunément le courant du fleuve impétueux de la vie, pour s'asseoir sur la rive et regarder au loin vers la source : l'âme bientôt se dessèche et sent tarir toutes ses fontaines ; elle s'accroche en vain dans le vide agrandi à des idées mortes ; elle ne trouve que des branches qui cassent au moindre effort, avec un bruit sec et sinistre, comme celles d'un vieil arbre atteint par l'hiver ; le ciel est morne, bas ; toutes choses échappent à l'étreinte et fuient en une brume indécise, comme des ombres.

Que le poète, au contraire, loin de s'isoler, se mêle à son temps, s'y plonge, s'en imprègne par tous les pores ; que loin de le dédaigner, il l'interroge avec une sympathie ardente et se fasse l'écho de ses douleurs, de ses joies et de ses espérances ; qu'il laisse s'accomplir en son cœur, par une mystérieuse et féconde endosmose, la pénétration de la sève sociale, de toute la sève humaine ; que, par toutes ses racines et radicelles, il fouille et creuse le sol humain, pour en exprimer le suc et projeter vers le ciel, chêne robuste, des feuillages éternels ; que, largement ouvert à tous les souffles, son esprit accueille toutes les idées, toutes les aspirations, tous les cris de l'énorme foule humaine en travail d'équité et de beauté ; et surtout, qu'au lieu de s'amuser à peser des sensations menues parmi le vide des idées, il transforme son âme en un foyer ardent, joyeux, viril,

> ...qui brûle et qui parfume
> Ce qu'on jette pour la ternir ;

que, loin de dédaigner la justice, il en fasse comme l'axe d'airain de sa vie et comme la corde d'or de sa lyre ! Ah, non, il ne faut pas que la cause de la beauté lui soit plus chère que celle de la justice ! Car, en dehors d'un mâle amour du juste, il n'y a que corruption, lâchetés, plaisirs faciles, sensations fugaces ; que cette barre se casse, et voilà le vaisseau qui fait eau de toutes parts, et roule à la dérive, lamentable ; le mât est rompu, et traîne sur le pont, avili, honteux ; et, par les brèches ouvertes, les grosses eaux sales du fleuve se précipitent et font la bacchanale autour de la grande lyre dont la corde d'or s'est brisée. La justice, le devoir, la dignité et la fierté morales, voilà les rocs de l'âme. Tous les grands poètes n'ont-ils pas été de grands justes ?

Depuis Eschyle qui dresse son *Promethée* à la face de Jupiter, jusqu'à Victor Hugo qui flagelle dans ses *Châtiments* le crime du Deux-Décembre, en passant par le grand Florentin, tous furent des âmes hautes et fières, amoureuses, jusqu'au sacrifice, du vrai et du juste, frémissantes à toutes les voix de leur temps, et puisant dans les joies et les douleurs de leur cité, la sève de poésie ardente. Il a fallu la fin du monde antique et la dissolution sociale de notre époque, pour voir fleurir les fleurs mièvres de l'alexandrinisme et du symbolisme, où l'art n'est plus qu'une technique savante, la beauté qu'une forme vide !

L'art pour l'art, oui, c'est légitime et c'est vrai, si l'on veut dire seulement que l'artiste ne doit viser que la beauté et rien que la beauté ; mais si l'on veut dire que l'artiste doit se mutiler lui-même et mutiler avec lui la beauté, si l'on veut dire que l'art doit se détacher de toute réalité et planer, dentelle fragile et legère, au dessus de la vie, si l'on veut dire qu'il doit renoncer à étreindre l'univers de ses bras robustes, pour tisser dans un coin, avec des doigts grêles et pâles, une broderie minuscule, non, non, mille fois non ! Il faut au contraire que l'âme de l'artiste, aussi vaste que le monde, jette en son rouge creuset l'univers entier et le ramène, aux yeux éblouis des hommes, splendide et transfiguré ; il faut que, de la forge ardente des poètes, toute la matière informe et brute de la vie sorte vierge comme le soc d'une charrue miroitant au soleil après les profonds labours, belle comme le bouclier d'Achille, racontant la gloire des aïeux et les luttes généreuses pour l'idéal ! Ah, quand le socialisme aura fondé l'harmonie de la cité, quand les hommes, réconciliés entre eux, pourront, dans l'Univers social apaisé, se répondre les uns aux autres autrement que par des cris de discorde et de haine, et s'aborder les uns les autres autrement que par des yeux de méfiance et de calcul, le poète sera parmi eux comme l'âme de leurs âmes, la voix de leurs voix, le rêve de leur rêves ! Et il n'aura pas besoin qu'on lui dise : enseigne nous ceci, démontre nous cela ; mais, librement, il leur proposera ses visions, et ces visions, écloses des profondeurs de son âme fervente et juste, seront d'elles-mêmes une leçon de vérité et de noblesse érigeant tous les cœurs vers l'idéal !

Le soleil, maintenant, était au bas de l'horizon, et la lumière du couchant venait mourir sur les genêts, s'allongeant et s'attardant entre les bouleaux pâles. Le bois, recueilli, frémissait sourdement, sentant la nuit venir, à pas de mystère. Les trois amis se levèrent, et reprirent, silencieux, leur marche ; Darville, soudain, s'était tu et semblait continuer en lui-même son rêve ; et, soit que son émotion eût gagné Dortal et Ferron, soit que la majesté troublante de l'heure crépusculaire leur imposât silence, ils ne répliquaient plus rien. Ils allèrent ainsi une heure durant, tout à leurs pensées. Soudain, devant eux, largement, Paris s'alluma, piquant l'horizon de ses mille feux rouges.

— Ah, dit Dortal, voici de nouveau l'enfer social ! O bois de bouleaux exquis et divin, quand reverrons-nous ta fraîcheur et ta pureté ?

— Non, dit Darville, voici la forge ardente où le peuple, ce grand forgeron, martèle pour demain la figure de la Justice et de la Paix.

IV

LA FEMME

Depuis quelque temps déjà, on ne voyait plus Darville. Il manquait aux réunions coutumières Et ses amis s'étonnaient, se demandant si ce n'était pas là une indifférence naissante. Un soir enfin, il reparut, et, pressé de questions, il convint tout simplement, qu'il venait de se fiancer.

DORTAL

S'il en est ainsi, plus de reproches, cher ami, et toutes nos félicitations ! Mais pourquoi faire ainsi le mystérieux et le discret? Nous croyions, nous, à de l'indifférence, ou peut-être, disions-nous, le socialisme et les réunions publiques l'accaparent-ils de plus en plus et nous commencions sérieusement, à lui en vouloir, à ce maudit socialisme ! Heureux homme, il se fiançait, et n'en disait rien ; il se serait marié, et il n'en aurait pas soufflé mot ! Mais j'y pense : tu vas donc ouvrir ton âme à des soucis moins austères que ceux de l'avenir de l'humanité ? Gare les infidélités au socialisme ! Car j'espère pour la future madame Darville que tu ne vas pas l'accabler, comme nous, d'interminables tirades métaphysico-sociologiques !

BROSIER

Vous savez, moi, je n'en répondrais pas ! L'ami Darville, avec l'imperturbable logique et le... sens du réel que vous lui connaissez, est parfaitement capable de mêler à l'amour, de la métaphysique, voire de la sociologie !

FERRON

Vous rappelez-vous l'invraisemblable théorie de l'amour qu'un jour il nous a servie ! Toi et Dortal, vous avez hurlé au nom du bon sens et de la nature et j'avais moi-même le sentiment qu'on déraisonnait étrangement.

DARVILLE

Impression, n'est-ce pas, que j'ai dû vous donner souvent ! Que voulez-vous ? On n'est pas socialiste pour rien. Les beaux esprits de l'antiquité, mon cher Ferron, ne trouvaient pas les chrétiens moins *déraisonnables* que vous ne trouvez les socialistes. S'il est précisément une question qui doive nous départager, c'est bien cette question de l'amour et de la femme. Pétrone, le bel esprit païen, ne comprend rien non plus aux transformations que l'amour d'une chrétienne accomplit dans l'âme du héros de *Quo vadis*. Il y a peut-être autant de distance entre l'amour comme nous le concevons, nous, socialistes, et l'idée que l'on s'en fait encore communément aujourd'hui, qu'entre l'amour, tel que le sentait Petrone, et cet étrange amour chrétien que la décadence de la beauté, loin d'affaiblir, fortifie. Le socialisme, à mon sens, est pour la cité moderne un principe de renouveau moral aussi profond que le christianisme a pu l'être pour la cité antique.

DORTAL

Allons, le voilà encore parti ! Même la pensée du mariage ne l'assagit pas ; partout et toujours le socialisme ! Voulez-vous parier qu'il donne dans le féminisme ?

BROSIER

Mais vous savez bien qu'il épouse toutes les chimères ! Or, comme le féminisme est la plus chimérique de toutes, on peut être sûr qu'il en tâte.

DORTAL

C'est égal, de pareilles absurdités passent la mesure. Non, maîs voyez-vous la femme « masculinisée », la femme doctoresse, savante, politicienne, toutes les femmes bas-bleus. Oh ! de grâce, qu'on lui laisse sa fraîcheur et sa spontanéité, ce charme indéfinissable des êtres de pur sentiment ; qu'on ne commette pas ce sacrilège d'attenter à la beauté féminine ! J'aime la souple démarche d'Antigone portant l'amphore sur ses épaules, mais par Hercule, ne m'accablez pas de gros in-octavo poudreux nos Nausicaa aux bras blancs ! Faites-les moi plutôt porter du linge à la fontaine : ce sera plus agréable à voir.

FERRON

Ces idées féministes, je ne les tiens pas seulement pour chimériques et absurdes, mais encore pour très dangereuses. Ce serait la ruine de la famille. Que la femme reste donc au foyer; là est sa place naturelle, légitime, hors de quoi il n'y a pour elle que corruption et déchéance.

DARVILLE

Doucement, mes amis, ne vous emportez pas, et daignez ne pas m'accabler dès l'abord sous le triple et furieux assaut de vos saintes indignations.

Vous protestez tous trois avec un ensemble touchant : d'autres raillent avec plus ou moins d'esprit; je vous aime mieux : avec qui plaisante, c'est peine perdue que de discuter, mais sur qui s'indigne, il y a prise. Chimère, absurdité, monstruosité, voilà donc, selon vous, le féminisme. Ainsi le veulent trois augustes puissances, la Nature, l'Art et la Religion, au nom de qui vous parlez, je crois. La nature! oh, qu'il est facile de s'en faire l'oracle! La Nature a décrété ceci, la Nature a décrété cela, de toute éternité : la nature de la femme, en particulier, comporte ceci, la nature humaine, en général, comporte cela; vous ne changerez pas la Nature, ou, si vous en avez la présomption, c'est sottise ou folie! Il est entendu, par exemple, que la femme est un être dépourvu de logique et de raison, livré tout entier aux suggestions de l'instinct et du sentiment : la Nature le veut ainsi; on ne se demande pas si un être, élevé comme l'est en général la jeune fille, peut parvenir à « l'âge de raison » et si, n'ayant jamais à raisonner, elle peut avoir de la logique. Non ; mais il est convenu que la femme est un être d'instinct, et loin de vouloir par cela même éveiller en elle une force qui ferait équilibre aux puissances obscures de la sensibilité, on l'abandonne tout entière à elle-même : n'est-elle pas, d'ailleurs, plus charmante et plus adorable ainsi ? Et l'Art vient justifier la Nature. Capricieuse et ondoyante, spontanée et irréfléchie, elle est l'*éternel féminin*, le *mystère troublant*, la *force de la nature*, dont son maître, l'homme, s'amuse à chercher l'énigme. Lui, tout chargé de lourde pensée, il aime à laisser chômer, près de cet être d'instinct, ses puissantes facultés intellectuelles ; il aime, lui à qui la bataille sombre des intérêts et des idées fatigue les nerfs et les yeux, il aime, après ses longues marches sur des routes poudreuses, à se rajeunir le regard sur la fraîcheur de cette prairie. La femme, c'est le rayon de soleil, la femme, c'est la Nature elle-même, mystérieuse et toujours jeune, charmant la vie austère et laborieuse de l'homme ! Qu'a-t-elle besoin de raison, de réflexion, de science ? L'ennuyeux et desséchant bagage ! — De même encore, il est entendu que la femme doit être la compagne humble et douce, l'ange de sacrifice et de résignation assis au foyer de son seigneur et maître, trop heureuse encore, si celui-ci daigne user avec elle de quelque patience et de quelque bonté. O les vertus de l'épouse chrétienne! Elle subit tout, accepte tout, saintement résignée. Sans doute, à côté d'elle, la femme moderne, révoltée et fière, plus soucieuse de dignité et de droit, paraît un être monstrueux et insensé!

Mais nous, socialistes, qui estimons la révolte un sentiment sacré et la résignation une lâcheté, nous applaudissons à l'éveil de la femme. Nous voyons en elle, avec l'ouvrier, l'être le plus exploité et le plus asservi, et, faisant fi de toutes les conceptions traditionnalistes par lesquelles, au nom d'une nature soi-disant immuable, on voudrait immobiliser le devenir humain, nous pensons que dans le milieu socialiste la femme pourra, elle aussi, prétendre au plein développement physique, intellectuel et moral. Aujourd'hui poupée de salon ou servante, elle vit un univers enfantin et mièvre; fermée à la grande vie intellectuelle et morale, livrée au catholicisme déprimant, elle est le grand obstacle au progrès humain. Demain, s'évadant du dilemme où Proudhon voulait l'enfermer, elle ne sera ni « courtisane ni ménagère », mais la vraie compagne de l'homme, l'Ève nouvelle par qui le vieil Adam lui-même sera renouvelé!

Les trois amis sourirent : l'enthousiasme de Darville les amusait toujours. Brosier, cependant, reprit :

« Mon cher, je crois que si nous nous immobilisons et substantifions un peu trop la Nature, toi, au contraire, tu la supposes par trop flexible. J'avoue que ta croyance en une influence indéfinie et souveraine du milieu social m'a toujours paru quelque peu enfantine. Je veux bien accorder, dans cette question en particulier du féminisme, que la société est pour quelque chose dans l'infériorité de la femme vis-à-vis de l'homme, mais vraiment tu négliges trop, au profit de l'élément social, l'élément naturel, la part de la nature. Il n'y a pas, je pense, de mécanisme social, si bien agencé, si admirablement distribué, et si souple qu'on le suppose, qui puisse transformer la nature physique de la femme. Tu ne veux voir que *les servitudes sociales :* moi, je vois surtout *les servitudes naturelles* auxquelles la femme a été, est et restera toujours soumise. Ce qui s'oppose à l'égalité de l'homme et de la femme, ce n'est pas tant la société que la nature. La nature me semble avoir assigné à la femme un rôle très spécial, très déterminé, et je poserai à mon tour un dilemme; de deux choses l'une : ou la femme restera vraiment femme, remplira son rôle de femme, et alors elle sera toujours un être plutôt fait pour le foyer, un être plus sentimental qu'intellectuel, ayant plus de charme et de grâce que de force et de raison, — ou elle sera ce que vous me paraissez rêver qu'elle soit : un double ambigu et monstrueux de l'homme. Lancée dans le tourbillon social, ayant reçu la même culture que l'homme, elle perdra ses qualités de femme sans acquérir celles de l'homme : elle ne sera plus une femme, elle ne sera pas un homme ; ce ne sera plus qu'un être hybride et lamentablement dévoyé. Je prévois, il est vrai, votre objection : vous allez me dire que ce n'est pas vous, socialistes, qui êtes responsables de cette *extériorisation* et de cette *socialisation* industrielle de l'activité féminine ; vous direz que c'est le capitalisme qui a tiré la femme hors du foyer, et que le socialisme ne fait en somme que s'adapter à l'évolution économique moderne. Eh bien, soit, oui, le capitalisme est le premier coupable. Mais, puisque vous prétendez l'enterrer un jour, pourquoi ne répudiez-vous pas entièrement son esprit ? Il est vrai que vous vous proclamez aussi les héritiers et les continuateurs de la bourgeoisie ; on ne s'en aperçoit que trop : l'esprit bourgeois vous a intimement corrompus, vous aussi. Le capitalisme, dites-vous, a ébauché l'émancipation de la femme en la faisant participer à la grande vie sociale. Mais c'est précisément une de ses œuvres les plus néfastes : il a créé *l'ouvrière*, c'est-à-dire qu'il a commis contre la race, la beauté et la nature, le plus odieux, le plus monstrueux attentat qui se puisse imaginer. Et vous, socialistes, vous allez respecter cette œuvre, que dis-je, vous allez perpétrer l'attentat! Non, c'est décidément pousser trop loin le respect du fait, comme fait, le respect de l'histoire, comme telle. Voilà bien où le bât vous blesse, voilà le défaut capital de votre doctrine. La nécessité historique, sur laquelle vous vous reposez, exclut ainsi, finalement, tout idéal : vous vous condamnez à n'être plus que les enregistreurs automatiques de l'histoire. D'ailleurs, même en se plaçant à votre point de vue, ne pourrait-on pas en appeler de l'évolution à l'évolution ? Évolution est bientôt dit : mais c'est sujet à controverses. Qui est sûr de discerner le véritable sens du devenir? N'est-ce pas une loi de l'évolution, d'après Spencer, que le passage de l'homogène à l'hétérogène, et n'est-ce pas, en vertu de cette loi, à une différenciation de plus en plus grande des êtres et des choses que doit aboutir la vie universelle, l'histoire universelle ? A bien comprendre donc les lois profondes de l'évolution, ce n'est pas à faire de la femme le double homogène de l'homme que nous devons tendre, mais au contraire à la différencier de plus en plus de nous, à en faire un être de plus en plus « autre », de plus en plus « hétérogène ». Oui, que la femme soit de plus en plus femme, qu'elle se développe et s'approfondisse dans le sens même de sa nature originale, fort bien, voilà le vrai féminisme : mais ne me parlez pas d'égalité des sexes, d'affranchissement économique de la femme ; ce sont là billevesées ridicules ou malsaines ; vous voulez y voir le progrès : j'y vois surtout, moi, un retour désastreux à la confusion primitive des sexes. L'homme, malheureusement, peut travailler contre l'évolution elle-même, et, par une sorte d'*illusionisme* échevelé, en contrarier le cours normal : mais la sagesse consiste à savoir discerner les lois réelles, profondes, de la Nature, et à s'y conformer. L'homme, comme dit Spinoza, n'est pas un empire dans un empire, et, à vouloir se mettre hors de la Nature, on fait à la fois œuvre antinaturelle et antisociale. Je condamne le féminisme, dans la forme du moins où il se présente le plus ordinairement, comme *antinaturel* et comme *antisocial* : J'ai dit.

DARVILLE

Voilà qui est catégorique; si le féminisme se relève d'une condamnation aussi énergique, il a vraiment la vie dure. Mais voyons un peu et discutons : il y a une contradiction curieuse dans ta diatribe : d'un côté, en effet, tu nous accuses, nous socialistes, d'être des utopistes endiablés, des « illusionistes échevelés » comme tu dis, et de l'autre tu vitupères notre respect exagéré pour le

15.

fait, pour l'histoire! Comment concilier ces deux reproches? Tu dis : il y a évolution et évolution, comme il y a fagots et fagots, mais qu'est-ce à dire? C'est, je crois, que par évolution tu entends surtout l'évolution naturelle, organique, biologique et que tu considères l'évolution sociale, l'histoire proprement dite comme un fait accidentel, où l'arbitraire de l'homme peut insérer de colossales bévues. Mais pourquoi l'évolution historique serait-elle plus *arbitraire*, plus *irrationnelle* que l'autre? Est-ce toujours cette vieille idée du libre-arbitre humain qui te travaille? Tu dis toi-même, avec Spinoza : L'homme n'est pas dans la nature comme un empire dans un empire. C'est, si je comprends bien, la négation même du libre-arbitre humain et c'est affirmer que l'homme est soumis à des lois comme la nature elle-même. La question au fond est celle-ci : Si l'évolution humaine, l'histoire humaine est soumise à *des lois* comme la nature, comme l'évolution organique, les lois de l'évolution sociale sont-elles les mêmes que celles de l'évolution naturelle ou y a-t-il opposition, contradiction entre celles-ci et celles-là? On a voulu souvent faire de la sociologie biologique, ou du darwinisme social : on déclarait ainsi que l'évolution sociale est soumise à des lois *naturelles*, au sens strict et restreint du mot, et l'on subordonnait l'homme, la vie sociale, à la nature, à la vie organique. C'était là une erreur grave. Un philosophe, d'autre part, — M. Lalande, — a voulu opposer la *dissolution sociale* à *l'évolution organique*. C'est là aussi, je crois, une erreur. La doctrine de Marx est plus compréhensive. Marx, on le sait, considère deux milieux, ce qu'il appelle le milieu cosmique et le milieu artificiel; pour lui l'histoire, c'est l'homme se détachant et se dégageant lentement de la nature, du milieu cosmique ou naturel, par la construction d'un milieu artificiel ou social. Le milieu artificiel, — la société, le monde de l'homme, — se superpose au milieu naturel et s'édifie à travers les siècles. Mais y a-t-il contradiction ou analogie entre ces deux milieux ? Considérons le cas, où la nature et l'action propre de l'homme se mettent le plus en contact; que se passe-t-il par exemple, quand l'homme crée un mécanisme, une machine? Est-ce à l'imitation de la nature? Non : la forme machinale est quelque chose d'original, de proprement humain, mais où viennent se verser, comme en un moule naturel, les énergies de la matière. Il y a donc, d'une part, *création humaine* et d'autre part, *adaptation à la nature;* l'homme, en créant, en innovant, ne désobéit pas à la matière, il ne lui commande, suivant le principe de Bacon, qu'en lui obéissant. Il n'y a donc pas désaccord, mais harmonie entre la nature et l'homme; s'il y avait contradiction, l'œuvre humaine tomberait bien vite à néant; rejetée par la nature, elle croulerait dans le vide. Mais s'il y a harmonie, il n'y a point identité, l'évolution sociale est *originale*. Est-ce à dire avec M. Lalande que tandis que la loi de l'évolution organique, c'est le passage de l'homogène à l'hétérogène, la loi au contraire du monde social, c'est le passage de l'hétérogène à l'homogène! Sans doute, en un sens, il y a passage de l'hétérogène à l'homogène : les peuples modernes, par exemple, ont évolué de l'hétérogénéité féodale à l'homogénéité nationale. Mais au sein de cette unité la différenciation entre les individus n'est-elle pas plus grande qu'au sein du particularisme féodal? Et sur la base de l'unité nationale moderne des variétés individuelles ne croissent-elles pas plus nombreuses que sur la base de la diversité médiévale? Comme l'a montré M. Bouglé, dans son livre sur *les Idées égalitaires*, à l'origine, les groupes sont hétérogènes, tandis que les individus qu'ils enserrent et englobent se ressemblent beaucoup entre eux; plus tard, au contraire, les groupes se fondent dans une unité plus vaste, mais les individus plus libres au sein d'un organisme social plus large et partant plus souple, se différencient entre eux de plus en plus. Il y a ainsi à la fois passage de l'homogène à l'hétérogène et passage de l'hétérogène à l'homogène. C'est ainsi par exemple encore, que le socialisme, en supprimant les classes, créera une homogénéité sociale plus grande au sein de laquelle se développeront de plus riches variétés individuelles. La nature verse ainsi ses énergies de différenciation dans des moules sociaux de plus en plus homogènes. L'homme ne contrarie pas la nature : il ne fait que lui prêter des mécanismes où elle puisse faire jouer des ressorts de plus en plus complexes. Eh bien, pour en venir à la question précise que nous agitons, n'en sera-t-il pas de même avec l'homogénéité des sexes? Il te semble à toute force que nous voulions, nous féministes, faire de la femme l'égale de l'homme au sens brut et grossier du mot : rien de plus erroné! Le socialisme en fondant l'égalité économique, est si loin de vouloir l'uniformité des âmes et des caractères, qu'il tient précisément l'inégalité économique actuelle pour un obstacle formidable au développement des individualités et le capitalisme pour une puissance de nivellement stupide et brutal; et sur la base de l'égalité des conditions il espère voir s'épanouir des variétés individuelles plus nombreuses et plus riches : de même, sur la base de l'égalité sexuelle, les féministes croient qu'il se développera entre les deux sexes une différenciation plus grande. On dit aussi parfois que nos vœux sont contraires à la loi de division du travail, laquelle implique une spécialisation de plus en plus prononcée des êtres et des fonctions. Mais quand nous voulons l'indépendance économique pour la femme, ce n'est pas à dire que nous pensions lui imposer n'importe quelles fonctions ou quels métiers. Pourquoi ne s'établirait-il pas une division du travail entre les fonctions et les métiers conforme à la nature des sexes ? N'y a-t-il pas tels métiers où, de par leur nature et la tournure particulière de leur esprit, les femmes excelleraient ? C'est la division actuelle du travail, avec l'inégalité des deux sexes qui est barbare et monstrueuse. Encore une fois, la société ne doit pas aller contre la nature ; elle doit créer des moules de plus en plus plastiques où la vie puisse insérer, avec le plus d'efficacité et de fécondité, ses énergies de différenciation.

Ce n'est donc pas à une sorte de *masculinisation* de la femme, à une sorte d'identification brutale et grossière de l'homme et de la femme que tend le féminisme ; c'est au contraire à une exaltation réciproque et originale des deux sexes égalisés, mais non nivelés. Il ne s'agit pas non plus d'aller contre la nature : nous ne sommes pas, Dieu merci, assez chimériques, pour croire en la possibilité de mécanismes sociaux capables de transformer une femme en homme ! Ce que nous prétendons, c'est que l'égalité juridique, politique et sociale des deux sexes est nécessaire, pour que la femme puisse, comme l'homme, atteindre à son plein développemment physique, moral et intellectuel ; et ce que nous affirmons, c'est que la femme n'a pas pu jusqu'ici, précisément, réaliser *toute sa féminité*, parce qu'elle n'a pas joui de cette égalité juridique, politique et sociale, et qu'esclave, légalement et socialement, de l'homme, élevée, non pour elle-même, mais pour le plaisir et le service du mâle, elle est restée inférieure à elle-même. Dire comme toi que la femme est faite pour la vie d'intérieur et que la nature l'a destinée de toute éternité à ce rôle, rien qu'à ce rôle, me semble tout à fait arbitraire. C'est comme si l'on déclarait l'ouvrier destiné *par nature* au métier d'ouvrier, de toute éternité. C'est confondre deux choses tout à fait distinctes, à savoir la fonction elle-même et le cadre juridique et social dans lequel elle s'accomplit. Le bon bourgeois croit avoir réfuté le socialisme quand il a dit d'un ton péremptoire : « Il faudra toujours et il y aura toujours des patrons et des ouvriers », et il demande avec anxiété : « Mais dans la cité collectiviste, qui donc labourera la terre et cuira le pain ? » De même, bien des gens croient confondre à tout jamais le féminisme en posant gravement cette terrifiante question : « Mais qui donc alors soignera les enfants ? » Une idée juste est au fond de ces naïves questions ; c'est qu'il y aura toujours, dans la vie industrielle comme dans la vie sociale en général, une division du travail, mais que cette division du travail revête *la forme capitaliste*, c'est-à-dire que le chef d'industrie soit *capitaliste*, possesseur des instruments de production et les ouvriers, *des salariés*, sans autre propriété que leur force de travail, voilà ce qui n'est point nécessaire, et ce qui est transitoire, historique ;

sans doute aussi, les fonctions domestiques, ménage, élevage et éducation des enfants, auront toujours besoin d'être accomplies; aujourd'hui elles le sont sous la *forme individuelle familiale*, demain elles le seront, en partie au moins, sous la *forme sociale*. Mais croire que, *par nature*, certaines catégories d'êtres sont exclusivement voués à certaines catégories de fonctions, c'est là un vieux préjugé *hiérarchique* qui tient à la vieille division de la société en classes et dont le socialisme est précisément la négation. Car le prolétariat moderne, qui est *le porteur* du socialisme, a des conditions de vie en complète opposition avec toute idée de hiérarchie, comme avec toute idée de propriété privée. L'ouvrière est, en fait, l'égale de l'ouvrier; tous deux travaillent au dehors et s'il y a chômage pour l'homme, c'est la femme qui est *la nourricière* et l'homme *la ménagère*. Et le mariage ouvrier, n'unit pas deux propriétés ou deux fortunes, mais deux personnalités égales : il n'a point de *contenu économique;* il n'est qu'un *rapport affectif*. La même évolution s'accomplit aussi dans une partie de la bourgeoisie où de plus en plus, les conditions de la vie devenant chaque jour plus dures, la femme cherche du travail au dehors. Tu condamnes, toi, cette évolution, parce que tu n'en vois que le mauvais côté, et tu nous reproches de vouloir perpétrer l'attentat commis, dis-tu, par le capitalisme sur la race, la beauté et la nature. Mais c'est mal comprendre notre point de vue; nous voyons aussi bien que quiconque, les maux qu'a engendrés jusqu'ici l'industrialisation de la femme, mais avec le mauvais côté, nous savons voir l'aspect révolutionnaire et fécond des choses. Voici ce que dit Marx (1), par exemple « Si terrible et si dégoûtante, écrit-il, que paraisse dans le milieu actuel la dissolution des anciens liens de la famille, la grande industrie, grâce au rôle décisif qu'elle assigne aux femmes et aux enfants, en dehors du cercle domestique, dans des procès de production socialement organisés, n'en crée pas moins la nouvelle base économique sur laquelle s'élèvera une forme supérieure de la famille et des relations entre les sexes. Il est aussi absurde de considérer comme absolu et définitif le mode germano-chrétien de la famille que ses modes oriental, grec et romain lesquels forment d'ailleurs entre eux une série progressive. Même la composition du travailleur collectif par individus des deux sexes et de tout âge, cette source de corruption et d'esclavage en régime capitaliste, porte en soi les germes d'une nouvelle évolution sociale. Dans l'histoire comme dans la nature, la pourriture est le laboratoire de la vie. »

Tu le vois, la critique socialiste s'efforce avant

(1) *Le Capital*, tome I, ch xv, page 212 de la traduction française.

tout, non de stigmatiser un procès historique, d'un point de vue moral abstrait, mais de le comprendre et par cette compréhension même, de le dépasser. Nous nous considérons bien, en effet, comme les héritiers et les continuateurs du capitalisme, non, comme tu le disais, pour en perpétrer les attentats, mais pour en développer et en dégager les germes heureux et féconds. De même que, techniquement, le capitalisme a réalisé des progrès énormes que le socialisme a pour tâche de conserver précieusement et de pousser plus loin encore, tout en changeant le mode de rétribution des richesses ainsi accrues, de même, si le capitalisme a *socialisé* l'activité féminine, c'est là un progrès en germe, et loin de vouloir réintégrer la femme dans son antique servitude domestique, nous ne nous proposons que de rendre les conditions du travail social féminin plus hygiéniques, moins pénibles, plus conformes à la nature propre de la femme. Le capitalisme, lui, en employant la femme, ne considère qu'une chose, c'est qu'il la paie moins que l'homme : le capitalisme n'a aucun souci moral, le profit est son seul but. Le socialisme, au contraire, aura les plus grandes et les plus vives préoccupations hygiéniques et morales : ce n'est plus *l'économie* en effet, qui en régime socialiste dominera les hommes, mais ce sont *les travailleurs eux-mêmes*, les producteurs, les hommes, qui, avec leurs nécessaires soucis d'hygiène, de bien-être et de moralité se subordonneront l'économie. Nous ne nous élevons aujourd'hui contre le travail des femmes que parce qu'il s'accomplit dans des conditions de durée, de salubrité et de moralité tout à fait déplorables; mais, comme dit Marx, le travail de fabrique lui-même pourrait être rendu pur et sain. D'autre part, comme je le disais tout à l'heure, que de métiers où la femme serait bien mieux employée, et où elle ne l'est pas! Que de fonctions, par contre, elle accomplit aujourd'hui, et où les hommes seraient plutôt requis!

La question de l'indépendance économique de la femme est, à nos yeux, de la première importance. Ce qui effraie, c'est qu'on se représente l'activité économique et sociale sous la forme brutale et âpre que lui a donnée le capitalisme. Lancer la femme dans le tourbillon violent de la lutte vitale semble dès lors monstrueux. Mais le socialisme a précisément pour fin de supprimer la concurrence et de rendre l'activité économique générale plus saine, plus harmonieuse, plus sereine. C'est pourquoi il n'y a point de féministe conséquent qui ne soit socialiste. Il ne suffit pas, en effet, d'*extérioriser* la vie féminine; il faut encore que cette *extériorisation* ne soit pas un esclavage s'ajoutant à un autre esclavage. Aujourd'hui, l'ouvrière, payée misérablement, est réduite la plupart du temps à la prostitution, et l'activité économique et sociale de la femme, en général, loin de lui assurer l'indépendance, ne la livre que davantage au caprice, à l'arbitraire des hommes : c'est l'esclavage et la corruption, dont parle Marx. Au contraire, l'activité économique et sociale de la femme doit fonder son indépendance vis-à-vis de l'homme, afin qu'elle ne soit plus le jouet ou la servante du mâle : mais encore une fois, cela n'est possible que par le socialisme.

Ce qui vicie en effet aujourd'hui le mariage, et, en général, les relations entre les sexes, ce qui rend la situation de la femme dans la société actuelle si précaire et si misérable, c'est le régime de la propriété capitaliste. Ce n'est pas en vain que les partis de l'ordre ont toujours vu dans le socialisme la négation de leur sacro-sainte trilogie : propriété, famille, religion! Oui, le socialisme est la négation de la propriété, mais de la propriété bourgeoise et capitaliste, qui, elle, ne se développe et ne s'épanouit que sur le cadavre de la petite propriété artisane ; oui, le socialisme est la négation de la famille, mais de la famille bourgeoise, avec ses succédanés, l'adultère et la prostitution ; oui, il est la négation de la religion, mais de la religion serve du capital, qui fait de la résignation des pauvres la colonne de résistance de l'ordre bourgeois ! Mais, au fond, il est l'affirmation d'un régime de propriété supérieur, il est *l'individualisation de la propriété*. De même, il est l'individualisation de la religion, qui, avec lui, *de force de compression sociale,* devient une *chose privée*, expression libre des aspirations de chaque conscience. De même enfin, il est l'affirmation d'une forme supérieure de la famille, car au rapprochement de deux fortunes ou de deux propriétés, il substitue la libre et consciente union de deux êtres en pleine possession d'eux-mêmes, et l'on pourrait dire qu'il est *l'individualisation du mariage*. Aujourd'hui, tout est sacrifié à la propriété impersonnelle, énorme et aveugle du capital, sorte de Minotaure, qui dévore les individus et engloutit leurs aspirations les plus nobles vers la beauté et vers la moralité. Il faut que le capital se conserve dans les mêmes mains, de père en fils, sans s'émietter, que dis-je, en s'arrondissant : aussi la jeune fille ou le jeune homme n'ont-ils point à suivre leurs inclinations naturelles; il faut qu'ils fassent un *beau mariage*, et pour ce *beau mariage*, la jeune fille sera livrée au premier *honnête homme* venu, et adieu les rêves virginaux ! et pour ce beau mariage, le jeune homme, qui a bien pu, tout à loisir, *s'amuser* sous l'œil indulgent de sa famille, mais qui ne saurait, sans se faire abominer de tout son entourage bourgeois, songer à épouser la fille qu'il a perdue, abandonnera maîtresse et enfant. Une fois mariés, pour ne pas diviser le capital, on ne se permettra que le luxe d'un rejeton : turpitudes, corruption, bonheur gâché, détraquement, voilà le bilan du ménage. Ce n'est pas tout : il faut que *les appa-*

rences soient sauvegardées, que la filiation légitime soit bien établie, et pour cela, l'adultère de la femme sera une infamie, l'adultère de l'homme une « passade » sans conséquence. Et le mari « légal », sans amour, par pure vanité sociale, se croira déshonoré par la faute de sa femme. Et l'enfant naturel, et la fille-mère seront les délaissés, les hors-la-loi que vous savez, victimes du droit bourgeois inexorable et odieux! Et il y aura toute une classe de malheureuses, réduites par la misère à se prostituer aux « fils à papa », à qui il faut, en attendant le *beau mariage*, que « jeunesse se passe » ! Et tout cela, toutes ces hontes, tout ce détraquement social, l'adultère, la prostitution, la profonde corruption des mœurs et le malthusianisme, et la guerre des sexes, dont parle Dumas fils, et la désorganisation de la famille, — pour que la propriété, intacte et vierge, par dessus toutes les lâchetés et toutes les abdications individuelles, se maintienne et se perpétue dans son impersonnelle et formidable pérennité! On prétend, après cela, que le socialisme veut établir je ne sais quelle grossière et brutale promiscuité des sexes! Mais c'est la société capitaliste qui, sous des dehors de correction légale, cache la plus honteuse corruption sexuelle et les mœurs les plus dissolues. En bas, destruction de la famille ouvrière et prolétariat féminin réduit à la prostitution; en haut, mariage hypocrite, prostitution légalisée où fleurit l'adultère ; partout une corruption profonde des rapports de l'homme et de la femme, instrument de plaisir ou humble servante : voilà l'édifiant spectacle que nous présente la société bourgeoise !

Et que faudrait-il pour que les relations entre l'homme et la femme prissent un caractère plus élevé, plus humain, moins bassement sexuel ? Une seule chose : que jamais la femme ne soit dans la nécessité de se vendre à l'homme ; il faut, en d'autres termes, rendre la femme économiquement indépendante de l'homme. L'affranchissement de la femme est lié à son émancipation économique, comme l'émancipation du prolétariat est liée à la suppression du salariat. On dira peut-être : mais non, ce n'est pas *économiquement* qu'il faut affranchir la femme, c'est *intellectuellement ;* il faut lui donner une autre éducation, ouvrir son esprit aux lumières de la science moderne et lui inculquer un sentiment très profond et très vif de sa dignité personnelle. Je réponds que c'est mettre la charrue avant les bœufs : il ne peut pas y avoir de véritable émancipation intellectuelle, sans une émancipation sociale. C'est la situation économique qui détermine en général le mode d'éducation, et les êtres sont toujours élevés, nécessairement, en vue du rôle social qu'ils auront à remplir. Décider que la femme restera toujours simplement une ménagère, vouée exclusivement à l'activité domestique, c'est décider son esclavage moral et intellectuel pour l'éternité. La femme, aujourd'hui, en général, est considérée à deux points de vue : comme être de plaisir, comme être de confort. Elle est élevée pour faire le bonheur de l'homme à ces deux points de vue : on la dresse, en fait, à séduire le mâle, et comme l'homme ne recherche auprès d'elle le plus souvent que le plaisir physique ou le confortable bourgeois, on ne développe chez elle que les qualités requises à cet effet. Un principe domine tout : c'est que les facultés ne se développent que par l'exercice et la nécessité. On entend dire souvent, et toi-même tu le penses, que la femme est un être dépourvu de capacité logique et qu'elle est presque uniquement guidée par le sentiment. Mais comment en serait-il autrement, étant donné les conditions de vie qui lui sont faites ? Deux milieux nous entourent et conditionnent notre psychologie : le milieu naturel et le milieu social ou artificiel, et plus un être est plongé dans ce second milieu, plus sa pensée revêt un caractère abstrait, logique, intellectuel ; l'humanité, en s'enveloppant par la science et l'industrie, d'un milieu artificiel, se transforme elle-même et s'élève de la nature, c'est-à-dire au fond du sentiment, à la vie sociale, c'est-à-dire à l'intelligence abstraite, à l'entendement. La femme n'est un être de sentiment ou n'a été jusqu'ici plutôt un être de sentiment que parce qu'elle a très peu participé à la création objective du milieu artificiel. Le subjectivisme de la pensée, le sentimentalisme, sont déterminés par la forme plus *naturelle* que *sociale* de la vie : on ne s'élève à l'objectivisme de l'entendement, aux notions abstraites, objectives, impersonnelles de la science, que par une participation active et personnelle au monde social. L'histoire ne nous présente-t-elle pas une évolution féminine remarquable, et depuis la femme orientale, jusqu'à la femme moderne, en passant par la femme grecque et romaine, n'y a-t-il pas une élévation progressive du niveau moral et intellectuel de la femme correspondant à l'élévation même de sa position dans la société ? Quelle différence entre le simple être naturel, la recluse du harem ou du gynécée, aux instincts rudimentaires, à la pensée pour ainsi dire nulle, qu'était la femme orientale ou la femme grecque, et l'être de plus en plus conscient, de plus en plus capable de maîtrise personnelle et de jugement, et se montrant déjà, dans de multiples branches de l'activité humaine, — enseignement, commerce, administration publique, — l'égale ou peu s'en faut de l'homme, qu'est la femme contemporaine ? On dit aussi quelquefois : mais les êtres ont en général la position sociale qu'ils méritent et si la femme n'a pas encore été libérée, c'est qu'elle n'a pas encore mérité jusqu'ici sa libération. Et il y a une part de vérité dans cette affirmation. En un sens, il faut qu'un certain affranchissement intellectuel et moral précède l'affranchissement matériel et économique : le mouvement féministe contemporain est précisément l'effet de la disproportion qui existe, dès aujourd'hui, entre le développement intellectuel féminin et la situation sociale, — juridique, politique, économique — qui est faite à la femme ; la même chose est vraie du mouvement ouvrier. Mais cela ne regarde qu'une minorité, une élite d'avant-garde, et il ne reste pas moins vrai d'autre part, que la meilleure manière d'affranchir et de développer un être, c'est de lui donner des droits : l'exercice de la liberté est la plus féconde des éducations. S'il fallait attendre que tous les êtres fussent dignes de la liberté pour leur accorder des droits, l'affranchissement de l'humanité serait à jamais différé : maintenir longtemps quelqu'un en tutelle n'est pas le moyen de l'affranchir et de l'élever à la liberté. S'il y a là un cercle vicieux, il n'existe que pour la pensée abstraite : la vie ne connaît point de cercles vicieux, elle est un progrès vivant qui dépasse toutes les vaines oppositions de l'entendement. On entend, par exemple, dire souvent par ceux qui rejettent les droits politiques féminins : mais, en donnant le droit de vote aux femmes, vous allez nous faire retomber dans les ténèbres du moyen-âge ! La femme est traditionnaliste, conservatrice, réactionnaire ! — Comme c'est mal comprendre l'évolution réelle des choses et des êtres ! On ne voit pas que si la femme est telle, c'est précisément qu'elle est restée en dehors de la vie politique, soumise dès lors à la seule direction spirituelle du prêtre. Mais dès qu'elle pourra, elle aussi, prendre part aux luttes politiques, elle s'instruira, elle se développera ; son esprit s'élargira et s'enrichira de la connaissance précise du monde social réel, et par cela même, elle échappera au joug clérical ; elle dépouillera son âme mystique pour embrasser l'esprit moderne.

C'est donc le rôle social joué par les individus qui détermine et conditionne, en grande partie, leur psychologie, leur niveau moral et intellectuel. *A une position sociale subalterne*, correspondent des *états d'âme subalternes et une morale d'esclaves*. Il y a des socialistes qui pourraient juger inutile de donner à la femme l'indépendance économique, du moment que par le socialisme les conditions de vie deviennent meilleures pour l'homme : « Laissons, diront-ils, la femme chez elle, et dispensons-la de tout travail extérieur et social, qui ne convient guère à sa nature délicate et à sa fonction maternelle ; n'allons pas surtout la mêler à nos grossières luttes politiques et sociales ! » — Ces socialistes sont donc, en un sens, antiféministes, et il me semble qu'ils montrent en cela une étrange inconséquence : c'est là, chez eux, un vestige singulier de la pensée bourgeoise. Car si l'on veut sincèrement réaliser une société d'êtres libres et égaux, si le socialisme doit être pour tous, y compris les femmes, une société de liberté, d'égalité et de justice, il ne faut pas qu'aucun être demeure dans la dépendance économique d'aucun autre être ; il faut que le rapport de *maître à serviteur* tombe non seulement entre patrons et ouvriers, mais aussi entre femmes et hommes. Le socialisme doit émanciper les deux grandes fonctions de la vie humaine : la production et la reproduction, le travail et la famille. La suppression du salariat, c'est l'émancipation des producteurs ; l'affranchissement économique de la femme, c'est l'émancipation des *reproductrices*, et cette seconde partie de la tâche du socialisme n'est pas moins importante que la première. S'il y manquait, son œuvre serait gravement compromise, car il laisserait encore une moitié de l'humanité *en-dessous du niveau social*, en dehors de la grande vie humaine, et si l'exploitation de la femme par l'homme ne disparaissait pas avec l'exploitation de l'homme par l'homme, le cercle d'iniquité n'aurait fait que se rétrécir.

Mais que signifie donc l'accession au pouvoir de la classe ouvrière ? Signifie-t-elle une simple substitution de classe, un simple changement dans le personnel dirigeant ? Non, mais le Travail supplantant le Capital dans la conduite des sociétés, c'est plus qu'une révolution économique et politique, c'est une révolution morale immense et d'incalculable portée ; car c'est l'humanité elle-même, dans ses meilleurs éléments, science et production industrielle, qui se substitue à une classe parasite qui ne vivait qu'aux dépens de la société et ne gouvernait, dans l'atelier aussi bien que dans l'Etat, que pour elle, sans grand souci de la masse des gouvernés ; la solidarité remplace donc l'égoïsme, la morale se subordonne l'économie. La classe ouvrière, jusqu'ici murée dans le souterrain social, monte enfin sur la scène de l'histoire, au grand soleil, pour sculpter la société à son image. L'humanité productrice, l'humanité sérieuse, aux grands intérêts vitaux, peut enfin faire entendre sa voix et pénétrer la civilisation de son large esprit de solidarité et de son souffle de justice ardente. Et quand nous disons, nous socialistes, que l'émancipation des travailleurs sera l'œuvre des travailleurs eux-mêmes, nous entendons dire par là que les travailleurs ne doivent attendre leur salut de personne, d'aucune puissance extérieure et transcendante, *ni Dieu, ni César, ni tribun*, comme dit *l'Internationale* : eux-mêmes se sauveront ou se perdront, selon qu'ils seront ou non à la hauteur de leur mission historique. Eh bien, cette grande idée de *self-governement*, que nous appliquons au devenir prolétarien, pourquoi ne pas l'appliquer au devenir féminin ? La classe ouvrière, disons-nous, ne doit pas attendre son salut d'aucune puissance étrangère ; la grande loi de la lutte des classes domine l'histoire, et jamais on n'a vu les puissants abdiquer d'eux-mêmes : mais à côté de l'égoïsme de classe, n'y a-t-il pas l'égoïsme de sexe, et s'imagine-t-on que si la lutte des classes ne peut prendre fin que par l'accession de la classe ouvrière au pouvoir, la lutte des sexes puisse se clore autrement que par l'accession de la femme au gouvernement de la société? Ce serait s'illusionner étrangement. Non : il faut que les femmes fassent elles aussi, entendre leur voix dans la société ; il faut qu'elles puissent, au même titre que les hommes, pénétrer le droit et la législation de leur esprit et de leur âme : elles ont, elles aussi, des intérêts particuliers, et ce sont les intérêts les plus précieux et les plus sacrés peut-être de l'humanité, puisque l'avenir de l'espèce elle-même s'y trouve engagé : il faut que ces intérêts soient connus, il faut que la législation s'en préoccupe, et cela ne peut-être que si l'intéressée elle-même peut élever la voix et participer, en personne, à l'élaboration des lois et à la direction de la société. Attendre de l'esprit de justice des hommes qu'ils prennent d'eux-mêmes le souci des intérêts féminins, c'est comme si la classe ouvrière attendait sa sauvegarde de l'esprit de justice des capitalistes. Non : on ne possède que ce que l'on conquiert de haute lutte, au prix d'efforts personnels et énergiques. Et cette grande loi vaut pour la femme comme elle vaut pour le prolétariat, comme elle vaut pour les individus eux-mêmes. C'est ce qui donne au mouvement féministe moderne une si grande importance, car non seulement il développe chez les femmes qui y participent des vertus originales et des qualités nouvelles, non seulement il est pour la femme comme une *self-éducation* féconde où elle acquiert le sens de l'initiative et le sentiment de la responsabilité, mais il est, parallèlement au mouvement ouvrier, l'un des éléments les plus précieux de la grande rénovation sociale moderne. Quand la femme aura ainsi conquis sa place dans la Cité, quand, égale de l'homme, économiquement, juridiquement, politiquement, elle ne sera plus réduite au rôle de courtisane ou de ménagère, quelle transformation profonde dans les relations entre les sexes ! J'ai déjà parlé de ce théorème de Hegel où il démontre que le rapport *de maître à serviteur* ne limite pas seulement la liberté du serviteur, mais rend moindre aussi celle du maître, et que par conséquent, ce rapport aboli, ce n'est pas seulement le serviteur mais le maître lui-même qui se trouve affranchi. Aujourd'hui, la femme est considérée, au fond, comme *une chose*. Si, par les mœurs, elle peut prendre une certaine autorité, c'est par des ruses et des artifices dont les esclaves ont coutume d'user pour se rendre maîtres de leurs maîtres ; il en résulte une corruption profonde mutuelle, et ce sont des relations *de qualité inférieure* qui naissent entre la femme esclave et l'homme son maître. L'homme ne regarde pas la femme comme son égale, comme une personne morale, mais comme une chose, un « joli petit animal » ; il n'agit pas avec elle, par conséquent, comme il agirait avec une personne; il tombe lui-même au rang de chose, et laisse sombrer sa propre liberté dans la servitude féminine ; car c'est seulement dans un rapport de *liberté à liberté* que les libertés s'accroissent : la *liberté unie à la nature* est par cela même entamée et diminuée. Demain, au contraire, l'homme et la femme seront deux libertés égales ; la femme se sera élevée au niveau de l'homme; personne morale, elle sera considérée comme telle par son compagnon ; et, pénétrée à un vif degré du sentiment de sa dignité, elle ne se donnera à l'homme que par un libre don que rien n'aura contraint ni vicié à sa source, ni les servitudes sociales, ni la servitude intérieure ; alors des relations vraiment humaines, nobles et belles, se créeront entre les deux sexes, et l'amour entre eux sera un amour complet, profond, supérieur, où la nature aveugle et errante ne décidera plus seule, mais où entreront, pour une bonne part, la raison et la délicatesse morale, venant affermir, affiner et approfondir l'œuvre des sens.

FERRON

Amen ! Tout sera pour le mieux dans le meilleur des socialismes possibles ! Tout, cela va sans dire, s'arrangera au gré de tes désirs dans cette fameuse cité socialiste dont tu essaies de nous peindre à l'avance les incomparables splendeurs. Mais, grands dieux, mon cher Darville, quelles débauches d'intellectualisme ! Quelle intrépidité rationaliste! On dirait, à t'entendre, qu'une seule force subsistera dans l'homme, la raison, et que la nature, la sensibilité, et la vie orageuse du cœur et des sens, et les fatalités passionnelles, et tout le chaos obscur et aveugle des puissances matérielles, vont soudain s'évanouir devant la lumineuse et sereine raison. La science, maîtresse privée et publique de la vie, la science, dissipant toutes les ténèbres et forçant toutes les retraites du mal naturel et social, ah, le beau rêve! la folle chimère! Comme vous résolvez toutes les difficultés avec aisance! Cette question de la femme, de la famille et du mariage, si grave, si complexe, si délicate, pour vous devient simple, facile, sans complications mystérieuses. Toujours cet optimisme à la Rousseau, toujours cette croyance que l'homme, au fond, est bon, et que la société seule le pervertit et le corrompt. Voilà, en fin de compte, la foi naïve qui vous anime!

Mais pour moi, — je te l'ai déjà dit, quand nous avons discuté la question des rapports généraux de la religion et du socialisme, — le problème essentiel est celui-ci : la vie sociale, la morale sociale réelle, agissante et efficace, peuvent-elles reposer sur des conceptions purement rationalistes? L'intellectualisme, en définitive, ne se résout-il pas, pratiquement et socialement, en égoïsme? Le nœud de la morale, n'est-ce pas *le passage de moi à autrui* et comment assurer dans l'individu le triomphe de la force altruiste, comment lui faire préférer à ses intérêts immédiats, à ses plaisirs prochains, les intérêts sociaux généraux, le bonheur collectif, dont la vue est nécessairement lointaine, abstraite et pâle, si la seule force individuelle de la raison entre en jeu? Les religions ont des sanctions ultra-rationnelles, et le christianisme, en particulier, avait réussi à donner à cette idée d'une sanction surnaturelle une force extraordinaire, grâce à laquelle il avait pu tirer du *vieux gorille* une somme de moralité inouïe : où sont les sanctions du rationalisme moral? Il rejette, il est vrai, toute idée de sanction : par quoi la remplace-t-il? On a beau dire : mais plus j'y réfléchis, et plus *la position morale* de l'homme moderne me paraît désespérée. Demander aux individus des sacrifices quotidiens, une conduite sociale altruiste, au nom du progrès social général, me paraît infiniment précaire. L'individu n'a pas de peine à se rendre compte, en usant précisément de cet intellectualisme et de cette liberté d'examen souveraine qui sont la caractéristique des novateurs modernes, que c'est en somme un sacrifice sans compensation aucune qu'on exige de lui, et devant la fragilité, l'insignifiance de ses efforts individuels emportés dans le flux universel des choses comme de pauvres feuilles mortes sur un fleuve orageux, — il ne verra bientôt plus rien dans la vie que la satisfaction de ses besoins égoïstes, et l'intelligence ne lui servira plus que de moyen subtil pour raffiner ses plaisirs : sa vie se dissoudra ainsi en un *matérialisme pratique*, qui, pour revêtir des formes délicates et des *apparences idéalistes*, n'en se.a pas moins réel ni moins profond. Et ces scrupules invincibles me reviennent plus invincibles encore, lorsque je vous entends exposer vos idées sur la femme, sur le mariage, sur la famille : car ici, votre individualisme foncier éclate dans toute sa diabolique splendeur. Que reste-t-il en effet de la famille avec votre conception ? Pour moi, je n'y vois plus que le nom ! Voyons : voici deux êtres, libres, indépendants, rationnellement développés, pleins de superbe individuelle, visant avant tout à la culture raffinée et nuancée de leur moi : ils ont tous deux cet égoïsme subtil des intellectuels, par lequel toute chose est envisagée au point de vue de l'enrichissement psychique personnel. Ils s'unissent : ils font en somme une expérience psychologique intéressante, elle réussit ou elle ne réussit pas : cela n'a aucune importance ; le ménage est socialisé, les enfants sont à la charge de la société ; rien ne les retient l'un à l'autre ; ils sont libres de recommencer à l'infini leurs expériences psychologiques et de promener de par le monde la liberté ingénieuse de leur fantaisie physiologique ou intellectuelle. Et c'est cela que vous appelez encore du nom de famille ! Mais ce sera le véritable égoïsme à deux, avec ses raffinements, sa corruption profonde. Oh, nous en avons déjà l'édifiant exemple sous les yeux ! Au fond, cette famille-là, c'est la famille française contemporaine. Mais aujourd'hui, comme l'État ne se charge pas encore de l'éducation des enfants, l'égoïsme conjugal, tout entier à la recherche du bien-être, du confort, fuyant avec horreur les responsabilités et les soucis, conduit à la stérilité volontaire et calculée : on n'a pas d'enfants, ou c'est tout juste si l'on se permet « le luxe d'un rejeton » Eh bien, la famille française est une famille de rationalistes égoïstes ; la France est le pays de la logique, des raisonnements clairs, de l'intellectualisme avisé, où l'individu s'est le plus *désocialisé*, où le sens social s'est le plus obscurci, où le sacrifice de l'individu à des intérêts collectifs apparaît le plus comme une duperie. Le résultat, c'est un fléchissement inquiétant de la vitalité française, qui ne se traduit pas seulement par un arrêt dans l'accroissement numérique de la population, mais encore par une stagnation économique dangereuse ayant toutes les apparences d'une décadence ! Et voilà où mène l'intellectualisme dissolvant : il attaque la force vitale d'une nation, parce qu'il en attaque la force de croyance, le sens religieux; on ne vit pas de quelques formules abstraites, mais ce sont des puissances plus concrètes, plus sensibles, plus organiques, qui font la vie ardente, féconde et riche. Ce n'est pas sur la science aride et sèche, mais sur le sentiment, que repose la force des sociétés et des individus. Et vous, vous voulez faire de la femme l'égale de l'homme, son égale à tous les points de vue, économique, juridique, intel-lec-tuel; vous voulez la dresser devant l'homme, armée de toute sa raison et forte de toute la science, en rivale, qui saura lui disputer tous les domaines! Œuvre funeste! Quand la femme, dont la nature est plus nerveuse, plus sentimentale et dont quelques formules abstraites sauraient encore moins que pour l'homme combler l'ardent besoin de bonheur et de surnaturel, sera devenue selon vos désirs, elle aussi, une « intellectuelle », c'est une force inouïe de dévouement, de sacrifice, de charité, que vous aurez annihilée, et c'est une puissance de dissolution morale et sociale prodigieuse, satanique, que vous aurez déchaînée : car la femme, dont la vie est faite, de par ses fonctions mêmes, de plus de douleur et de sacrifice que celle de l'homme, et dont l'individualité est plus immolée aux intérêts de l'espèce, — dès qu'elle sera pénétrée, elle aussi, de ce rationalisme individualiste, qui pose sans cesse l'individu contre l'espèce, contre la société, contre les collectivités, — la femme versera dans un égoïsme plus profond encore que celui de l'homme; elle dépouillera soudain toute cette personnalité morale créée par le christianisme, pour ne plus être alors vraiment qu'un *être naturel* livré à ses sensations et à ses instincts, n'ayant plus qu'un dieu : le plaisir, le plaisir raffiné, subtilisé, quintessencié, sophistiqué par un intellectualisme, dont les principes vaporeux, sous la pression réaliste des sensations et des intérêts, ne seront plus que de souples instruments à tout légitimer. Vous vous étonnez parfois que la femme, malgré tout, malgré le milieu rationaliste moderne dont elle est enveloppée, résiste à tout effort de *déchristianisation* : mais cette résistance a des causes plus profondes que celles que vous voulez bien lui assigner. Dans toutes vos constructions sociologiques, vous oubliez toujours un fait, d'une importance énorme cependant : *la douleur*. Votre optimisme facile vous fait envisager avec une légèreté incroyable la possibilité de prochains Edens, où seule la joie règnera, souveraine, débordante, et d'où la souffrance, déclarée mauvaise, sera définitivement exilée. Chimère séduisante, mais dangereuse! Conception naïvement idyllique, qu'engendre au fond la paresse intime de l'homme, reculant devant le sévère effort d'une ascension toujours laborieuse! Idéal faussement harmonique, qui n'est au fond qu'un retour à ces prétendus âges d'or, où l'homme, sans lutte, sans travail, sans douleur, a sous la main tous les fruits de la terre et toutes les joies de la vie ! Rêve fade et alangui, où la lâcheté de l'homme est toujours prête à se réfugier ! Les religions, au contraire, et, en particulier, le christianisme, ont toujours tenu grand compte de ce formidable fait de la douleur ; elles n'ont jamais cherché à endormir les hommes de vagues berceuses, mais elles lui ont toujours présenté l'effort, la lutte rude et âpre contre la nature, comme l'idéal véritable de la vie ; elles sont restées ainsi, bien plus que toutes vos philosophies platement optimistes, dans l'austère et forte vérité naturelle et humaine. Et c'est pourquoi la femme est et sera toujours, quoi qu'on fasse, profondément religieuse, car elle a, encore une fois, bien plus que l'homme, le sentiment de ce qu'il y a de tragique et de douloureux dans la vie : elle qui souffre pour enfanter et risque sa vie à chaque enfantement avec une douloureuse allégresse, elle a, par sa chair et par son cœur, la révélation vitale de cette grande vérité : que la Nature méprise l'individu, et accomplit son œuvre sans tenir aucun compte de la délicatesse de nos nerfs. On a souvent fait la remarque que la femme sait mieux souffrir que l'homme. Et c'est vrai : l'homme est impatient de la douleur ; la femme l'accepte au contraire, la subit, avec une vaillance joyeuse et ardente, qui toujours étonne. Mais c'est pourquoi elle ne peut pas trouver un appui dans l'idéal froidement et sèchement rationaliste de l'homme : il lui faut l'ardente et fervente foi, la croyance héroïquement suprarationnelle, par où, sautant hors d'elle-même, elle se trouve d'emblée en Dieu, réfugiée dans les bras immenses, miséricordieux et tièdes de sa bonté. Et si, par malheur, cette foi venait à lui manquer, ce serait en elle un tel écroulement qu'elle roulerait bientôt aux pires chutes et aux pires abandons. Non : la femme, plus que l'homme encore, a besoin d'être entourée d'un milieu tiède et resserré ; la lancer dans le tourbillon social, abandonnée à ses propres forces, libre et indépendante, sans soutien religieux ni « enveloppement » familial, c'est, à coup sûr, préparer sa perte. Qu'on améliore *le contenu familial*, qu'on dégage la famille des intérêts économiques qui s'y mêlent trop et la corrompent, oui, mais que la famille reste essentiellement ce qu'elle est, *une unité naturelle*, reposant sur le sentiment profond et réciproque du devoir, sentiment que le christianisme est encore le plus capable de fonder et d'asseoir solidement dans les cœurs. Hors de cela, je le répète, je ne vois pour la femme que corruption et déchéance !

DARVILLE

Décidément, c'est à qui montrera le plus de rigueur dans la condamnation. Mais j'avoue que vis-à-vis de toi, mon cher Ferron, ma position est assez curieuse et assez paradoxale ; car me voici obligé, moi socialiste, de défendre entre toi, contre ton *christianisme social*, l'individualisme moderne. Tu es parti dans une attaque vigoureuse contre l'intellectualisme, en qui tu ne veux voir qu'une puissance dissolvante et égoïste. Tu as raison en partie : mais entendons-nous ! Votre pensée, à vous, chrétiens sociaux, est toujours unilatérale ; vous savez, en général, admirablement critiquer, du point de vue moral, l'ordre individualiste bourgeois issu de la Révolution française; mais vous ne voyez qu'un aspect des choses, et vous ne savez conclure, par suite, qu'à un retour en arrière. C'est ainsi qu'en économie politique, très sensibles au désordre et à l'anarchie du système capitaliste, vous ne savez lui opposer que les corporations du Moyen-Age. De même, dans cette question de la femme, du mariage, de la famille, très sensibles également à la dissolution actuelle des liens familiaux, vous ne savez que rêver un retour aux formes rigides anciennes. Et vous rendez responsable de tous ces maux l'individualisme rationaliste importé dans le monde par les philosophes du XVIIIe siècle. La critique socialiste est à la fois plus compréhensive et plus féconde. Elle sait voir dans l'ordre bourgeois lui-même, si détestable qu'il soit, les germes heureux d'une civilisation supérieure et elle s'attache à les dégager, car nous ne voulons nullement rompre la chaîne de l'évolution historique. Cet intellectualisme, que tu charges de tous les péchés d'Israël, nous savons faire mieux que le condamner : nous le comprenons. Eh, sans doute, tu as raison : une société ne vit pas d'idées pures et abstraites ; une société ne repose pas sur le simple intellectualisme ; si important que soit le phénomène intellectuel, il n'est pas, en définitive, le phénomène fondamental ; et c'est précisément le mérite de la philosophie marxiste d'avoir replacé la vie historique sur une base plus large, plus concrète, plus positive, à savoir l'économie, d'où dérive, comme superstructure immédiate, la profonde vie affective. Mais si précisément l'intellectualisme n'est dans la vie sociale qu'un phénomène secondaire, il est injuste de faire retomber sur lui toute la responsabilité des maux sociaux particuliers au XIXe siècle. C'est l'intellectualisme dans le milieu économique et social bourgeois qu'il faut condamner, mais non l'intellectualisme pur et simple. C'est l'anarchie économique bourgeoise, c'est l'âpre concurrence bourgeoise qui ont pour effet cet égoïsme, cet obscurcissement du sens social, ce chacun pour soi, caractérisés par toi comme des effets de l'intellectualisme en général. Sans doute, sur cette base économique, l'intellectualisme peut produire des effets désastreux et renforcer la corruption générale en la rendant plus subtile, plus raffinée; et comme ce qui distingue l'ordre bourgeois, c'est l'insincérité des formules, c'est la contradiction violente, impudente, entre les principes et la vie, c'est l'hypocrisie générale couvrant du beau manteau des idées les réalités les plus tristes et les plus basses, l'intellectualisme peut en effet produire l'égoïsme le plus profond, le plus corrompu. Dans la société actuelle, l'individu est abandonné à lui-même, affreusement seul : la famille est désagrégée, la société anarchique. Il faut, pour gagner sa vie, mener la lutte la plus acharnée contre des concurrents innombrables. L'intelligence devient dès lors l'instrument ployable et corvéable à merci des instincts et des intérêts. Le milieu social bourgeois est un milieu profondément inharmonique : au point de vue moral, le capitalisme a tout miné sans rien reconstruire. L'œuvre de réédification, de reconstruction positive, revient au socialisme et c'est ainsi, puisque nous parlons de la femme et de la famille, qu'il créera une forme familiale nouvelle, supérieure. Ce que tu as critiqué, au fond, ce n'est pas la famille socialiste, mais la famille bourgeoise moderne : tu l'as avoué toi-même d'ailleurs, en disant que, cette famille future, nous l'avions déjà sous nos yeux dans la famille française contemporaine. Mais au contraire il y aura une grande différence ! Elevons-nous au dessus des conditions de vie bourgeoises, au dessus de la concurrence bourgeoise, plaçons-nous dans un milieu harmonique, quand l'association aura remplacé la lutte : mais alors l'homme et la femme, au lieu d'être *deux concurrents* comme aujourd'hui, seront *deux coopérateurs*, libres sans doute, mais égaux et interdépendants. Aujourd'hui, l'entrée de la femme dans la vie sociale, comme concurrente de l'homme, présente de graves inconvénients ; le féminisme, de ce fait, semble prendre des allures guerrières : les femmes ont l'air de s'insurger contre l'homme, de vouloir lui disputer sa place au soleil. Mais ce n'est là qu'un caractère provisoire et apparent du féminisme : de même que le prolétariat ne mène sa lutte de classe que pour supprimer la lutte des classes, le féminisme ne mène sa lutte de sexe que pour réaliser l'union des sexes. J'admire comme l'idée du droit te paraît avoir un caractère belliqueux et égoïste : c'est que tu l'envisages *dans le cadre bourgeois*. Place toi dans le cadre socialiste, et l'idée du droit dépouillera ses vêtements de guerre. La femme et l'homme ne seront pas ces deux êtres que tu nous dépeins, enfermés dans leur égoïsme, n'envisageant rien qu'au point de vue de leur propre enrichissement psychique et faisant à cet effet de curieuses, de fréquentes expériences : toute cette psychologie n'est qu'une *efflorescence capitaliste ;* elle ne serait vraie que si le féminisme se maintenait dans les cadres de la société actuelle. Mais nous l'avons vu, le féminisme ne pourra se réaliser que dans une société à forme socialiste. Le tableau que tu nous as présenté de la famille française contemporaine, sans doute, est exact : mais rendre l'intellectualisme seul responsable de cet état de choses, et, en particulier, cet intellectualisme naissant de la femme qui s'appelle le féminisme, me paraît tout au moins exagéré. Sans doute, avec le développement intellectuel de la personnalité, on remarque chez les individus une tendance à sauvegarder le plus possible les virtualités, égoïstes si l'on veut, du progrès personnel, et c'est un fait général que les classes les plus aisées et les plus cultivées ont le moins d'enfants. La femme, en particulier, à mesure qu'elle se développe intellectuellement, se refuse à être transformée en une simple *machine à reproduction*. Mais est-ce là une tendance si mauvaise ? Et pour condamner, comme désastreuse et corruptrice, la volonté systématique de se soustraire aux charges de la maternité, est-il nécessaire de tomber dans l'excès opposé ? L'imprévoyance, en pareille matière, est peut-être aussi *immorale* que l'abstention volontaire et calculée. Il me semble que, bien comprise, au contraire, et dans de justes limites, cette tendance de la femme moderne se refusant à n'être qu'un instrument de reproduction, est un élément de progrès et de moralisation.

Ce qui rend si immorale aujourd'hui la stérilité de beaucoup de familles, c'est qu'elle traduit, non pas tant un souci de développement intellectuel et général supérieur, que la peur égoïste des charges et des responsabilités. Mais à quoi tient cet égoïsme peureux de la majorité des familles françaises? Il ne faut pas oublier que la France est restée un pays de petite bourgeoisie et de petite paysannerie; la France ne s'est pas mise au pas du progrès économique général; elle n'a pas développé chez elle la grande industrie dans les mêmes proportions que l'Angleterre et que l'Allemagne, par exemple; et si l'on ajoute à cette cause économique générale, d'une part les tendances rationalistes et individualistes particulièrement développées en effet chez nous et, d'autre part, notre système successoral égalitaire, on aura, je crois, toutes les causes de l'actuel arrêt de la natalité française. Aussi le système bourgeois pèse-t-il plus lourdement sur la France que sur aucun autre pays; et si le socialisme est une condition de salut pour toutes les nations, il l'est plus particulièrement encore pour la France. Le socialisme français régénérera la France économiquement et moralement. En créant un milieu économique supérieur et plus harmonieux, il fera de cet intellectualisme particulier à la race française et qui aujourd'hui n'engendre que cette recherche égoïste du bien-être aux dépens des intérêts sociaux généraux et de la vigueur de l'initiative économique, il fera, dis-je, de cet intellectualisme un précieux élément de *progrès qualitatif:* car, une fois replacé dans un milieu social harmonique, où l'individu se sent solidaire et par lequel il est comme chaudement et amicalement enveloppé, l'intellectualisme n'est plus un agent de dissolution sociale, mais un levain de progrès. Et c'est à tort, mon cher ami, que tu sembles nous attribuer, à nous socialistes, un faux idéal idyllique et pastoral, sur le modèle des âges d'or primitifs. Tu confonds deux choses bien distinctes : *l'idéal socialiste* et *l'idéal anarchiste.* Les anarchistes, oui, sont les *intellectualistes échevelés* dont tu parles; ce sont eux qui rêvent une société pastorale, où l'individu, dégagé de toute organisation précise, de toute réglementation sociale, de toute obligation industrielle, errant libre dans la société, comme il errait libre à l'état de nature, passant sa vie en de poétiques paresses, dans les joies orientales d'un loisir continu, pourrait s'abandonner à toutes les débauches de la pensée et du rêve! Et voilà l'optimisme à la Rousseau, cet *état de nature social,* où l'on rejette comme inutile et vain tout le fardeau de la civilisation, parce qu'il exige trop de travail pour peu de bonheur! Mais ce n'est pas là l'idéal socialiste : et ce n'est pas à Marx, qui, le premier, a mis en lumière toute l'importance de la technique et de l'économie, qui a subordonné le progrès moral et intellectuel aux progrès des systèmes de production, qu'il faut reprocher cet idéalisme faux, fade, alanguissant, où l'idylle est de la paresse et la joie de la platitude béate. Non : la cité socialiste reposera au contraire sur le travail, *affirmation normale et joyeuse de la vie*, comme l'appelle Marx, sur l'effort et l'aspiration ardente vers une amélioration quotidienne du milieu technique, moral et intellectuel: ce n'est pas avec le triomphe de la classe productrice, avec l'arrivée au pouvoir de la classe ouvrière, que l'on peut craindre une rechute de l'humanité dans les paresses primitives. Il n'y aura qu'une différence : c'est que le travail, dans la cité socialiste, ne revêtira plus cette forme fiévreuse, aveugle, malsaine, qu'il revêt dans le système capitaliste. Il ne sera plus le labeur écrasant d'une classe condamnée au surtravail pour permettre à une autre classe cette oisiveté douce et ces loisirs *idéalistes* que tu nous présentes comme le but du socialisme. Mais il sera *l'effort normal et harmonieux* de tous les hommes construisant, tous ensemble et pour tous, une maison humaine, plus habitable, mieux distribuée et plus belle. Nous ne nions nullement le rôle de la douleur dans le monde ; notre philosophie n'est pas d'un optimisme fade. Nous savons, au contraire, que la douleur est le levain du devenir universel ; et qu'est-ce autre chose, en dernière analyse, que notre théorie de la lutte des classes, sinon l'affirmation que le progrès social s'accomplit par les classes opprimées, par les classes *porte-douleur?* Oui, la lutte contre la douleur sera le ressort éternel de l'histoire humaine; mais cette lutte peut revêtir à chaque étape une forme nouvelle. Le mal social présent vaincu, l'éternelle douleur, certes, ne sera pas détruite; elle se présentera sous d'autres formes, qu'il faudra de nouveau combattre et faire évanouir. On pourrait dire qu'aujourd'hui nous ne voyons que les formes du mal les plus apparentes, les plus grossières; quand elles auront disparu, des formes plus subtiles et plus complexes de la douleur émergeront contre lesquelles il faudra conduire la même bataille éternelle! Car, en définitive, le bonheur humain est moins dans la possession que dans la conquête, et ce n'est pas nous qui disons : *beati possidentes!* Comme il me serait facile, au fond, de te renvoyer la balle! Mais c'est le christianisme dont l'idéal secret, et même l'idéal explicite, n'est que béatitude et repos, le christianisme qui place à l'origine du monde précisément l'éden, le christianisme, qui fait miroiter le paradis devant l'effort des chrétiens, le christianisme, qui, entre ces deux pôles, éden primitif et paradis à venir, présente la vie, l'effort, le travail, comme des épreuves, des châtiments, et insinue ainsi, au cœur même du travail et de l'effort, le secret dégoût de l'effort et du travail! Nous, au contraire, nous ne plaçons pas la vie présente entre deux pôles d'inerte béatitude, nous ne séparons pas, en les hypostasiant, le règne de la douleur et le royaume de la joie, mais faisant pour ainsi dire descendre la vie éternelle dans la vie présente, nous voyons dans l'action humaine un mélange de douleur et de joie, la joie n'étant que la victoire laborieuse et toujours fragile de l'homme sur la douleur!

Mais je ne veux pas triompher aussi facilement. La question en litige, en fin de compte, est celle-ci : le socialisme laissera-t-il retomber *l'énergie industrielle et morale* de l'humanité, ou est-il au contraire un système social capable de la promouvoir plus loin encore et plus haut ? J'ai déjà discuté cette question avec notre ami Brosier, pour ce qui est de l'énergie industrielle. Il reste donc à l'examiner pour ce qui est de l'énergie morale. Et cet examen rentre admirablement dans le cadre du problème que nous agitons : la question morale n'est-elle pas étroitement liée avec la question de la femme et de la famille ? Marx et Engels avaient bien vu cette liaison, et ils avaient mis, ainsi que je l'ai déjà dit, le problème de la technique ou du travail et le problème de la famille, à la base de leurs recherches sociologiques. M. Sorel dit dans une préface, au livre de Colajanni sur le socialisme que *le monde ne deviendra plus juste que dans la mesure où il deviendra plus chaste*. On ne saurait mieux dire, et si je vais en effet au fond de tes appréhensions, mon cher ami, ce que je trouve, c'est ceci : tu crains que le socialisme, en émancipant la femme, en relâchant les liens familiaux, en libérant les individus de toute contrainte sociale, ne les libère aussi de toute obligation morale et ne laisse retomber vers le plaisir et les mœurs faciles l'énergie que le christianisme avait haussée jusqu'à la notion du devoir et jusqu'à la moralité. Pour tout dire, en un mot, tu appréhendes que la femme émancipée, soit la femme conquérant la liberté de ses caprices amoureux et se livrant à la même licence sexuelle que l'homme. Examinons donc cette question de très près.

On a souvent soutenu que le christianisme avait relevé la situation de la femme. Et certes, il serait puéril autant qu'inintelligent de nier qu'entre le foyer grec, et d'une manière générale, le foyer antique, et le foyer chrétien, il n'y ait pas une différence sensible. Dans la maison antique, la femme a une position tout à fait subalterne ; elle n'est considérée par l'homme que comme un être purement *naturel*, qui partage son lit, mais qui n'a avec lui aucune relation d'ordre spirituel. Elle est la mère de ses enfants, mais c'est auprès de l'hétaïre qu'il va chercher la volupté et les plaisirs délicats de l'esprit. Toute autre est la situation de la femme dans la maison chrétienne L'union de l'homme et de la femme n'est plus ici envisagée au seul point de vue naturel : la femme est une personne morale, l'égale de l'homme devant

Dieu ; l'amour n'est plus un simple rapport sexuel, mais il implique le respect, le dévoûment réciproques. De la maison antique au foyer chrétien, il y a donc un progrès moral immense : la femme a cru en dignité, elle s'est élevée au même niveau moral que l'homme. D'où vient donc que, malgré tout, la femme ait encore dans notre cité moderne une place aussi inférieure ? et qu'à juger les choses en gros, la cité moderne, aux yeux d'un féministe, ressemble encore par tant de côtés à la cité antique ? Les courtisanes n'ont point disparu, et c'est encore le plus souvent auprès d'elles que l'homme, le bourgeois moderne, laissant *l'épouse ennuyeuse* au foyer conjugal, va chercher la volupté et « l'amour ». La loi elle-même lui laisse pleine licence à cet égard : elle est indulgente pour l'adultère masculin, rigoureuse seulement pour l'adultère de la femme. En définitive, la différence n'est pas grande entre la manière dont l'homme moderne envisage, en général, la femme, et la manière dont l'envisageait le citoyen grec : la femme est encore pour lui, soit la servante, soit l'être de plaisir, et les rapports de l'homme et de la femme revêtent toujours cette forme grossière. L'influence du christanisme, pour réelle qu'elle soit, n'a été en somme que superficielle.

C'est que le christianisme, s'il est en un sens une doctrine d'amour et d'égalité, ne prêche que *l'amour mystique* et *l'égalité mystique*, et cet amour et cette égalité n'empêchent en rien *l'inégalité juridique et sociale réelle.* Le christianisme a bien pu donner à la femme une personnalité morale, mais cette personnalité morale restait *toute négative,* faite d'éffacement et d'abnégation. Elle ne devenait pas dans la société une *force réelle, positive et agissante;* elle ne prenait pas *corps* dans une situation juridique déterminée ; elle demeurait *subjective, idéale,* et livrée, partant, à tous les caprices arbitraires du mâle. Le mysticisme chrétien, comme l'intellectualisme antique, reste une doctrine aristocratique ; il n'empêche pas plus l'inégalité juridique et sociale de l'homme et de la femme, qu'il ne s'oppose à l'inégalité juridique et sociale du seigneur et du serf, du patron capitaliste et de l'ouvrier : sa *négation métaphysique* de l'inégalité des hommes ne nie en rien leur inégalité réelle et sociale : bien mieux, elle la consacre. On pourrait même soutenir que le mysticisme chrétien n'a fait que rendre la société plus hypocrite : l'intellectualisme antique, en effet, était plus franc ; il proclamait ouvertement la légitimité rationnelle de la hiérarchie aristocratique, tandis que le mysticisme chrétien, au nom de la justice et de l'égalité *futures,* tolère et consolide l'injustice et l'inégalité *présentes.* Et cette hypocrisie sociale s'étale surtout à l'égard de la femme, que, *mystiquement,* on exalte, et que, *socialement,* on dégrade.

Si donc le foyer chrétien ne réalise pas, par rapport au foyer antique, un progrès moral plus considérable et plus profond, c'est que le christianisme n'a accordé à la femme qu'une *valeur mystique, qu'une personnalité morale mystique* : pour que la situation sociale de la femme soit vraiment relevée, il faut qu'elle acquière une *valeur réelle*, une *personnalité morale réelle*. Or, c'est là précisément le but du féminisme socialiste. En faisant à la femme une situation juridique et sociale égale à celle de l'homme, en lui créant la possibilité d'atteindre au même niveau intellectuel, le socialisme donnera un *corps social* à la dignité morale féminine et substituera, entre l'homme et la femme, à des *rapports de charité* des *rapports de justice*. Loin que la femme, ainsi *émancipée*, soit la femme ayant conquis la liberté de ses caprices amoureux, comme tu le crains, mon cher ami, ce sera au contraire, en même temps que plus de justice, plus de chasteté réelle dans les relations de l'homme et de la femme.

Le christianisme, proclamant l'indissolubilité du lien conjugal, pense ainsi fermer la porte aux mœurs faciles. Mais sa *méthode mystique et idéaliste* reste sans prise sur les rapports sociaux réels. Ce sont les rapports économiques qui forment les mœurs ; si, dans une société, ces rapports sont tels qu'ils corrompent à sa source l'union de l'homme et de la femme, pas de puissance morale extérieure et factice qui puisse rendre cette union saine, durable, heureuse. Proclamer indissoluble le mariage moderne, ce mariage que seul l'intérêt fonde, et qui repose sur un contrat léonin, où la personnalité féminine est absolument sacrifiée, revient à immoler à *une forme sociale* la dignité morale de la femme. En pure perte d'ailleurs : la nature humaine ne se laisse pas ainsi comprimer par des prescriptions morales factices et a vite fait de prendre sa revanche, en tournant la loi. C'est ainsi que l'adultère et la prostitution sont les heureux et naturels corollaires du mariage bourgeois moderne. Car il n'y a qu'un moyen de rendre stable *l'ordre conjugal*, comme d'ailleurs l'ordre social dans son ensemble : c'est, non pas de prêcher la résignation et la soumission à ceux que cet ordre oppresse, mais d'assurer à l'ouvrier dans la cité, à la femme dans le mariage, la pleine satisfaction de leurs aspirations physiques, morales et intellectuelles.

Mais c'est là une méthode *réaliste* que le christianisme ne saurait avouer, pour la bonne et simple raison qu'elle est sa négation même. N'avons-nous pas vu, quand nous avons discuté ensemble, mon cher ami, des rapports de la religion et du socialisme, que la religion ne se développe que là où la personnalité réelle est rudimentaire ou absente, que là où l'être humain, faute de bonheur dans la vie présente, se crée un bonheur illusoire dans une vie future? Et quand tu me dis que, malgré tout, la femme reste religieuse, qu'elle le sera toujours, je comprends et je ne suis pas embarrassé pour te répondre. La chose est bien simple : la religiosité de la femme n'a fait que traduire jusqu'ici l'infériorité de son développement moral et intellectuel. Que la femme puisse, socialement, juridiquement, intellectuellement, acquérir une personnalité réelle, et tout mysticisme disparaîtra chez elle, comme il disparaît chez l'homme, lorsqu'il *parvient à entendement*. C'est pourquoi le christianisme ne saurait être féministe : le féminisme, il le sait bien, c'est la femme lui échappant des mains, s'évadant de sa tutelle, se conquérant elle-même! Aussi maintient-il jalousement la femme dans son infériorité sociale et intellectuelle, lui prêchant la résignation, le devoir, la berçant des visions du paradis, pour la conquête duquel il lui ordonne de sacrifier sa chair, son cœur, son esprit, en un mot tout son être réel. Elle passera dans la vie, ombre douce, pâle et résignée, sans avoir jamais à agir par elle-même, sans personnalité, sans réalité, reflet d'abord de sa famille, puis reflet de son mari. On la laissera vivre dans le rêve : jeune fille, on lui permettra les *bons romans*, fades et sentimentaux ; jeune femme, elle aura l'église et ses consolations, dans l'ombre discrète, irréelle et fantastique des cathédrales ; mais la vie pleine, la vie du cœur, la vie de l'esprit, la vie sociale, l'amour, la science, l'art, la cité, dans leurs réelles splendeurs, chaudes et vibrantes, tout cela lui sera fermé : elle a le monde du rêve romanesque ou religieux, fade et abêtissant, où, faute de *personnalité réelle*, elle se crée une *réalité illusoire*, et par où s'échappent ses ardentes aspirations vers le bonheur, la justice et l'amour.

Tu me dis, il est vrai, que la femme sent plus que l'homme ce qu'il y a de tragique et de douloureux dans la vie humaine ; qu'elle a plus que l'homme, étant plus près de la douleur, la révélation vitale de cette vérité, à savoir l'indifférence de la nature pour l'individu ; qu'elle ne saurait, en conséquence, se contenter d'un idéal tout rationnel, tout abstrait. Mais ici encore, ma réponse sera simple. La femme n'est pas le seul être dont les aspirations prennent *une direction mystique*, quand il n'y a pas application *sociale et objective* de l'activité : l'homme aussi donne dans le mysticisme chaque fois que, soit défaillance personnelle, soit excessive anarchie sociale, il ne voit plus la possibilité d'améliorer sa situation, socialement et scientifiquement, d'une manière réaliste. C'est un phénomène commun à toutes les époques de décadence que la recrudescence du mysticisme, sous toutes ses formes. Je veux bien donc que la sensibilité de la femme soit plus frémissante, plus profondément et plus douloureusement émue : mais qu'elle doive toujours se repaître de mysticisme, voilà ce qui ne m'apparaît pas du tout prouvé. Il suffit, encore une fois, que la vie de la femme devienne plus sociale, plus objective, plus intellectuelle, et la religiosité s'évanouira de son âme, comme elle s'est évanouie de celle de l'homme, dès qu'il a donné à son activité une forme sociale et un but social. Et je ne tirerai de ton affirmation qu'une conclusion : du jour où la sensibilité féminine, au lieu de prendre une direction mystique et religieuse, prendra une *direction sociale*, ce sera, pour le progrès moral humain, une impulsion nouvelle, prodigieusement féconde. La lutte contre la douleur, ce ressort du devenir, quand la femme fera partie agissante et délibérante du monde social, et qu'elle pourra pénétrer le Droit et la législation de son souffle de pitié ardente, comme elle sera singulièrement plus vive, plus diligente, plus acharnée ! La raison de l'homme, plus froide, se perd facilement dans le jeu des vaines scholastiques et donne volontiers dans le frivole dilettantisme byzantin : mais le cœur frémissant de la femme, quand il ne se repaîtra plus de vains songes mystiques, sera *une force de progrès* impétueuse, allant droit au but, s'attaquant sans détour aux maux sociaux réels et profonds, qui atteignent le centre même de la vie individuelle comme de la vie collective. Non, non, l'âme de la femme n'est pas rivée pour l'éternité au vain rêve religieux ! Déjà, beaucoup de femmes ont, de nos jours, secoué le joug de l'église ; beaucoup ouvrent leur cœur et leur esprit à l'idéal moderne ; beaucoup participent au mouvement ouvrier et viennent préparer avec nous cet ordre social nouveau, où les hommes ayant rejeté les chaînes imaginaires, cueilleront la fleur vivante. Et dans cette glorieuse cité communiste, où les travailleurs affranchis règleront harmonieusement la production sociale, où les femmes affranchies feront le foyer plus chaste, plus solide et plus joyeux, où la vie publique enfin, moralisée dans ses profondeurs, par l'accession dans l'univers social du producteur et de la femme — ces deux exploités éternels — sera pénétrée d'un ardent esprit de justice, de pureté, de bonté, le christianisme s'évanouira comme un sombre rêve !

Loin de déchoir, l'humanité grandira encore. Le *vieux gorille lubrique et féroce* montera un degré plus haut sur l'échelle de la moralité. Il était féroce parce qu'il était misérable, qu'il avait faim. Mais voici que, depuis trois siècles, grâce aux progrès de la science et de l'industrie, le joug de la faim s'est détendu et que le niveau général de la vie matérielle s'est élevé : les mœurs se sont adoucies, chaque vie humaine a paru précieuse, un immense souffle de pitié et de justice a couru sur les sociétés humaines, les idées socialistes se sont largement répandues et l'on peut rêver aujourd'hui une cité, où la faim sera définitivement vaincue, où la vie humaine, n'oscillant plus entre les deux pôles extrêmes de l'opulence et de la détresse, n'étant plus obsédée, soit excès, soit privation, par l'image de la richesse, gravitera autour d'un axe psychologique supérieur, où le travail enfin, désormais harmonieux, sera l'affirmation joyeuse et normale de la vie, l'équilibre vigoureux des forces musculaires et intellectuelles !

Il était féroce aussi, parce qu'il était lubrique. Mais voici que la femme relève la tête et veut secouer le joug de douleur et de honte ; de même que, par sa révolte, le travailleur fera reposer la vie humaine sur l'axe harmonieux du travail, en l'affranchissant de ces deux esclavages, aussi avilissants l'un que l'autre, richesse et misère ; de même, par sa révolte parallèle, la femme, s'émancipant, émancipant l'homme, et *du faux idéalisme*, qui ne veut pas voir le sexe en elle, *et du sensualisme lubrique*, qui ne veut voir en elle que le sexe, donnera à la vie sexuelle son vrai sens, sa vraie place, à mi-chemin entre l'extrême de l'ascétisme et l'extrême du sensualisme ; car si l'opposition de l'extrême opulence et de l'extrême indigence courbe l'humanité sous le joug des mêmes soucis matériels, l'opposition de l'ascétisme et du sensualisme traduit une égale obsession du même besoin, un égal esclavage des mêmes instincts inférieurs. Le véritable idéaliste, dit Renan, n'est pas celui qui nie la nature, mais celui qui, lui faisant sa part légitime et nécessaire, se rend libre pour la vie spirituelle. Le riche et le pauvre, l'ascète et le libertin, pourrait-on affirmer, sont également *des matérialistes.*

Mais quelle n'est donc pas, dès lors, la valeur moralisatrice du socialisme, lui qui, précisément réalisera cette double émancipation du travailleur et de la femme ! Deux puissances moralisent surtout l'homme : le travail et l'amour. Le travail donne à l'homme une sévère discipline intellectuelle, qui est en même temps une discipline morale ; le travail *socialise* la vie et par cela même la *moralise* : car, en travaillant, l'homme participe à la création objective du milieu social, subordonne les puissances inférieures et sensibles de sa nature à une règle extérieure, impersonnelle, scientifique. Mais, d'autre part, l'on sait assez que l'homme, en général, ne travaille guère pour le seul amour du travail ; sa volonté ne se plie pas aisément à une règle objective, à une loi externe : entre l'organisme social défini, où son activité s'insère selon un rythme rigoureusement déterminé, et son individualité sensible, ondoyante, les réactions sont très variables. Il faut donc une force intime qui nous stimule et nous exalte : cette force, c'est l'amour; c'est lui qui, non seulement nous maintient dans ce que Kant appellerait *la légalité*, mais qui, bien souvent, nous incite à des *actes de luxe*, à *une moralité de luxe*. Aussi peut-on dire que la moralité de l'homme est, pour une grande part, entre les mains de la femme. On pourrait mesurer le degré de moralité des peuples et des individus au respect qu'ils professent pour la femme, à la situation sociale qu'ils lui font. Les peuples les plus actifs et les plus progressites sont, en général, ceux où la femme est le mieux honorée et respectée. Il est évident, en effet, qu'il en va tout autrement pour un peuple si la femme est un être auprès de qui l'homme trouve réconfort, stimulant, ardeur nouvelle pour le progrès, ou si, auprès d'elle, il perd toute vigueur morale, toute énergie, tout élan.

Il importe donc au plus haut point, pour l'avenir moral de l'humanité, que ces deux puissances moralisatrices, *travail* et *amour*, soient placées dans les meilleurs conditions sociales possibles. Or, jusqu'ici, le travailleur et la femme ont été tenus pour des éléments sociaux passifs, subalternes, subordonnés, celui-là aux *non-producteurs*, celle-ci *à l'homme* en général ; et, comme dans le rapport de maître à serviteur, il y a une source presque égale, ainsi que le remarque Hegel, d'abaissement et de corruption à la fois pour le maître et pour le serviteur, et qu'il ne saurait y avoir de vraie moralité que dans un rapport de libertés égales, on comprend les maladies épouvantables dont la cité humaine a travaillé jusqu'ici ; on comprend la lenteur désespérante du progrès moral et social. Nous avons vu comment la civilisation antique, de type militaire, et reposant sur la force, traitait la femme : en être purement *naturel*, tout à fait subalterne, avec qui l'on n'a que des relations physiques. Le christianisme accordant à chaque âme humaine une valeur spirituelle infinie, une première transformation s'est accomplie dans la manière d'envisager la femme : la femme s'est élevée à la dignité d'un être moral, l'amour s'est spiritualisé. Mais ce ne fut là qu'une transformation mystique et par conséquent plus apparente que réellement profonde. Le christianisme accorde bien à la femme une valeur spirituelle, mais cette valeur reste toute à la merci du caprice masculin, et, faute de s'incarner dans une personnalité sociale réelle, demeure dans le domaine subjectif et idéal où l'homme, au gré de sa fantaisie, peut l'exalter ou la rabaisser, sans que la femme cesse d'être, socialement et réellement, *son inférieure*. Et le christianisme a fait de la femme plutôt un *fantôme moral* qu'un être moral.

Le travail, lui aussi, a été considéré comme un élément passif et subalterne. Dans la maison antique, les esclaves, les *famuli*, faisaient partie de la famille, ils n'avaient point d'existence autonome, mais ils restaient dans le corps de la famille, à l'égard du maître, comme les membres à l'égard du cerveau. Exclus de la raison comme de la cité, on les traitait, non comme des hommes mais comme des bêtes de somme, par le fouet. Dans la maison chrétienne, le rapport change un peu : le serviteur reste serviteur et le maître maître ; mais comme le christianisme reconnaît une âme au serviteur, le maître est tenu au moins à être doux, à être bon, à être charitable ; le serviteur se pose devant lui, non encore comme une personne libre, mais, au moins, comme son égal devant Dieu, et c'est un rapport mystique qui les lie. Le serviteur reste donc un élément passif et subalterne ; ce qui est changé, c'est moins sa situation réelle, que les sentiments subjectifs du maître, lequel est bon selon son caprice, car les devoirs de charité restent toujours des devoirs larges. Aujourd'hui encore, un patron dira en parlant du personnel de son usine : « mes » ouvriers ; il considère au fond son usine comme *sa* maison et les ouvriers comme *ses* serviteurs, *ses* domestiques, envers qui il peut être tenu à de la bonté, de la charité, de la mansuétude, mais non à de la justice, car ce ne sont pas des êtres libres ; et rien ne le choque davantage, comme de voir ces ouvriers qui sont *ses* ouvriers, presque *ses enfants*, dirait-il dans un accès de sensiblerie « paternelle », constituer un syndicat, fonder une coopérative, prétendre enfin à une vie d'hommes libres en dehors de son usine : non, il faut que, dehors comme dedans, ils demeurent « ses » ouvriers, et qu'ils continuent à se mouvoir, respectueusement courbés, dans le cercle familial de son ombre bénigne !

Eh bien, ces deux éléments sociaux passifs et subalternes — le travailleur et la femme — le socialisme les élèvera à la dignité sacrée d'êtres libres ; il leur donnera dans la société la place qui leur revient, c'est-à-dire la première. Il réalisera le *libre gouvernement des producteurs*, qui cesseront d'être subordonnés aux *non-producteurs*. Il fera de la femme l'égale de l'homme, juridiquement et socialement. Le vieil arbre d'iniquité sera ainsi sapé à la racine ; sur ces assises, désormais pures et harmonieuses, du travail et de l'amour, la cité humaine s'épanouira dans la justice. Et, à cette question : le socialisme laissera-t-il retomber l'énergie morale de l'humanité ou la haussera-t-il à de plus hauts sommets, je puis donc te répondre, mon cher Ferron : oui, le socialisme érigera, plus vigoureuse et plus altière, l'énergie morale humaine, car il la dégagera de tous les obstacles qui la limitent et la corrompent ; il l'affranchira de cette *économie* à laquelle le christianisme n'a pas pu ni voulu toucher ! Et toutes tes craintes, mon cher ami, sont vaines : l'humanité morale peut grandir encore sans le christianisme : il a vécu, puisqu'il est *dépassé*.

DORTAL

Amen! Mon cher Darville, je ne souhaite plus maintenant qu'une chose : c'est que ta femme ne soit pas féministe. Le sort, ma foi, devrait bien nous offrir ce plaisir : ce serait d'une ironie délicieuse et nous serions à la fois dédommagés et vengés des débordements de ton éloquence. Mais j'y songe : tu es peut-être assez rigoriste pour exiger de ta future femme un certificat de féminisme!

DARVILLE

Mon Dieu, quand je l'exigerais, cela vaudrait autant qu'un certificat de bonne cuisinière. Mais rassure-toi : je n'exige rien! Le bon bourgeois exige de sa maîtresse qu'elle soit jolie et lui fasse honneur; de sa femme, il n'exige rien, que l'ingénuité, la dot et les petits plats. Nous sommes à la fois plus et moins difficiles : nous ne faisons fi ni de la grâce ni de la beauté ; nous apprécions une fine ménagère, mais la femme qui — en outre! — serait une femme d'esprit large et de cœur généreux, cultivée sans pédantisme, capable non seulement de comprendre les idées de son mari, mais d'avoir une vie intellectuelle originale, et de jouer dans le petit monde domestique comme dans le grand univers humain, un rôle non plus *officieux* mais *officiel*, si j'ose ainsi m'exprimer, voilà l'Eve nouvelle que nous attendons. L'amour alors ne reposera plus uniquement sur des qualités physiques, comme l'amour païen, ou sur des qualités spirituelles négatives comme l'amour chrétien, mais il sera l'union profonde, entière et supérieure de l'âme féminine et de l'âme masculine, pleinement et originalement développées toutes deux et se complétant harmonieusement ! Le christianisme a bien spiritualisé l'amour, mais comme il niait brutalement la nature et la cité, cette spiritualité n'était qu'une forme vide : subordonnant la Nature sans la nier, affirmant la valeur infinie de l'Esprit, sans s'égarer dans le mysticisme, un Amour renouvelé et approfondi va croître au cœur des femmes nouvelles et des hommes nouveaux de la Cité socialiste !

FIN

TABLE DES MATIÈRES

Cet ouvrage a été exécuté par des Ouvriers syndiqués.

LE MANS

ASSOCIATION OUVRIÈRE DE L'IMPRIMERIE DROUIN

MAUBOUSSIN, JOBIDON & Cie

5, Rue du Porc-Épic, 5

1901

www.ingramcontent.com/pod-product-compliance
Ingram Content Group UK Ltd.
Pitfield, Milton Keynes, MK11 3LW, UK
UKHW012156240726
13966UKWH00002B/366